Hotel Accounting

NCS를 기반으로 한

호텔회계

허용덕 · 배준호 · 우상철 · 이재형 공저

ⓑ (주)백산출판사

Preface

오늘날 호텔경영은 놀라울 정도로 발전되어가고 있다. 그리고 그에 따른 회계처리도 수작업에 의한 단계에서 기계화·컴퓨터화로 발전을 거듭하게 되었으며, 더욱이 호텔영업부문의 회계업무는 호텔을 이용하는 고객에게 신속하고 정확한 서비스로 제공되고 있는 현실이다.

따라서 호텔영업이란 연중무휴 계속되며 부문별 영업시간의 상이성 및 수익금의 발생장소가 다양하게 이루어지고 처리될 뿐만 아니라 빈번하게 발생되는 거래가 각종 영수증(계산서·전표)을 통하여 당일의 결산을 원칙으로 회계 처리되기 때문에 회계업무에 관한 체계적인 실무교재의 필요성이 절실히 요구되고 있다.

최근 고객만족 경영의 일환으로

첫째, Front Office 업무영역의 Check-In & Check-Out 통합운영,

둘째, Restaurant 및 부대시설의 POS System 발전으로 업무영역의 통합화,

셋째, 전산화의 발전으로 전표 및 영수증의 최소화와 시간의 절약,

넷째, 고객중심의 업무영역 변화는 호텔종업원들로 하여금 호텔영업 회계 흐름을 습득해야할 기본적인 업무가 되었다.

이에 본 교재에서는 관광 관련학과 학생 및 호텔 영업현장에서 근무하고 있는 종업원들이 전반적인 호텔의 회계흐름을 습득할 수 있게 구성하였을 뿐만 아니라 호텔영업 회계실무에 관한 업무지식을 습득하기 위해서는 회계 원리 수준의 선행지식이 요구되므로 본 교재에서는 제1장에 소개되고 있는 회계 기초이론을 학습하면 나머지 부분은 쉽게 습득할 수 있도록 구성되어 있다.

따라서 본서를 구성하고 있는 내용을 요약하면 다음과 같다.

제1장에서는 회계학을 공부하고자 하는 관광관련 학생들을 위한 회계학의 기초적인 이론을 소개하고 있다.

제2장에서는 호텔영업회계의 이해를 돕고자 호텔영업회계의 정보시스템과 고객의 영업회계활동을 통해 호텔영업회계의 기초를 다지고자 했다.

제3장에서는 호텔영업회계원의 업무영역과 환전업무 및 회계원의 서비스 자세의 학습을 숙지시켜 주고자 했다.

제4장에서는 판매 전 영업회계, 판매시점 영업회계 및 판매 후 영업회계를 중심으로 객실판매의 전반적인 영업회계에 관한 흐름을 습득하게 하여 학습에 도움을 주고자 했다.

제5장에서는 고객계정이 개설되기 전 요금징수방법과 High Balance Check를 통한 중간지급 요금징수방법 및 Check-Out 시 요금징수방법을 통해 호텔의 요금징수방법을 학습하는 데 도움을 주고자 했다.

제6장에서는 식음료 영업회계의 개요, 계산서의 발행유형과 계산서의 관리, 회계처리보고서 및 식음료 영업회계의 요금징수를 통해 식음료판매의 전반적인 영업회계에 관해 학습에 도움을 주고자 했다.

제7장에서는 부가가치세, 봉사료, 전화수익, 세탁수익, 주차장수익 및 Mini Bar 등 기타 매출항목에 관한 학습에 도움을 주고자 했다.

제8장에서는 일반적인 원가관리를 통해 호텔의 원가관리와 호텔의 재고관리의 학습에 도움을 주고자 한다.

제9장에서는 호텔의 야간감사방식은 당일결산을 원칙으로 운영되고 있다. 감사방식의 원리와 전통적인 방식에서부터 컴퓨터 시스템까지 결산의 흐름을 통해 학습에 도움을 주고자 했다.

제10장에서는 Restaurant Cashier, Front Cashier, General Cashier, Night Audit, Income Audit의 전반적인 업무 영역을 통해 호텔 영업회계의 결산 및 감사 학습에 도움을 주고자 했다.

이상의 내용을 학습하게 되면 호텔영업에 필요한 회계처리 업무를 완벽하게 습득할 수 있어 호텔분야에 관심 있는 학생들 및 근무하고 계신 분들에게 도움이 되기를 바라며 앞으로 내용 중 미비한 점이나 수정을 요하는 부분은 재판을 거듭하면서 알차고 성실하게 보완할 것을 약속드리고자 한다.

끝으로 자료의 사용을 허락해 주시고, 자료수집에 애써주신 호텔에 근무하고 계신 많은 분들, 그리고 바쁜 일정 속에서도 훌륭한 책으로 완성시켜 주신 백산출판사 진욱상 사장님과 편집부 관계자께 깊이 감사를 드립니다.

2018년 2월
저자 일동

차 례

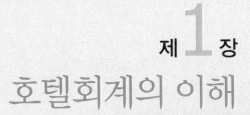

제 1 장
호텔회계의 이해

제1장

호텔회계의 이해

제1절 ◦ 호텔회계의 개요

1. 호텔회계의 의의

본래 회계(Accounting)란 용어는 우리말로 '셈'을 뜻한다. 따라서 회계란 '셈한다' 또는 '계산한다'는 말로 나타낼 수 있다. 이때 셈의 대상 즉 회계의 대상은 회계주체(기업)의 경제적 활동으로 통상 재무적 사건 또는 거래를 말한다. 따라서 전통적인 회계의 의의는 "기업의 경제적 활동을 화폐단위에 의하여 기록·분류·요약하여 그 결과를 일정한 형식(예 : 손익계산서와 대차대조표 등 재무제표)으로 보고하는 기술"로 파악되고 있다.

미국회계사회(AICPA : American Institute of Certified Public)에서 발표한 1953년의 회계연구공보(ATB : Account Terminology Bulletin) 제1호에 의하면 "회계란 재무적 성격을 갖는 거래나 사건을 화폐단위에 의해서 뜻있는 방법으로 기록·분류·요약하고 해석하는 기술이다."라고 하였다.

미국회계학회(AAA : American Accounting Association)에서 1966년에 발표한 기초적 회계처리에 관한 보고서(ASOBAT : A Statement On Basic Accounting Theory)에 의하면 "회

계란 정보이용자가 정보에 입각한 판단이나 의사결정을 할 수 있도록 경제적 정보를 식별·측정하고 이를 전달하는 과정이다."라고 정의하였다. 즉 회계를 정보이용자(Information Users)들에게 기업의 재무상태와 변화 등에 대한 정보를 제공하여 의사결정의 유용성을 제고시키는 정보시스템(Information System)으로 파악하는 것이다.

미국공인회계사회(AICPA, 1970)의 회계원칙심의위원회(APB)에서는 "회계는 서비스 활동이다. 그 기능은 여러 대체적 방법 중 합리적 선택을 할 경우 경제적 의사결정에 유용할 수 있도록 경제적 실체에 관해 주로 재무적인 양적 정보를 제공해 주는 것이다."로 회계를 중심으로 정의하였다. 따라서 관광호텔회계의 의의도 회계의 의의와 다를 바 없으며, 다만 회계주체를 관광호텔로 한정한 회계영역일 뿐이다. 그러므로 관광호텔회계는 다수의 이해관계자에게 관광호텔의 재무정보제공을 통하여 의사결정의 질을 높이고자 하는 정보의 유용성을 그 목적으로 한다.

2. 회계정보이용자

기업을 둘러싸고 있는 이해관계자집단이 증가하면서 회계정보에 대한 욕구도 점차 증대되고 있다. 따라서 기업은 다양한 정보이용자들의 정보욕구를 충족시킬 수 있도록 기업의 재무상태와 경영성과에 관한 정보를 보다 많이 이해하기 쉽게 전달하여야 한다.

회계시스템에 의하여 제공되는 정보는 회계정보이용자에게 유용하며 관련성이 있어야 한다. 회계정보이용자는 크게 내부정보이용자와 외부정보이용자로 구분한다.

(1) 내부정보이용자

회계정보의 내부정보이용자는 기업의 경영활동에 대하여 책임을 지는 관리자 또는 경영자이다. 내부정보이용자는 자신의 부(Wealth)의 증대가 아니라 기업 자체의 부를 증대시키기 위하여 의사결정을 한다. 즉 기업의 경영자들은 기업의 목표를 수립하고, 경영활동을 평가하며, 적절한 통제활동을 수행하기 위하여 회계정보를 이용한다. 내부정보이용자를 위한 회계영역은 관리회계이다.

(2) 외부정보이용자

외부정보이용자는 기업의 경영결과에 직접적인 관심을 갖는 외부인으로 주주·채권자·종업원·정부·고객·지역사회·기타 사회단체 등이다. 외부정보이용자는 불특정 다수로서 기업이 제공하는 회계정보를 이용하여 자기 자신의 부를 보다 증대시키기 위한 의사결정을 한다. 외부정보이용자는 기업의 회계책임대상이 되는 모든 이해관계자 집단을 포함한다. 이에 따라 기업에 직접적인 이해관계를 갖지 않는 언론기관, 한국관광호텔업협회 등의 경제단체, 재무 분석가, 증권거래소, 회계연구자 등도 기업의 회계보고서에 관심을 갖고 있다. 외부정보이용자를 위한 회계영역을 재무회계라고 하며 직접이해관계 이용자들의 필요정보를 간략히 설명하면 다음과 같다.

첫째, 주주는 보유하고 있는 주식을 팔 것인가의 여부를 결정하기 위하여 그 기업이 만족할 만큼 잘 운영되고 있는가를 판단한다. 또한 그 기업의 주식을 구입하여 소유주가 될 것을 고려하는 투자자(잠재적 주주)들도 회계정보를 이용한다. 즉 투자자들은 다수 기업을 대상으로 경영자의 자원 활용이나 수탁책임의 이행정도를 평가하여 수익률이 높은 기업의 주식 및 사채 등에 투자하고자 한다.

둘째, 채권자인 금융기관, 식음료재료 및 물품의 납품업자들도 역시 호텔에 대한 신용의 제공 여부 및 신용기간의 연장 등과 관련하여 발생될 위험의 평가에 회계정보를 이용한다.

셋째, 정부는 기업 활동에 따른 이익에 대한 세금의 부과, 호텔서비스의 가격통제, 호텔산업의 육성을 위한 정책수립 및 기타 영업활동 등에 대한 적절한 통제를 위하여 회계정보를 이용한다.

넷째, 종업원들은 높은 성과의 달성 및 달성된 성과의 적정한 배분을 위하여 회계정보를 이용한다. 특히 노동조합은 성과의 배분, 고용의 안정, 근무환경의 개선, 종업원의 교육훈련, 복지시설의 확충 등을 위한 단체협약 및 임금협상을 위하여 회계정보를 이용한다.

다섯째, 소비자들은 기업의 서비스 및 상품으로 인한 피해의 예방 및 보상을 통하여 소비자의 권리를 찾으려는 각종 소비자단체가 형성되고 있다. 이들은 적절한 가격 및 품질수준의 유지 등을 위하여 회계정보를 이용한다.

여섯째, 지역사회단체 및 지역주민들도 위락시설의 조성, 공해와 환경오염의 방지, 지역사회개발, 인근주민의 고용확대, 자연훼손 등 지역사회의 이익추구를 위한 활동을 위하여 회계정보를 활용한다.

3. 호텔회계의 분류

일반적으로 호텔의 영업회계는 재무회계(세무회계 포함), 원가회계, 관리회계로 분류되는 호텔회계의 한 부분으로 생각해 볼 수 있다.

재무회계는 한 달이나 일 년과 같이 일정한 기간 동안의 수입을 수입계정에 기입하고 일정한 기간의 맨 나중에 재정 상태를 대차대조표에 표시하는 방법이다. 호텔기업이 계속해서 운영되므로 일정기간의 수입측정은 그 기간의 세입운영에 관계되는 요건에 포함시키고 이익점에 도달하기까지 소비된 운영지출도 같은 방법으로 산출한다.

재무회계는 호텔기업 외부의 이해관계를 갖고 있는 투자자·정부기관·채권자·고객은 기업의 수익성과 채무상환능력 등 각자의 입장에서 기업의 경영성과나 재무상태를 보호하기 위한 재무제표 작성 및 전달을 주된 목적으로 하는 분야이다.

반면에 관리회계는 호텔기업 자체의 부를 증대시키고자 의사결정을 하는 호텔기업 경영자들에게 경영관리를 위하여 필요한 회계정보의 산출 및 제공을 주된 목적으로 하며, 원가회계는 원재료를 이용하여 재화나 서비스를 생산함에 소요되는 원가계산을 주된 목적으로 하는 회계영역이다. 아울러 원가분석은 원가결정 문제와 관련이 많은 관리회계에서 많이 이용된다.

세무회계는 세법에 따라 징수 또는 납부하여야 할 법인세·소득세·부가가치세·특별소비세·관세·지방세 등의 세액을 계산하는 문제와 관련된 모든 과정을 다룬다.

세무업무를 전문적으로 취급하는 세무사는 세법에 대한 지식으로 절세전략을 수립해 주는데, 세금부담이 커지는 경우 기업에서 그들의 역할은 매우 중요해진다.

특별히 호텔기업의 경우에는 많은 영업부문과 매일 매시간 지속적인 용역 및 상품

판매가 이루어지므로 개별 영업부문별 활동을 매일매일 종합하는 영업회계를 별도의 분야별로 구분할 수 있다.

이와 같이 설명한 호텔회계 분야 중 본 교재에서는 영업회계의 실무적인 면을 다루어 보고자 한다.

[표 1-1] 일반적인 회계분류

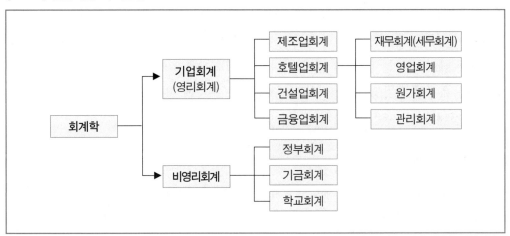

4. 호텔회계의 기능

호텔회계(Hotel Accounting)는 호텔기업의 한 전문분야이며, 모든 기업이 그 회계를 처리하는 데 있어서 따르지 않으면 안 되는 기업회계의 "회계공준"과 그것에 의한 "회계원칙"에 따라서 호텔이라고 하는 기업체 및 그 영업활동에 적용한 특수처리 및 절차에 관한 특수회계이다.

호텔에 대한 기업의 이해관계자로서는 출자자, 경영자, 채무자, 채권자, 종업원, 감사인 등이 있다. 따라서 호텔이라고 하는 기업체를 중심으로 하여 그 요구하는 바는 안전성, 수익성, 경제성, 건전성 등에 있어서 각각 상이하다.

그러므로 각 이해관계자의 요구에 적응하기 위해서도 기업회계의 한 분야로서의 호텔회계는 다음과 같은 세 가지 기능을 수행하지 않으면 안 된다.

(1) 관리적 기능

관리적 기능이란 주로 경영자의 입장에서 호텔기업을 가치적·수치적 혹은 경영적·법률적·신용적 측면에서 관리통제하기 위해서 필요한 각종 계수적 자료를 제공하는 기능을 말한다. 즉 호텔경영활동의 실체를 계수적으로 파악하고 이것을 분석하며, 그 수익을 타 기업과 또는 동종업종인 타사와 비교한다든가 또는 예산과 표준매출목표를 수립하고 재무관리(Financial Management)와 원가관리(Cost Management) 등을 정확하게 해야 한다는 것이다. 뿐만 아니라 호텔회계에 있어서 관리적 기능은 호텔의 생산성을 측정하고 경영관리 및 판매를 촉진함과 동시에 이윤을 증대시켜 호텔기업 그 자체의 건전한 발전을 목표로 하는 데 있다.

(2) 보전적 기능

채권자로서의 권리행사 및 채무자로서의 의무이행 등 호텔경영에 있어서의 일체의 거래와 계약이 확보되고 일상의 경영활동이 적정·신속하게 행하여지고 위법·부당·오류 등에 의한 재산과 자본의 감손을 방지하는 것을 가리키는 것으로서 기업회계 본래의 목적과 임무를 수행하는 것을 말한다.

그렇게 하기 위해서는 경영활동에 대하여 조직적 또는 계속적으로 완전한 기록계산을 유지하지 않으면 안 된다. 또한 그것을 감사할 경우에는 다음과 같이 구체적으로 실행하는 것이 좋다.

첫째, 당연히 인수할 일체의 수익이 수령되고, 당연히 기록할 일체의 재산이 회계장부에 기록되었는가.

둘째, 지급하지 않을 비용이 지급되어 있지 않은가, 또 기록하지 않을 부채가 회계장부에 기록되어 있지 않은가.

셋째, 부정, 사기, 도난 등에 재산의 감손을 방지하는 것.

넷째, 각종의 자산, 권리 및 우발적으로 발생하는 것에 대하여 상당액의 보험이 되어 있는가 없는가, 또 과세액은 적정한가 등이다.

(3) 보고적 기능

보고적 기능이란 결산보고서에 집약되어 있는 사실을 호텔기업에 관계를 갖고 있는 주주, 경영자, 감사인, 세무서 등에 대하여 기업경영활동의 기록·계산의 결과를 정확·명료하게 보고하는 기능을 말한다.

호텔기업도 타부문기업과 마찬가지로 공공적인 입장에서 이해관계자에 대하여 경영의 내용, 재정상태 등의 실체가 공개·명시되지 않으면 안 된다.

재무제표 분석, 손익분기점 분석, 원가관리, 부문별 예산통제 등은 호텔회계의 관리적 기능 및 보고적 기능에 의하여 계수적으로 경영활동이 파악되어야만 비로소 가능하며, 호텔회계 그 자신의 실체 및 기본을 무시해서는 있을 수가 없는 것이다.

호텔 경영규모의 대소에 불구하고 기업으로서의 제반활동을 이해함에 있어서 호텔업의 특수성을 포착한 다음에 이해된 회계의 여러 관념 및 일정한 기준에 의한 호텔회계가 필요한 것이다.

5. 호텔경영의 회계적 특징

(1) 호텔기업은 최초 투자의 과다 및 시설의 조기 노후화

호텔기업의 시설은 타 산업시설에 비하여 일시적 최초의 투자(Initial Investment)가 막대하다. 방대한 투자를 요하는 다른 일반산업시설이 연차적으로 확장하고 재투자를 할 수 있는데 반하여, 호텔기업의 시설은 그 시설 자체가 하나의 상품으로서 판매되어야 할 특성으로 말미암아 부분적·연차적 투자는 사실상 불가능하다. 이것이 호텔기업이 갖는 숙명적인 단점이기도 하다.

또한 호텔기업은 다양한 고객들이 이용하기 때문에 타 산업에 비하여 건물이나 시설들이 일반적으로 빨리 진부화되어 상품의 경제적 효용가치 상실이 빠르고 국제수준 유지를 위한 개보수의 부담이 크다.

일반적으로 호텔건물의 평균수명이 40년인데 비하여 일반건물의 수명은 50년으로 보고 있다. 따라서 [표 1-2]는 I Hotel의 시설투자 및 자금조달 계획안으로 호텔기업의 최초 투자가 과다함을 짐작할 수 있다.

[표 1-2] 신규호텔의 시설투자 및 자금계획안

I Hotel 시설투자 계획안

(단위 : 억 원)

구 분		금 액	비 율	비 고
직접 공사비	설계 및 감리비	86	4.1%	예술품/차량 포함
	건축공사비	780	36.8%	
	기계설비비	318	15.0%	
	전기설비	212	10.0%	
	인테리어	147	6.9%	
계		1,544	72.8%	
간접 공사비	집기비품	120	5.7%	
	제세공과	61	2.9%	
	건설제비	74	3.5%	
계		256	12.0%	
건설자금이자		322	15.2%	
합계		2,122	100.0%	
○ 객실 당 평균 건설비 274.4백만 원 ○ 연 건축 평당 건설비 5.4백만 원				656실 기준 연면적 33,521평

I Hotel **자금조달 계획안**

(단위 : 억 원)

구 분		금 액	비 율	비 고
자 체 조 달	기존헬스 회원권	53	2.5%	
	신규헬스 회원권	328	15.5%	
	상가임대보증금	211	9.9%	
계		592	27.9%	
외 부 차 입	관광진흥기금	300	14.1%	
	리스차입	182	8.6%	
	기타 금융기관차입	1,048	49.4%	
계		1,530	72.1%	
합계		2,122	100.0%	

(2) 호텔기업은 고정자산 구성 비율이 과다하다.

　호텔기업은 고정자산이 전체시설의 절반 이상을 점유함으로써 높은 고정자산의 구성비를 보여 주고, 이로 인하여 운영자금의 압박을 면치 못하게 한다. 또한 수익률이 다른 기업에 비해 극히 낮으므로 자본가의 투자의욕을 쉽게 유발하지 못한다.

　일반적으로 기업의 지출은 고정비와 변동비로 구분할 때 호텔기업은 다른 기업에 비해 높은 고정비 지출을 감수해야 되는 숙명을 지니고 있다. 연료비 · 전기료 · 인건비 등 Public Space[1]와 관련된 모든 경비는 호텔의 고정경비로서 고객이 다소 관계없이 일정한 수준을 유지하여야 되기 때문에 관리상 커다란 애로를 가져오는 것이다. 많은 객실 중 한 사람이 사용하는 객실 하나 때문에 보일러실을 가동해야만 되는 경우도 있는 것이다.

---

1) Public Space : 호텔의 Lobby, 레스토랑, Lounge, 매점 등의 공공장소를 말한다.

$$\text{고정자산 구성 비율} = \frac{\text{고정자산}}{\text{총자산}} \times 100$$

업종	구성 비율(%)	업종	구성 비율(%)
호텔업	87.2	철강	75.4
시멘트	80.7	자동차	68.3
섬유	52.9	전기 · 전자	91.8
제조업	63.8		

(3) 호텔기업은 고정경비가 과대 지출된다.

기업이 성공적으로 운영하려면 모든 지출을 억제해야 되는데, 호텔기업은 고정경비인 인건비, 수도광열비, 시설유지관리비, 감가상각비, 급식비, 세금 및 수선비, 체인본부 분담금 등의 지출이 과다하여 운영에 압박을 받게 된다. 항시 손익분기점(Break-Even Point) 이상의 수익성이 있다면 효율이 높을 수가 있지만 대다수 호텔들은 매출이 일시적으로 크게 신장되지 않으므로 경비억제로 경영내실을 다지고 있다.

손익분기점(Break-Even Point)

한 기간의 매출액이 당해 기간의 총비용과 일치하는 점으로 매출액이 그 이하로 감소하면 손실이 나며, 그 이상으로 증대하면 이익을 가져오는 기점을 가리킨다.

손익분기점 분석에서는 보통 비용을 고정비와 변동비(또는 비례비)로 분해하여 매출액과의 관계를 검토한다. 매출액은 매출수량과 매출단가의 관계로 대치되므로 판매계획의 입안에 있어서 이 분석방법은 중요한 실마리가 된다. 또한 그들 상호의 인과관계를 추구하는 것에 의하여 생산계획 · 조업도정책 · 제품결정 등 각 분야에 걸쳐 다각적으로 이용된다. 손익분기점 분석에서는 주로 다음의 공식이 이용된다.

첫째, 손익분기점(채산점)을 산출하는 공식
둘째, 어떤 일정한 매출을 하였을 때에 발생하는 손익액을 산출하는 공식
셋째, 특정의 목표이익을 얻기 위하여 필요로 하는 매출액을 산출하는 공식

그러나 비용을 고정비와 변동비(비례비)로 2분하는 것은 편의적 방법이므로 그 논리의 유효범위는 국한적이다. 예를 들면, 조업도가 극단적으로 상위한 경우 등에는 비용곡선 자체가 다른 커브를 나타내게 되므로 부분적인 분석결과를 가지고 나머지를 유추할 수는 없다. 따라서 손익분기점의 정밀한 분석은 유효범위마다 구분하여 별개로 분석하여야 한다.

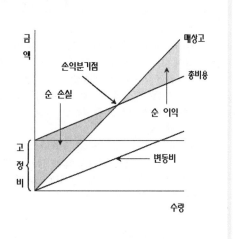

(4) 호텔기업은 수입이 불안전성하다.

호텔기업은 여행객을 주요대상으로 발전된 기업임에 비추어 계절적인 영향이 크게 좌우되는 여행현상과 정비례하여 고객의 증가와 감소를 가져옴으로써 영업운영에 불안정성을 피할 수 없는 것이다. 이와 같은 수요변동의 폭으로 인해 객실판매점유율은 0%에서 100%까지 그 폭이 크기 때문에 성수기에는 공급이 절대적으로 부족하고 비수기에는 저장성이 없는 호텔객실의 특성상 수지의 불균형을 초래하기 마련이다. Yield Management는 비수기에는 요금을 할인함으로써 점유율을 높이고, 성수기에는 요금을 인상하여 평균객실요금을 높임으로써 일드(Yield)를 극대화하고, 성수기의 초과수요를 비수기로 이동시킴으로써 수요변동을 조절할 수 있다. 만일 성수기와 비수기를 정확히 예측할 수 있다면 객실판매에 대한 계획을 보다 합리적으로 수립할 수 있을 것이다.

최근 휴가의 조절과 교통수단의 발달, 그리고 지역사회의 새로운 소득층의 호텔이용 등으로 인해 종전과 같은 심한 호텔수입의 불안정성은 다소 극복되었으나, 리조트 호텔은 아직도 이와 같은 타격에서 벗어나지 못하고 있는 실정이다.

Yield Management(수익률 관리)

① Yield Management의 정의

　호텔객실과 같은 소멸성 자산의 판매로부터 가격과 객실재고 자산의 통제 서비스의 향상을 통하여 이익을 극대화하기 위한 것(Lieberman, 1993)이라고 정의하고 있으며, Smith 외(1992) 학자들은 시간대별, 계절별 가격차별화 전략으로 적정한 시간(Right Time)에 적정한 가격(Right Price)으로 적정좌석(Right Seats)을 적정고객(Right Customers)에게 판매하여 이익을 극대화하는 경영방식이라고 정의하고 있다.

② Yield의 측정

　Yield란 잠재수익(Potential Revenue)에 대한 실제수익(Actual Revenue)의 비율이다. 실제수익이란 실제 판매된 객실에 의해 창출된 수익이며, 잠재수익이란 판매가능한 모든 객실이 공표요금(Full Rack Rate)으로 판매되었을 때의 수익을 말한다.

잠재적 평균	$\text{Single Rate} = \dfrac{\text{공시가격 1인 객실판매 수입}}{\text{1인 객실로 판매된 객실의 수}}$
	$\text{Double Rate} = \dfrac{\text{공시가격으로 판매된 2인 객실 총수입}}{\text{2인으로 판매된 객실의 수}}$
요금의 격차(Rate Spread)	= 잠재적 평균 Double Rate − 잠재적 평균 Single Rate
잠재평균요금	= 평균 2인 객실료 × 요금격차(Rate Spread) + 평균 1인 객실료

Yield 계산　　　REVPAR(Room Revenue per Available Room)

$$\text{REVPAR(판매 가능한 객실 당 수입)} = \frac{\text{실제객실 총수입}}{\text{판매 가능한 총객실수}}$$

예) Koreana Hotel에서 총 300실의 객실 중 210개의 객실을 16,800,000원에 판매하였을 경우의 REVPAR은 다음과 같다.

REVPAR = 16,800,000원 ÷ 300 = 56,000원 또는 평균점유율 = 210 ÷ 300 = 0.7 or 70%

일일평균객실요금 = 16,800,000원 ÷ 210 = 80,000원 REVPAR = 70% × 80,000원 = 56,000원

■ 적정한 점유율

$$= \text{현재의 점유율} \times \frac{\text{공시가격(Rack Rate)} - \text{한계비용}}{\text{공시가격} \times (1 - \text{할인율}) - \text{한계비용}}$$

$$= \text{현재의 점유율} \times \frac{\text{현재의 공헌이익(Contribution Margin)}}{\text{새로운 공헌이익(Contribution Margin)}}$$

예) 현재의 객실점유율이 79.5%이고 평균객실요금이 88,244원, 한계비용이 19,000원일 때 평균객실요금을 95,000원으로 향상하고자 한다면 현재의 순수익을 달성하기 위해 몇 %의 점유율을 유지해야 하는가? 를 계산하면,

$$79.5\% \times \frac{88,244원 - 19,000원}{95,000원 - 19,000원} = 0.795 \times \frac{69,244원}{76,000원} = 72.4\%$$

Yield Management를 효과적으로 수행하기 위해서는 첫째, Yield Management의 인식전환이 필요하다. 둘째, 호텔정보시스템의 구축, 셋째, 수요분석 및 예측, 넷째, 초과예약에 대한 정책의 수립이 필요하다. 다섯째, 객실 가격결정 및 재고관리 등이 있다.

(5) 호텔기업은 회계제도상의 특성이 있다.

호텔회계는 개개의 거래 종류가 잡다하고 복잡하다. 또한 요금과 매상은 물론 그 발생장소나 시간이 제각기 다르므로 그 결제가 현금 또는 신용이 있다고 할 때 아마 발생에서 결제에 이르기까지의 기간이 이처럼 신속을 요하는 업종은 호텔 이외에는 거의 없을 듯하다.

첫째, 호텔기업은 연중무휴 24시간 지속적인 영업이 이루어져야 한다. 둘째, 호텔기업의 각 영업장에서 발생한 거래를 상세히 기록하여야 하고, 재료에 따른 원가관리의 자료로서 계수를 산출한다. 셋째, 투숙객 계정의 집계와 각 부문에서 발생된 투숙객에 대한 매상의 집계와도 꼭 일치하지 않으면 안 된다. 마지막으로 호텔기업은 24시간 영업 도중 일정시간에 마감과 감사를 하지 않으면 안 된다.

제2절 ◆ 회계의 이론적 구조

회계의 구조(Framework of Accounting)는 회계의 전체 구조를 하나의 시스템으로 파악하고 일관된 논리체계를 형성하는 구조적 틀을 말한다. 회계의 이론적 구조는 회계목적을 달성할 수 있도록 이론체계를 구체화하는 모형이며, 회계의 틀이라고도 한다. 회계의 이론적 구조는 회계목적을 달성하기 위하여 다양한 요소들, 즉 회계목적 · 회계공준 · 회계주체 · 회계정보의 질적 특성 및 회계개념 · 회계원칙 · 회계 관습 · 회계절차 · 회계실무 등으로 구성되며, 일반적인 모형은 [표 1-3]과 같다.

[표 1-3] 회계의 이론적 구조

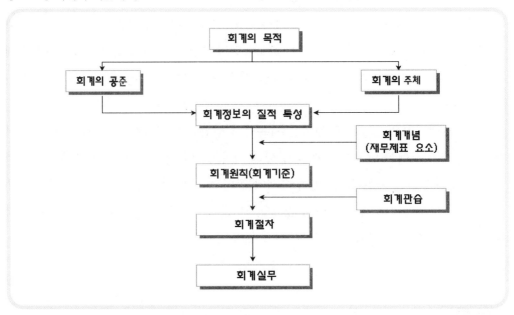

1. 회계목적

회계의 목적은 정보이용자가 경제적 의사결정을 하는데 있어 유용한 정보를 제공하기 위한 것으로 그 구체적인 내용을 미국회계학회의 기초적 회계이론에 관한 보고서(A Statement of Basic Accounting Theory : ASOBAT)와 미국재무회계기준심의회(Financial Accounting Standards Board : FASB)의 재무회계개념보고서(Statement of Financial Accounting Concepts : SFAC)에서 살펴보면 다음과 같다.

미국회계학회의 기초적 회계이론에 관한 보고서(A Statement of Basic Accounting Theory : ASOBAT)에서는 회계의 목적을 첫째, 한정된 자원의 사용을 위한 의사결정, 둘째, 기업의 인적·물적 자원의 효과적 지휘와 통제, 셋째, 자원의 유지와 보고, 넷째, 사회적 기능의 통제와 촉진을 위한 것으로 정의하는 한편, 미국재무회계기준심의회(Financial Accounting Standards Board : FASB)의 재무회계개념보고서(Statement of Financial Accounting

Concepts : SFAC)에서는 회계의 목적을 첫째, 투자 및 신용결정에 유용한 정보의 제공, 둘째, 현금흐름 전망을 평가하는데 유용한 정보의 제공, 셋째, 기업의 자원·채무 및 소유주지분에 관한 정보의 제공을 그 목적으로 한다고 언급하고 있다.

회계의 목적을 한마디로 요약한다면 "자원의 최적배분(Optimal Allocation of Resources)"을 위한 것이라고 말할 수 있다. 회계는 정보이용자들의 각종 의사결정에 유용한 정보를 측정하여 제공함으로써 개인·기업·단체·국가 등이 소유자원의 최적 분배활동을 수행할 수 있도록 한다. 그러므로 회계는 단순한 재무적 정보의 기록 활동인 부기(Bookkeeping)뿐만 아니라 보다 광범위한 정보의 산출·해석·이용을 포함하는 넓은 개념이다.

2. 회계공준과 회계주체

(1) 회계공준

회계공준(Accounting Postulates)은 회계이론을 연역적으로 설명하기 위한 기본적 가정(Basic Assumption)이다. 회계공준으로는 기업실체의 공준, 계속기업의 공준, 회계기간의 공준, 화폐단위측정의 공준 등을 들 수 있다.

첫째, 기업실체의 공준은 기업은 기업의 구성원 특히 소유주와는 별도로 기업 그 자체가 독립적으로 존재한다는 가정이다. 따라서 기업이 수행하는 경제활동의 기록·계산·보고 등의 회계업무는 소유주나 종업원의 업무가 아니라 기업 그 자체가 수행하는 업무라는 것이다. 기업을 이와 같이 인식할 때 건물·설비·비품 등의 자산은 주주나 출자자의 소유가 되지 않고 기업의 자산이 되며, 자본도 기업의 자본이 되는 것이지 출자자나 주주의 자본이 되는 것은 아닌 것이다.

둘째, 계속기업의 공준은 회계실체(기업)는 목적과 의무를 이행하기에 충분할 정도로 장기간 존속한다고 가정하는 것이다. 즉 기업실체(기업)는 그 경영활동을 청산하거나 중대하게 축소시킬 의도가 없을 뿐만 아니라 그러한 필요성도 없다고 가정한다. 그러나 이 가정은 기업이 영구적으로 영업활동을 수행할 것이라는 의미는 아니며 의도된

활동, 계약 및 매매계약 등을 수행하기에 충분한 기간 동안 안정성과 계속성이 보장된다는 전제이다.

기업을 계속기업으로 파악할 때 기업의 존속기간을 인위적으로 구분하여 회계기록을 마감하고, 일정기간의 경영성과와 일정시점의 재무상태를 파악하여 기업의 이해관계자에게 보고하게 된다. 이와 같은 정기적 회계보고의 필요성 때문에 회계기간의 관습이 발달하여 제도로서 확립되었다. 즉 계속기업의 공준으로부터 회계기간 개념이 정립된 것이다.

셋째, 회계기간의 공준은 기업의 존속기간을 인위적으로 구분하여 회계기간을 설정하고 그 설정한 기간에 따라 회계측정과 보고를 행하는 것을 말한다. 인위적인 회계기간은 정상영업순환주기(Normal Operating Cycle)가 1년 이상인 경우에는 1년 이상의 기간을 채택할 수도 있으나, 대부분 1년을 채택하고 있다.

그러므로 회계담당자는 계속되는 기업의 영업활동을 인위적인 기간으로 구분하는 셈이 되므로 기업의 거래 또는 사건을 특정 회계기간으로 귀속시키는데 있어 적합성을 고려해야 한다.

넷째, 화폐단위측정의 공준은 기업실체의 경제활동에서 발생하는 거래나 경제적 사건을 화폐단위를 사용하여 측정·보고하는 것을 말한다. 이는 기업실체의 경영활동에서 발생하는 수많은 거래나 사건을 의미 있는 정보로 측정·보고하기 위해서는 공통적인 척도가 필요한데 명목화폐단위를 이러한 공통기준으로 사용한다는 것이다. 화폐단위측정의 전제는 시간의 경과에도 불구하고 화폐가치가 비교적 안정적인 것으로 가정한다. 그러나 극도의 인플레이션이나 기타 사유로 인해 명목화폐단위의 사용이 재무정보의 왜곡을 가져오고 나아가 정보이용자의 의사결정을 크게 오도할 가능성이 있다면 보다 적정한 다른 기준을 고려할 수 있다.

(2) 회계주체

회계주체는 회계행위의 실천주체 또는 회계행위에 대한 실질적인 행위자를 말한다. 일반적으로 회계주체는 기업실체(Business Entity), 즉 기업자신(Business Itself)을 말한다. 회계주체이론은 기업실체이론과 자본주이론이 가장 대표적이며, 이외에 대리인이론(Agency Theory), 기업체이론(Enterprise Theory), 자금이론(Fund Theory), 관리자이론(Commander Theory) 등이 있다.

기업실체이론(Business Entity Theory)은 기업의 모든 이해관계자(예 : 주주, 경영자, 종업원, 채권자 등)로부터 분리되어 독립한 기업 그 자체를 회계의 주체로 보는 견해이다. 즉 회계의 주체는 의인화되어 권리 · 의무를 행할 수 있는 독립적인 기업이다. 반면에 자본주이론(Proprietorship Theory)은 기업은 자본주(주주)의 사유물이기 때문에 회계주체도 자본주로 보고, 모든 회계처리를 자본주 입장에서 행하는 견해이다.

3. 회계정보의 질적 특성

회계정보의 질적 특성(Qualitative Characteristics of Accounting Information)은 정보이용자들의 의사결정에 유용한 정보가 되기 위하여 회계정보가 갖추어야 할 속성(Attributes)을 말한다. 이는 회계정보기준(Accounting Information Criteria) 또는 회계의 질적 기준(Accounting Quality Criteria)이라고도 한다. 회계정보의 질적 특성은 계층적 구조를 이루며 다양한 내용을 포함하는데 이를 상세히 설명하면 다음과 같다.

(1) 목적적합성

정보가 유용하기 위해서는 이용자의 의사결정에 목적적합하여야 한다. 목적적합한 정보란 의사결정시점에서 과거 및 현재 사건의 평가 또는 미래 사건의 결과예측에 도움을 주거나, 과거의 평가를 확인 또는 수정함으로써 이용자의 경제적 의사결정에 영향을 미치는 정보를 말한다. 어떤 정보가 목적적합하기 위해서는 예측 가치와 피드백 가치 중에서 하나 이상을 충족하고 정보의 적시성이 있어야 한다.

첫째, 예측 가치와 피드백 가치 — 목적적합한 정보는 미래에 대한 예측능력을 제고시켜 정보이용자의 의사결정에 영향을 미칠 수 있는 예측 가치(Predictive Value)나 과거의 기대치를 확인 또는 수정함으로써 정보이용자의 의사결정에 영향을 미칠 수 있는 피드백 가치(Feedback Value)가 있어야 하는데, 이러한 정보의 예측 가치와 피드백 가치는 상호 관련이 있다. 보통 회계정보는 예측 가치와 피드백 가치를 동시에 가지고 있는데, 예를 들면 기업은 중간보고서(Interim Report)를 통해 연도 말에 나타날 이익을 예측할 수 있을 뿐만 아니라 동시에 그때까지 이미 나타난 결과치를 피드백(Feed Back)하여 종전의 기대치와 비교하여 차이가 있을 때에는 수정할 수 있다.

둘째, 적시성―목적적합한 정보는 정보의 적시성(Timeliness)을 전제로 한다. 즉 의사결정시점에서 필요한 정보가 제공되지 않는다면 동 정보는 의사결정에 이용될 수 없고 따라서 목적적합성을 상실한다. 이는 적시성 그 자체가 정보를 목적적합하게 하는 것은 아니지만, 적시성 없이는 목적적합성을 논할 수 없음을 의미한다. 그러나 적시성 있는 정보를 제공하기 위해서는 신뢰성을 희생해야 하는 경우가 있으므로 경영자는 정보의 적시성과 신뢰성 간의 균형을 고려하여야 한다. 예를 들어 정보를 적시에 제공하기 위해서는 거래나 사건의 모든 내용이 확정되기 전에 보고해야 할 필요가 있다. 이 경우 정보의 목적적합성은 향상되나 신뢰성은 저하된다. 반대로 모든 내용이 확정될 때까지 보고가 지연될 경우 정보의 신뢰성은 제고될 수 있으나 그 보고시점 이전에 의사결정을 해야 하는 이용자에게는 이미 목적적합성을 상실하여 유용하지 않은 정보가 될 것이다. 따라서 목적적합성과 신뢰성 간의 선택은 이용자의 경제적 의사결정 요구를 최대한 충족시킬 수 있는 방향으로 이루어져야 한다.

(2) 신뢰성

정보가 유용하기 위해서는 신뢰할 수 있어야 한다. 신뢰성(Reliability) 있는 정보란 그 정보에 중대한 오류나 편의가 없고 객관적으로 검증가능하며 그 나타내고자 하는 바를 충실하게 표현하고 있다고 이용자가 믿을 수 있는 정보를 의미한다. 회계정보가 신뢰성이 있기 위해서는 객관적인 자료와 증거에 의하여 공정하게 처리되어야 한다.

어떤 정보가 이용목적에 적합한 것일지라도 그것이 믿을 수 없으며 또한 신뢰할 수 없을 때에는 목적하는 바의 의사결정을 할 수 없게 된다. 정보가 믿을 수 있는 것이 되기 위해서는 표현의 충실성, 중립성, 검증가능성을 가져야 한다.

첫째, 표현의 충실성―정보가 신뢰성을 갖기 위해서는 그 정보가 나타내고자 하거나 나타낼 것으로 기대되는 거래나 사건을 사실대로 충실하게 표현하여야 한다. 즉 표현의 충실성(Representational Faithfulness)이란 회계 상의 측정치(또는 설명)와 그 측정치(또는 설명)가 표현하고자 하는 자원이나 사건이 서로 일치하여야 한다는 것이다. 예를 들어 대차대조표는 대차대조표일 현재 인식기준을 충족시키는 기업의 자산, 부채 및 자본을 구성하는 거래나 사건을 충실하게 표현해야 한다.

둘째, 중립성(Neutrality) ― 재무정보의 결과가 특정 이해관계자에게 유리한 영향을 미쳐서는 안 된다는 속성을 말한다. 다시 말하면 정보가 신뢰성을 갖기 위해서는 편의(Bias) 없이 중립적이어야 한다는 것이다. 미리 의도된 결과나 성과를 유도할 목적으로 재무제표상에 특정 정보를 선택하여 표시함으로써 정보이용자의 의사결정이나 판단에 영향을 미친다면 그 재무제표는 중립적이라 할 수 없다. 또한 회계정보는 효율적인 자원배분을 유도할 수 있어야 하므로 회계정보를 이용함으로써 발생되는 경제적 효과가 특정 이용자에게 편향되는 회계정보를 제공하는 회계기준은 중립적이라 할 수 없다. 따라서 회계정보가 중립성(Neutrality)을 유지하기 위해서는 측정방법에 있어서 편의(Bias)를 줄여야 할 뿐만 아니라 회계기준 자체의 신뢰성을 유지하는 것도 중요하다.

셋째, 검증가능성 ― 특정 회계정보가 신뢰성을 갖기 위해서는 객관적으로 검증가능하여야 한다. 검증가능성(Verifiability)이란 동일한 경제적 사건이나 거래에 대하여 동일한 측정방법을 적용할 경우 다수의 서로 다른 측정자들이 유사한 결론에 도달할 수 있어야 함을 의미한다. 이러한 회계정보의 특성은 측정방법의 편의보다는 측정자의 편의를 감소시킴으로써 향상시킬 수 있다. 예를 들어 회계정보가 독립된 감사인에 의해 검증되면 회계정보 이용자는 이러한 정보를 보다 신뢰할 수 있을 것이다. 왜냐하면 경영자는 자신의 이익을 위해 회계정보를 조작하려는 측정자 편의를 가질 수 있지만, 일반적으로 독립된 감사인은 이러한 측정자 편의가 적기 때문이다.

(3) 비교가능성

비교가능성(Comparability)이란 정보이용자로 하여금 두 개의 경제현상 간에 유사성과 차이점을 식별하게 할 수 있는 정보의 자질을 말한다. 특정 기업에 관한 어떤 정보가 다른 기업에 관한 유사한 정보와 비교될 수 있거나, 동일기업에 있어서 어떤 정보가 다른 기간이나 다른 시점의 유사한 정보와 비교될 수 있다면 그러한 정보는 크게 유용하다고 말할 수 있다.

비교가능성을 얻기 위해서는 모든 기업으로 하여금 동일한 회계방법을 사용하게 하고, 또한 정확히 동일한 양식으로 정보를 보고하도록 하는 것이 최선의 방법이다. 왜냐하면, 예를 들어 재고자산을 선입선출법(First In First Out)으로 평가한 경우와 후입선출법(Last In First Out)으로 평가한 경우 두 개의 금액은 비교가능성을 가지지 못할 것이기 때문이다.

(4) 중요성

회계정보의 중요성(Materiality)이란 기업환경에 비추어 회계정보의 생략이나 오기 등이 정보이용자의 판단을 달리하게 하거나 또는 그 판단에 영향을 미칠 정도의 크기를 말한다.

중요성은 양적 중요성과 질적 중요성으로 구분한다. 양적 중요성은 금액에 있어서의 중요성을 말하며, 질적 중요성은 금액에 있어서는 무시해도 좋을 만큼 사소한 것이라도 그 사실의 존재 여부가 이용자의 의사결정에 커다란 영향을 미치게 되는 사항들을 말한다. 질적 중요성의 예로 임원 및 주주와의 내부거래, 관계회사와의 내부거래, 재무제표에 영향을 미치는 사항(예 : 임원의 공금유용) 등에 대해서는 그것이 비록 금액적으로 사소한 것일지라도 이용자의 의사결정에 중대한 영향을 미치는 것으로 판단될 때에는 이를 어떤 방법으로든지 공시해야 한다.

중요성은 회계정보의 기본적 특성을 회계실무에 적용시킬 때 이론과 실무의 차이를 극복하는 실행의 구체적 기준이 된다.

(5) 효율성과 이해가능성

효율성과 이해가능성은 회계정보의 질적 특성이라기보다는 회계정보 제공 시의 제약조건이라 할 수 있다.

효율성(Efficiency)이란 정보제공에 소요되는 비용이 의사결정자가 정보를 제공받음으로써 얻는 효익보다 작아야 한다는 제약이다. 즉 정보이용자에 대한 정보의 효익(Benefits)이 정보를 얻는 데 소요되는 원가(Costs)를 초과한다면 이러한 정보획득과정은 효율적이라 할 수 있다.

이해가능성(Understand Ability)이란 회계정보를 정보이용자들이 이해할 수 있어야 효용이 있다는 것이다. 아무리 목적적합하고 신뢰할 수 있는 정보라 해도 정보이용자가 이해할 수 없으면 전혀 쓸모없는 정보가 된다. 따라서 기업이 제공하는 회계보고서는 표준화된 양식에 간결하고 보편성 있는 용어로 작성되어야 정보내용의 이해가능성을 증진시킬 수 있다.

4. 회계개념

회계개념(Accounting Concepts)은 회계의 구조상 어디에도 속할 수 있으나, 주로 대차대조표 및 손익계산서 계정의 개념을 뜻하는 것으로 재무제표의 구성요소를 말한다. 회계개념으로는 자산·부채·자본·수익·비용 등이 있으며 이것들을 상세히 설명하면 다음과 같다.

(1) 대차대조표

대차대조표(Balance Sheet : B/S)는 일정시점에 있어서 기업의 재무상태를 나타내는 회계보고서이다. 대차대조표는 기업에 투자된 자금의 운용 상태인 자산과 기업자금의 조달원천인 부채와 소유자지분을 결산일 현재의 잔액으로 표시하는 재무상태표이다.

대차대조표상 자산은 기업이 조달한 자금이 어떻게 투자되고 있는가를 보여주며, 부채와 자본은 자산에의 투자를 위하여 어떤 원천으로부터 자금이 조달되었는가를 보여준다. 자산은 기업의 경제적 자원을 말하며, 부채는 경제적 채무를, 자본은 소유자 즉 주주의 잔여지분을 말한다.

자본은 자본금, 자본잉여금, 이익잉여금 및 자본조정항목으로 구분하고 있다.

대차대조표 양식은 [표 1-4]를 보면 머리 부분에는 대차대조표라는 회계보고서의 명칭이 있고, 회사의 상호와 대차대조표를 작성한 날짜, 금액단위를 나타내는 표시가 있다. 특히 대차대조표일을 의미하는 작성일자는 차후에 설명할 손익계산서의 일정기준과 대비되는 중요한 개념이다.

　머리 부분의 아래의 사각형은 왼쪽과 오른쪽으로 구분되어 있다. 이를 회계용어로는 왼쪽을 차변(Debits, Dr)이라 하며, 오른쪽을 대변(Credits, Cr)이라고 한다. 왼쪽인 차변에는 호텔기업이 소유하고 있는 자산의 종류와 금액을 나타내고 있으며, 오른쪽인 대변에는 부채와 자본의 종류와 금액을 나타내고 있다.

[표 1-4] 대차대조표 양식

대 차 대 조 표

상지호텔　　　　　2017. 1. 1 ~ 2017. 12. 31　　　　　(단위 : 천 원)

과목	금액		과목	금액	
자　산		(×××)	부　채		
Ⅰ. 유동자산			Ⅰ. 유동부채		
(1) 당좌자산	(×××)		1. 매입채무	×××	
1. 현금과 예금	×××		2. 단기차입금	×××	
2. 유가증권	×××				
・			Ⅱ. 고정부채		
(2) 재고자산	(×××)		1. 사채	×××	
1. 식료원재료	×××		2. 장기차입금	×××	
2. 음료원재료	×××		・		
・					
Ⅱ. 고정자산		(×××)	부채 총계		
(1) 투자자산	(×××)		자본		
1. 장기금융상품	×××		Ⅰ. 자본금		
2. 투자유가증권	×××		1. 보통주자본금	×××	
・			Ⅱ. 자본잉여금		
(2) 유형자산	(×××)		1. 자본준비금	×××	
1. 토지	×××		2. 감자차익	×××	
2. 건물	×××		・		
・			Ⅲ. 이익잉여금		
(3) 무형자산	(×××)		1. 이익준비금	×××	
			2. 기업합리화적립금	×××	
			자본 총계		×××
			부채와 자본 총계		×××
자산 총계	×××				

(2) 손익계산서

손익계산서(Income Statement : I/S 또는 Profit and Loss Statement : P/L)는 일정기간 동안 기업의 경영성과를 나타내주는 회계보고서이다. 경영성과는 일정기간의 수익과 그 수익을 얻기 위하여 사용된 비용을 대응시켜 계산한다. 수익과 비용의 차액은 기간손익이다. 수익이 비용보다 큰 경우에는 이익이, 비용이 수익보다 큰 경우에는 손실이 나타난다.

> ■ 수익 − 비용 = 이익
>
> 　　기간총비용 + (기간순이익) = 기간총수익 + (기간순손실)

첫째, 수익이란 주요 경영활동으로서의 재화의 생산·판매, 용역의 제공 등에 따른 경제적 효익의 유입으로서, 이는 자산의 증가 또는 부채의 감소 및 그 결과에 따른 자본의 증가로 나타난다.

둘째, 비용이란 주요 경영활동으로서의 재화의 생산·판매, 용역의 제공 등에 따른 경제적 효익의 유출·소비로서, 이는 자산의 감소 또는 부채의 증가 및 그 결과에 따른 자본의 감소로 나타난다.

(3) 회계등식

회계등식(Accounting Formula)이란 대차대조표 요소들 간의 관계를 등식으로 표현한 것이며, 회계방정식(Accounting Equation)이라고도 한다. 우선 대차대조표의 구성요소를 대차대조표 작성방법에 따라 공식화한 대차대조표등식(Balance Sheet Formula)을 들 수 있다. 다음의 대차대조표등식은 자산에 대한 채권자와 소유자의 지분을 나타낸다.

> 자산 = 부채 + 자본
> 　　 = 채권자 지분 + 소유자 지분 = 총 지분
> 　　 = 타인자본 + 자기자본 = 총자본

회계주체를 자본주로 보는 자본주이론에서는 자본에 대한 파악이 중요하며, 이에 따라 순재산인 자본의 계산이 강조된다. 자본등식(Capital Formula)은 대차대조표 등식을 변형하여 자본의 계산과정을 나타내는 등식으로 다음과 같다.

자산 − 부채 = 자본

[표 1-5] 손익계산서 양식

손 익 계 산 서

상지호텔   2017. 1. 1 ~ 2017. 12. 31   (단위 : 천 원)

과목		금액
Ⅰ. 매출액		×××
① 객실 매출액	×××	
② 식료 매출액	×××	
③ 음료 매출액	×××	
④ 봉사료 수입	×××	
Ⅱ. 매출원가		×××
① 기초상품재고액	×××	
② 당기상품매입액	×××	
③ 기말상품재고액	×××	
Ⅲ. 매출총이익		×××
Ⅳ. 판매비와 관리비		×××
① 급여와 임금	×××	
② 퇴직급여	×××	
③ 복리후생비	×××	
.		
.		
Ⅴ. 영업이익		×××
Ⅵ. 영업외 수익		
① 이자수익	×××	
② 외화차익	×××	
.		
Ⅶ. 영업외 비용		×××
① 이자비용	×××	
② 외화환산손실	×××	
.		
Ⅷ. 경상이익		×××
Ⅸ. 특별 손익		×××
Ⅹ. 법인세차감전순이익		×××
Ⅺ. 법인세 등		×××
Ⅻ. 당기순이익		×××

자본등식에서 소유자지분인 자본은 자산과 부채의 평가치에 의하여 결정된다. 거래를 기록하는 복식부기시스템(Double Entry System)은 회계등식을 바탕으로 하므로 복식부기에 의한 장부기입의 정당성을 인정해 주는 전제가 된다.

5. 현금흐름표(Statement of Cash Flow)

현금흐름표는 일정기간 동안의 기업의 현금흐름을 나타내는 표이다. 즉 현금의 변동내용을 명확하게 보고하기 위하여 당해 회계기간에 속하는 현금의 유입과 유출 내용을 적정하게 표시한 표이다. 현금이 어떻게 창출되어 어디에 얼마만큼 쓰였는가를 보여주는 표라고 할 수 있다. 현금흐름표는 대차대조표, 손익계산서, 자본변동표, 이익잉여금처분계산서와 함께 주요 재무제표의 하나이다. 현재 주식회사의 외부감사에 관한 법률에서는 직전 사업연도 말 자산총액이 70억 원 이상인 주식회사는 반드시 현금흐름표를 작성하여 공인회계사의 감사를 받도록 하고 있다. 그러나 법인세신고서류에는 포함되어 있지 않으며, 상법에서도 기본재무제표의 범위에 포함시키지 않고 있다. 현금흐름표는 일정기간 동안의 현금흐름을 나타내는 보고서이므로 유량(Flow)개념이고 동적 재무제표이다. 대차대조표가 기초에서 기말로 변천해 간 과정을 현금흐름의 측면에서 관찰한 것이 현금흐름표라고 할 수 있다.

현금흐름표(Statement of Cash Flow)는 기업의 세 가지 주요활동인 영업활동 · 투자활동 · 재무활동으로 구성된다.

(1) 영업활동으로 인한 현금흐름

호텔기업 본래의 사업인 판매 · 구매 · 생산 활동 등에서 발생한 현금 · 예금 등의 실질적인 흐름을 말한다. 매입대금을 현금으로 지급하고, 매출대금이 현금으로 입금되는 등의 현금흐름이 발생한다. 예를 들어 호텔 레스토랑은 고객이 구매한 스테이크를 현금으로 받으며, 타인에게 현금을 빌려주고 이자를 받을 때나 타 회사에 투자하여 배당금을 받을 때도 현금을 받는다. 현금은 공급자에 지출되는 상품대금 · 직원임금 · 세금 및 채권자에 대한 이자지급 그리고 기타 운영에 필요한 비용 등으로 유출된다.

[표 1-6] 현금흐름표 양식

현 금 흐 름 표

상지호텔 000레스토랑　　　　　　　　　2017. 1. 1 ~ 2017. 12. 31　　　　　　　　(단위 : 천 원)

과목	제×(당)기	제×(전)기
	금 액	금 액
Ⅰ. 영업활동으로 인한 현금흐름 ① 당기순이익 ② 현금의 유출이 없는 비용 등의 가산 ③ 현금의 유입이 없는 수익 등의 차감 ④ 영업활동으로 인한 자산·부채의 변동	×××	×××
Ⅱ. 투자활동으로 인한 현금흐름 ① 투자활동으로 인한 현금유입액 ② 투자활동으로 인한 현금유출액	×××	×××
Ⅲ. 재무활동으로 인한 현금흐름 ① 재무활동으로 인한 현금유입액 ② 재무활동으로 인한 현금유출액	×××	×××
Ⅳ. 현금흐름의 증가(감소)(Ⅰ+Ⅱ+Ⅲ)	×××	×××
Ⅴ. 기초의 현금	×××	×××
Ⅵ. 기말의 현금	×××	×××

(2) 투자활동으로 인한 현금흐름

건물을 짓거나 설비를 교체하는 등의 설비투자, 영업에 필요한 자산에의 투자, 여유자금을 유익하게 사용하기 위한 기업외부에의 투자 등과 같이 미래를 위한 현금·예금의 사용과정을 나타낸다. 예를 들어 호텔기업은 건물 및 설비에 대한 투자뿐만 아니라 타 기업의 주식을 매입하거나 돈을 빌려주기도 한다. 현금은 기업이 지분을 판매할 때 또는 타 기업의 주식 또는 사채를 판매할 때 유입된다. 투자활동으로부터의 현금유입과 유출을 결정하려면 회계기초와 기말에 대차대조표의 고정자산 등 투자자산란에 분석한다.

(3) 재무활동으로 인한 현금흐름

금융기관으로부터 장·단기 자금조달이나 사채발행을 통한 자본시장에서의 자금조달, 증자에 의한 자본금 증가, 차입금 상환 등을 재무제표적으로 표현한 것이다. 기업은 주식발행과 은행에서의 대출 또는 사채발행 등 외부원천으로부터 현금을 조달할 수 있다. 그리고 차입금·사채의 상환과 주주에 대한 배당금 지급 및 주주로부터 자기 주식의 취득 등으로 현금이 유출된다. 재무활동으로부터의 현금유입과 유출을 결정하려면 회계기간의 초와 회계기간의 말에 대차대조표의 고정부채 또는 소유주지분이라는 자본란을 분석하여야 한다.

6. 회계원칙

회계원칙(Accounting Principles)은 회계행위를 할 때 준수하여야 할 행위의 지침으로서 회계실무를 이끌어 가는 지도 원리이다. 회계원칙은 회계기준(Accounting Standards)이라고도 한다. 회계원칙은 기업환경의 변화에 따라 변화하는 특성을 가지며 모든 기업에 적용가능한 보편타당성을 가져야 한다. 회계원칙 중에서도 일반적인 보편타당성을 갖고 다수인의 지지를 받는 원칙을 '일반적으로 인정된 회계원칙(Generally Accepted Accounting Principles : GAAP)'이라 한다.

이 원칙은 다양한 정보이용자의 기본적 정보욕구를 충족시키기 위하여 제공할 정보의 내용과 보고형식 등을 표준화시킨다. 또한 이 원칙은 법령이나 회계 관습 등에 의하여 형성된다.

우리나라의 기업회계기준·준칙·해석 등이 일반적으로 인정된 회계원칙이며 보다 구체적 내용을 살펴보면 다음과 같다.

(1) 역사적 원가기준

역사적 원가기준(Historical Cost Principle)은 원가를 회계처리 및 회계보고의 기준으로 하는 원칙이다. 원가란 보통 취득원가(Acquisition Cost) 또는 역사적 원가(Historical

Cost)를 뜻하는데, 재화 또는 서비스를 취득할 당시의 교환가격(Exchange Price) 또는 화폐적 대가(Monetary Consideration)를 의미하는 것이다. 예를 들면 자산의 경우 취득시점의 취득원가로 계상되어 처분될 때까지 취득원가가 장부에 기록됨을 의미한다. 역사적 원가는 시간이 경과되어도 취득 당시의 원가로 기록되어 평가시점의 시가와는 차이가 있을 수 있다는 비판도 있으나, 취득 당시의 원가는 객관적으로 결정되고 후일에도 검증가능하기 때문에 신뢰성이 높은 측정기준이라는 장점 때문에 역사적 원가기준이 널리 사용되고 있다.

(2) 수익실현의 원칙

수익실현의 원칙(Revenue Realization Principle)이란 수익은 실현된 시점에서 수익으로 인식하여야 한다는 원칙이다. 수익의 실현은 수익의 획득과정이 거의 대부분 완료(Earned)되고, 획득된 수익이 객관적으로 측정 가능할 때 일어나게 되는데, 일반적으로 기업이 채택하는 수익실현시점은 판매시점이 된다.

(3) 수익·비용대응의 원칙

수익·비용대응의 원칙(Principle of Matching Costs with Revenues)이란 비용인식에 대한 원칙으로 비용은 그와 관련된 수익이 인식되는 회계기간에 그 관련수익에 대응시켜서 인식하여야 한다는 원칙을 말한다. 이 원칙에 의하면 일정기간 동안 발생한 수익과 관련비용을 대응시켜서 당기순이익을 산출하게 되므로 일정기간의 기간손익을 합리적으로 산출할 수 있게 된다. 그러나 수익과 직접 대응시키기 곤란한 경우에는 발생기간에 즉시 비용처리하거나 일정기간에 걸쳐 인위적으로 배분하기도 한다.

(4) 계속성의 원칙

계속성의 원칙(Consistency Principle)이란 선택가능한 회계처리방법 중 한 가지 방법을 선택하여 정당한 이유 없이 이를 변경하여서는 안 되며, 매기 계속 적용하여야 함을 말한다. 계속성의 원칙은 기간별 비교가능성을 제고시킨다.

(5) 완전공시의 원칙

완전공시의 원칙(Full Disclosure Principle)이란 정보이용자의 의사결정에 영향을 미칠 수 있는 목적적합한 정보는 빠짐없이 제공하여야 한다는 것으로 보고와 관련된 원칙이다. 목적적합성을 의사결정에 차이를 가져올 수 있는 정보의 능력이라 정의한다면, 완전공시의 원칙은 의사결정에 차이를 발생시킬 수 있는 양적·질적 정보 모두를 회계보고서에 기록하여 보고하여야 한다는 원칙이다.

(6) 객관성의 원칙

객관성의 원칙(Objectivity Principle)이란 회계정보는 객관적으로 측정되고 검증가능하여야 한다는 원칙이다. 대체로 정보가 객관적이고 검증가능하다면 자격 있는 사람이 둘 이상 동일한 자료를 조사해도 유사한 측정치의 결론에 도달할 것이다. 다만, 측정의 결과가 제3자와 다소 상이하다 하여도 문서적 증거 및 증빙에 의해 뒷받침된다면 객관성이 충족된다고 본다.

그러나 어떠한 정보도 완전히 객관적일 수는 없으며, 다만 추정·예측·측정 과정이 정보이용자들이 믿을 수 있는 자료와 방법에 의해 행해진다면 그 정보는 검증가능하고 객관적이라고 할 수 있다.

7. 회계 관습과 절차 및 실무

(1) 회계 관습

회계 관습(Accounting Conventions)은 회계실무에서의 관습적인 규칙(Customary Rule)으로 실무적으로 존중되고 받아들여지고 있는 것이다. 이는 많은 이들의 동의에 의하여 관행적으로 이루어지는 실무규칙이며 실무적 편의를 고려하여 형성된다. 회계 관습이 회계원칙처럼 굳어진 예는 중요성(Materiality), 보수주의(Conservatism), 업종별 회계실무(Industry Accounting Practices) 등이 있다. 기업회계기준 제4조도 "회계처리에 관하여 이 기준에서 정하는 것 이외에는 일반적으로 공정·타당하다고 인정되는 회계 관습에 따라야 한다."고 규정하고 있어 회계 관습을 존중하도록 하고 있다.

(2) 회계절차

본래 절차란 행위의 순서나 방법을 뜻한다. 회계절차(Accounting Procedures)는 회계기법을 적용함에 따르는 회계행위의 순서나 회계방법을 말한다. 즉 이는 회계원칙 적용의 구체적인 과정이다. 예를 들어 감가상각비를 기록하는 경우, 감가상각의 기본요소인 취득원가, 잔존가치, 내용연수에 대한 결정과 감가상각방법을 결정한 후 감가상각비를 계산하는 일련의 과정을 거쳐야 한다. 많은 경우 회계절차는 회계원칙에 포함되어 규정되기도 한다.

(3) 회계실무

회계실무(Accounting Practices)는 실제로 회계행위가 이루어지는 것을 말한다. 이는 회계공준 · 회계원칙 등으로부터 도출된 회계처리방법을 경제적 사건에 대하여 실제로 적용하는 것이다. 특히 호텔 · 여행사 · 외식업 등 특수한 산업이나 업종에 관해서는 그 산업 또는 업종의 특성을 고려하여 업종별 회계처리방법을 인정한다. 업종별 회계실무는 특정 산업이나 업종에서 존중되고 있는 실무 · 방법 · 규칙 등으로 회계 관습에 속한다.

일반적으로 인정된 회계원칙은 실무에서 일반적으로 수용되고 있는 회계절차 및 회계 관습을 성문화된 회계기준으로 체계화한 것이다. 즉 대부분의 회계기준은 회계실무상 적용되는 방법들을 귀납적 접근법(Inductive Approach)에 의하여 논리적으로 체계화한 것이다. 귀납적 접근법은 회계실무에서의 수용가능성이 높고 보편타당성이 있다는 장점이 있지만, 논리적 일관성이 결여될 수 있는 단점이 있다.

제3절 •• 회계의 기초개념

1. 거래 (Transaction)

회계의 출발점은 거래의 인식이다. 거래란 사상(Events)이라고도 한다. 회계 상의 거래는 부기 상의 거래이며 일상생활의 거래와는 차이가 있다. 회계 상의 기록의 대상이 되는 개별적 사건으로 회계적 사상 또는 회계적 사건이라고도 한다. 즉 회계 상 거래는 기업의 자산·부채·자본의 상태에 증감변화를 초래하는 모든 사항을 말한다. 따라서 수익·비용의 발생도 궁극적으로 자본의 증감변화를 나타내기 때문에 거래에 포함된다.

따라서 회계 상의 거래로 인식되기 위해서는 다음의 두 가지 요건을 충족시켜야 한다.

첫째는 회계주체의 재무상태, 즉 자산·부채·자본에 변화를 초래하여야 하며, 둘째는 화폐단위에 의한 객관적인 측정이 가능하여야 한다.

(1) 거래의 이중성과 거래요소의 결합관계

회계적 거래는 거래의 이중성에 의하여 언제나 왼편(차변)과 오른편(대변)에 동시적으로 동일한 금액이 기록된다. 이와 같이 회계적 거래의 기록은 거래의 이중성에 의하여 차변과 대변에 동일한 금액으로 변화하게 되는데 이를 복식부기의 원리라 한다. 또한 거래의 이중성에 따라 모든 거래는 차변과 대변에 동일한 금액을 기입하기 때문에 차변금액의 합계와 대변금액의 합계는 항상 일치하게 된다. 이와 같은 차변합계와 대변합계의 균형관계를 대차평균의 원리라고 하며 이는 복식부기의 가장 기본적인 원칙이다.

그러므로 거래는 자산의 증가와 감소, 부채의 증가와 감소, 자본의 증가와 감소, 수익과 비용의 발생이라는 8가지 요소로 이루어진다. 이러한 거래요소 또는 거래의 구성요소들을 거래의 8요소라 한다.

따라서 거래의 8요소 결합관계를 살펴보면 [표 1-7]과 같다.

[표 1-7] 거래의 8요소 결합관계

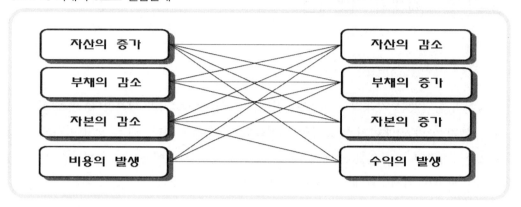

(2) 거래의 종류

1) 거래발생 원천에 따라

거래의 발생 원천이 기업의 외부인가 또는 내부인가에 따라 외부거래와 내부거래로 나누어진다.

① 외부거래(External Transactions)

외부거래는 기업의 외부자와의 관계에서 발생하는 거래로 회계적 거래의 대부분을 차지한다. 외부거래는 식음료 재료, 상품, 고정자산 등을 구입하는 구입거래와 객실 및 식음료 서비스, 상품 등을 판매하는 판매거래로 나누어진다.

② 내부거래(Internal Transactions)

내부거래는 기업내부에서 발생한 거래로, 외부자와는 관련이 없는 거래이다. 영업부문별 원가계산, 결산 시의 정리분개사항 등은 내부거래이다.

2) 손익관계 유무에 따라

① 교환거래(Exchange Transactions)

교환거래는 자산, 부채, 자본의 증감변동은 발생하나 비용은 발생하지 않는 거래이다. 따라서 교환거래는 당기순이익에 영향을 미치지 않는 거래이다.

② 손익거래(Profit and Loss Transactions)

손익거래는 수익이나 비용이 발생하는 거래이다. 따라서 손익거래는 당기순이익에 영향을 미치는 거래이다. 손익거래는 수익이 발생하는 수익거래 비용이 발생하는 비용거래, 수익과 비용이 동시에 발생하는 수익비용 동시거래로 나누어진다.

③ 혼합거래(Mixed Transactions)

혼합거래는 교환거래와 손익거래가 동시에 발생하는 거래이다.

3) 현금수지에 따라

① 현금거래(Cash Transactions)

현금거래는 전적으로 현금의 수입이나 지출이 수반되는 거래이다. 현금거래는 현금수입을 가져오는 입금거래와 현금지급을 요하는 출금거래로 구분한다.

② 대체거래(Transfer Transactions)

대체거래는 현금의 수입이나 지출을 전혀 수반하지 않거나 부분적으로 현금의 수입이나 지출을 수반하는 거래이다.

2. 계정(Account : A/C)

자산 및 자본의 변동을 명백히 하기 위하여 이것을 현금, 상품, 외상매출금, 차입금 등과 같이 동일 종류 또는 동일 성질의 단위로 구별하여 계산하게 되는데, 이 계산단위를 계정이라 한다. 계정은 거래를 항목별로 기록계산하는 양식으로 거래에 의하여 특정 항목이 영향을 받는 경우 그 증감변화를 기록계산하기 위하여 설정된 단위이다.

계정은 기록계산의 편리함과 손쉬운 이해를 위하여 다음의 요건을 갖추어야 한다.

① 계정과목(Title of Account) : 이는 각 계정에 부여된 명칭을 말한다. 계정과목은 이해하기 쉽고 간단한 명칭을 사용한다.

대차대조표 계정과목(차 변)	
유동자산	○ 현금 : 일반예금, 소액현금, 환전자금, 외화 등 ○ 예금 : 은행예금, 우편예금 ○ 받을 어음 : 거래처와의 통상거래에서 발생된 채권 ○ 외상매출금 : 투숙객, 식당이용 고객 등에 대한 미수금 ○ 미수금 : 외상매출금 외의 일시적 채권 ○ 재고저장품 : 요리, 음료, 저장품, 매점상품 재고품 ○ 단기대여금 : 1년 이내에 회수 가능한 대여금 ○ 가입금 : 일시적 대체금 및 반환받게 될 금액 또는 미확정의 지출액
고정자산	○ 유형고정자산 　건물 : 건물 부대설비를 포함 　기계장치 : 주방용 설비, 세탁용 기계 　차량운반구 : 영접 및 환송용 차량 및 화물운반용 자동차 　가구비품 : 내용연수 1년 이상으로 개당 단가 10원 이상의 식기류, 침구류 등 토지 　건물가계정 : 건물·설비 등 건설을 위해 지출한 전도금 　감가상각충당금 : 토지 및 건설가계정 이외의 유형고정자산에 대한 감가상각누계액 ○ 무형고정자산 　시설이용권 : 전기 · 가스공급시설이용권 　전화가입권 : 구입 또는 신설 전화에 대한 가입권 　영업권특허권 ○ 투자자산 　투자유가증권 : 장기이익을 목적으로 하는 주식, 국채, 사채 　관계회사주식 : 관계회사에 대한 출자금 등 　장기대여금 : 변제기한 1년 이상의 장기대여금 　전세권, 출자금 ○ 이연자산 　창업비 : 회사설립으로부터 개업에 이르기까지 제비용 　개업비 · 주식발행비

대차대조표 계정과목(대 변)		
부 채	유동부채	○ 단기차입금 : 1년 이내에 반환해야 하는 은행차입금 ○ 지급어음 : 물건구입 등으로 발행된 지급수표, 채무 등 ○ 외상매입금 : 식음료 재료구입에 대한 미지급 채무 ○ 미지급금 : 일시적인 미지급 채무 ○ 미지급비용 : 미지급의 채무, 지급이자 등 미지급의 경비 ○ 예수금 : 고객으로부터 징수한 부가가치세 및 급료 등에 대한 원천소득세 ○ 선수금 : 고객으로부터 받은 예약금 ○ 납세충당금 : 법인세 등에 대한 금액으로 지급된 것
	고정부채	○ 장기차입금 : 반환기간 1년 이상의 은행 등으로부터의 차입금 ○ 퇴직급여충당금 : 퇴직급여규정에 따른 기말충당금
자본		○ 자본금 ○ 자본준비금 : 상법규정에 의한 주식발행초과금, 합병차익 ○ 이익준비금 ○ 별도적립금 : 주주총회가 승인한 별도적립금의 적립액 ○ 전기이월이익금 : 전기에서 이월된 미처분의 이익잉여금 ○ 당기순이익

손익계산서 계정과목	
수익계정	○ 상품매출이익, 수입이자와 할인료, 수입임대료, 수입수수료, 잡이익 등
비용계정	○ 급료, 여비 교통비, 통신비, 수도광열비, 세금과 공과, 보험료, 지급임차료, 광고선전비, 운반비, 소모품비, 잡비, 잡손실, 지급이자와 할인료 등

② 차변과 대변의 구분(Debit or Credit) : 계정의 증감변동을 어느 편에 기록할 것인 가를 결정하기 위하여 차변과 대변을 구분한다. 통상 계정의 왼쪽을 차변, 계정 의 오른쪽을 대변이라고 한다.

계정 명칭	
차 변(Dr)	대 변(Cr)

③ 계정계좌(Account Space) : 이는 계정의 증감변동을 기록하기 위한 장소로 증감금액뿐만 아니라 증감의 원인까지도 기록한다.

(1) 계정기입의 원칙

계정기입의 원칙은 거래 발생 시 나타나는 항목을 자산, 부채, 자본, 수익, 비용의 계정으로 구분하고 각 항목의 증가 또는 감소가 각 계정의 차변 또는 대변에 어떻게 기록되는가를 나타내는 원칙이다. 즉 거래는 거래의 이중성과 계정기입의 원칙에 따라 한 계정의 차변에 기입됨과 동시에 다른 계정의 대변에 동일한 금액이 기입된다.

① 자산계정의 증가는 차변에, 자산계정의 감소는 대변에 기입한다.
② 부채계정의 증가는 대변에, 부채계정의 감소는 차변에 기입한다.
③ 자본계정의 증가는 대변에, 자본계정의 감소는 차변에 기입한다.
④ 수익계정의 증가(발생)는 대변에, 수익계정의 감소(소멸)는 차변에 기입한다.

(2) 분개(Journal Entry, Journalizing)

분개란 발생한 거래를 최초로 분개장 등 장부에 기록하는 과정이다. 일반적으로 분개는 분개장이란 장부를 이용하거나, 거래가 많은 경우에는 분개장 대신에 보조장부, 전표, 증빙(Voucher) 등을 이용하여 기록하고 별도의 분개장에 기록하지 않기도 한다.

분개를 하기 위해서는 각 거래마다 계정과목과 금액을 결정하고 차변과 대변 중 어디에 기입할 것인가를 결정하여야 한다. 즉 분개는 구체적인 계정과목, 금액, 기록장소를 결정하는 과정이다.

1) 분개장

분개장은 거래를 발생순서에 따라 기입하는 장부이다. 즉 분개장은 거래가 회계시스템에서 처음으로 기록되는 장소이며 원초기입장(Book of Original Entry)이라고도 한다.

(3) 전기(Posting)

분개한 것을 각 계정에 옮겨 기록하는 것을 전기라 하는데, 전기하는 방법은 차변과목은 해당계정 차변에, 대변과목은 해당계정 대변에 기입한다. 전기는 통상 총계정원장 상의 해당계정의 계정계좌로 거래 자료를 이전시키는 과정이다.

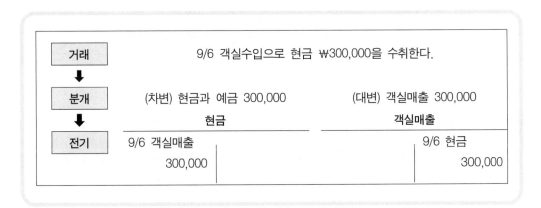

3. 장부(Books)

회계장부(Accounting Books) 또는 장부(Books)는 거래를 조직적이고 체계적으로 기록·계산·정리할 수 있도록 일정한 양식을 갖는 책자이다.

(1) 장부의 종류

① 주요부(Main Books) : 기업경영에서 발생되는 거래를 총괄적으로 파악하고 재무제표를 작성하는 데 기초가 되는 장부를 말한다(분개장, 총계정원장).

② 보조부(Subsidiary Books) : 주요부의 기록만으로는 상세한 내용을 파악할 수 없으므로 특정계정에 대한 자세한 내용을 보충적으로 기록하는 장부(보조기입장, 보조원장)를 말한다.

장 부	주요부	□ 분개장 : 거래를 순서별로 분개하여 기입하는 장부
		□ 총계정원장 : 분개장에 분개된 것을 기입하는 장부
	보조부	□ 보조기입장 : 현금출납장, 당좌예금출납장, 소액현금출납장, 매입장, 매출장 □ 받을어음기입장, 지급어음기입장 등
		□ 보조원장 : 상품재고장, 매입처원장, 매출처원장, 고정자산대장 등

(2) 장부조직

장부조직은 기업의 규모나 종류에 따라 다르나 기본적인 조직은 다음과 같다.

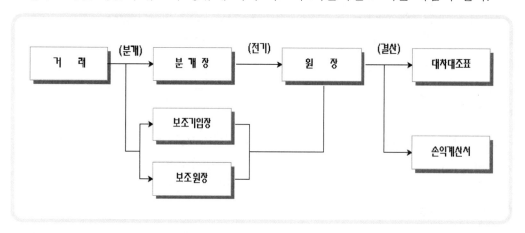

4. 시산표와 정산표

(1) 시산표(Trail Balance : T/B)

시산표란 총계정원장 상의 계정별 차변 및 대변의 합계액 또는 잔액을 모아 놓은

표를 말하며 계정집계표라고도 할 수 있다. 즉 결산일에 각 계정별로 차변에 기입된 금액의 합계와 대변에 기입된 금액의 합계를 산출하여 모아 놓거나 차변과 대변의 합계액의 차액(잔액)을 계산하여 모아 놓은 일람표가 시산표이다. 시산표는 거래를 정확하게 분개 및 전기를 행하였는가를 검증하기 위한 수단으로 작성된다. 더불어 시산표는 결산보고서를 작성함에 보조수단으로 이용될 수 있을 뿐 아니라 경영성과나 재무상태의 개요를 파악할 수 있는 수단이 된다.

1) 시산표의 종류

① 합계시산표 : 총계정원장 각 계정의 차변합계와 대변합계를 집계한 것으로 금액은 분개장 합계와 일치한다.
② 잔액시산표 : 총계정원장 각 계정의 차변잔액과 대변잔액을 집계한 것으로 재무제표작성의 기초가 된다.
③ 합계잔액시산표 : 합계시산표와 잔액시산표를 동시에 나타내는 시산표

> **자산 + 비용 = 부채 + 자본 + 수익** …… **시산표 등식**

2) 정산표(Working Sheet : W/S)

일정기간의 경영성적(영업성적)과 결산일 현재의 재무상태를 하나의 표에 표시하기 위하여 작성되는 표를 정산표라 한다. 정산표의 종류로는 6위식, 8위식, 10위식 등의 정산표가 있으나, 가장 일반적인 것은 8위식(시산표, 정리기입, 손익계산서, 대차대조표) 정산표이다.

정산표에서는 각 계정잔액을 기초로 하여 감가상각이나 실지 재고조사에 근거한 상품계정잔액의 수정 등 각종 결산정리가 실시되어 손익계산서 및 대차대조표의 기초자료가 나오게 된다.

정산표 작성방법을 살펴보면 다음과 같다.

첫째, 잔액시산표란 ― 잔액시산표를 옮겨 기입한 것을 말하며 차변에 자산과 비용을, 대변에 부채·자본·수익을 기입한다.

둘째, 정리기입란 ― 기말정리사항분개를 기입하는 장소로 시산표에 있는 과목은 해당과목란에 기입하고 시산표에 없는 과목은 추가로 설정한다.

셋째, 손익계산서란 ― 수익과 비용을 기입하여 당기순손익을 계산하는 난으로 시산표 금액과 정리기입란 금액을 같은 변에 더해 주고 다른 변 금액은 차감하여 기입한다.

넷째, 대차대조표란 ― 자산·부채·자본을 옮겨 기입하는 난으로 시산표 금액과 정리기입란 금액을 같은 변에 더해 주고 다른 변 금액은 차감하여 가입한다.

[표 1-8] 정산표(8위식)

계정과목	시산표		정리기입		손익계산서		대차대조표	
	차변	대변	차변	대변	차변	대변	차변	대변
	자산	부채					자산	부채
		자본						자본
		수익			순이익	수익		순이익
	비용				비용			

5. 결산

회계연도 말에 재무상태와 경영성과를 파악하고 각종의 장부를 마감하는 절차를 말한다. 결산의 모든 절차를 결산절차라 하고 결산절차는 대체로 결산예비절차, 결산 본절차, 결산보고서의 3단계로 나누어진다.

(1) 결산예비절차

이는 결산 전의 절차라고도 한다.

① 수정 전 시산표의 작성

② 수정사항의 파악 및 재고조사표의 작성

③ 수정사항의 기입(수정분개 및 기입)

④ 수정 후 시산표의 작성

⑤ 정산표의 작성

(2) 결산 본 절차

이는 결산마감절차 또는 장부의 마감절차라고도 한다.

① 원장의 마감

- 손익계산서 계정의 마감
- 대차대조표 계정의 마감

② 기타 장부(분개장, 보조부)의 마감

③ 이월시산표(결산 후 시산표)의 마감

(3) 결산보고서의 작성

이는 재무제표의 작성절차라고도 한다. 재무제표에 사용되는 기법으로는 비율분석, 추세분석, 수평분석 등이 있다.

제4절 · 회계순환과정

1. 회계순환과정의 의의

회계순환과정(Accounting Cycle)은 기업이 재무보고를 하기 위하여 수행하는 일련의 회계처리과정을 말한다. 즉 회계순환과정은 거래를 장부에 기록하고 결산시점에 재무제표를 작성하기까지 반복적으로 수행되는 회계절차이다. 회계순환과정은 거래를 장부상에 기록하고 재무제표의 작성·공시를 통하여 정보이용자에게 유용한 회계적 정보를 제공해 주는 회계시스템이다.

회계순환과정은 순환의 기간, 즉 회계기간을 설정하여야 한다. 회계기간(Accounting Period)은 재무제표를 작성하는 정기적인 기간이며, 모든 회계처리는 회계기간의 설정을 전제로 한다. 가장 일반적인 회계기간은 1년이며 이를 1년 기준(One Year Rule)이라고 한다.

그러나 재무제표는 신속한 회계정보의 제공 필요성에 따라 월별·분기별 또는 반기별로 작성되기도 한다.

2. 회계순환과정의 단계

회계순환과정은 기중의 회계절차와 기말의 회계절차로 구분된다.

기중의 회계절차는 거래를 장부에 기록하는 과정으로 거래의 분석, 분개장의 분개, 원장의 전기를 말한다.

기말의 회계절차는 결산절차라고도 하며 결산예비절차와 본 절차를 거쳐 재무제표를 작성하는 회계정보의 산출과정이다. 결산예비절차는 결산 전의 절차로서 수정 전 시산표의 작성, 수정사항의 파악 및 재고조사표의 작성, 수정사항의 기입, 수정 후 시산표의 작성과정을 말한다.

결산 본 절차는 결산마감절차로 정산표의 작성, 재무제표의 작성 및 장부의 마감과정을 말한다. [표 1-9]는 이러한 과정을 도표로 나타낸 것이다.

[표 1-9] 회계순환과정

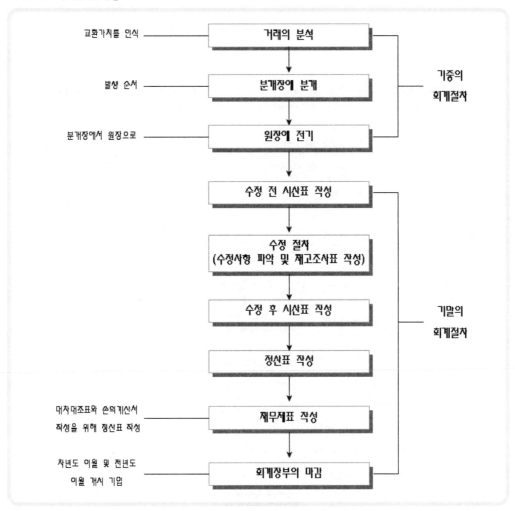

3. Front Office 고객회계순환절차

Front Office의 고객회계순환절차는 고객이 호텔을 이용하고자 예약하고, Check-In을 거쳐 호텔 내에 머물며, Check-Out 하기까지의 과정에서 발생되는 일련의 Process를 말한다.

[표 1-10] Front Office 고객회계순환절차

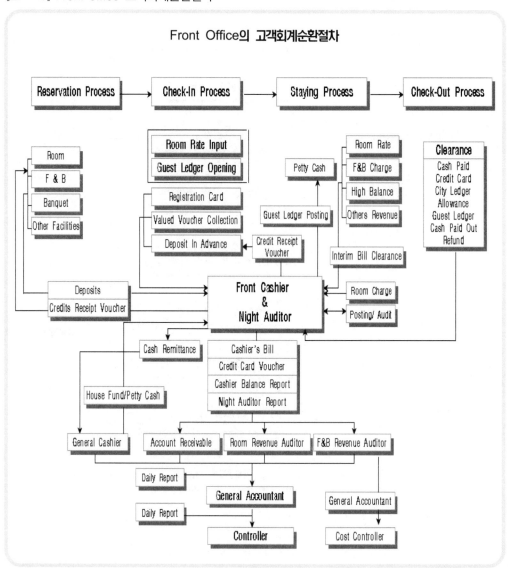

Front Office의 고객회계순환절차

호텔기업에서 수익이 발생하는 부서로는 객실, 식음료, 연회, 부대시설 영업장으로 각 영업부서의 성격에 따라 다른 상품들이 판매되어 매출이 발생하게 된다. 업장별로 판매된 상품의 매출액은 On-Line System을 통하여 전송되고 있다.

호텔에서 매일 매일의 영업 결과는 야간감사(Night Audit)에 의해서 거래 내역을 감사하고, 마감을 하게 되는데, 감사 시 오류 부문에 대해서는 수정·보완하고 감사활동이 끝나게 되면 영업보고서를 작성하여 하루의 영업활동을 마감 처리한다.

제5절 ◦ 호텔의 경영분석(Business Analysis)

1. 경영분석의 개념

경영분석이란 대차대조표(Balance Sheet), 손익계산서(Profit and Loss Statement) 등 재무제표를 비롯한 각종의 회계자료를 상호 비교 관찰하여 기업경영의 실태를 파악하고 나아가 기업경영에 필요한 여러 가지 유익한 정보를 얻는 방법을 말한다.

2. 경영분석의 기준

경영분석은 누가 어떤 목적 때문에 실시하는가에 따라 기준을 분류하면 다음과 같다.

(1) 외부분석

기업 외부의 이해관계자들인 국가기관, 투자자, 채권자, 은행 등이 목적을 달성하기 위하여 경영분석을 하는 것이며, 여기에는 신용분석, 투자분석, 세무분석, 감사분석, 국가 및 공공단체 분석 등이 있다.

① 신용분석

신용분석이란 금융기관이나 채권자가 융자나 신용제공을 하게 되었을 때 채권을 회수할 수 있을지의 여부를 판정하기 위하여 하는 분석이다. 이 분석은 주로 지급능력의 정도를 조사하는 것이 목적이다. 원래 경영분석은 어떤 기업의 자금공급자인 여신자가 신용분석을 하는 것으로부터 시작되었고, 현재 경영분석에 있어서 가장 많이 사용하는 분석방법이다.

② 투자분석

투자가나 주주가 돈을 투자함에 있어서 원금의 확보는 물론 충분한 배당을 받을 수 있을지의 여부를 판정하기 위하여 하는 분석이다. 주로 수익성의 정도를 조사하는 것이 주된 목적이다.

③ 세무분석

세무당국이 징세하는데 있어서 과세소득이나 납세액이 적정한가의 여부를 판정하기 위하여 하는 분석이다. 주로 세액의 부족액을 조사하는 것이 세무분석의 주된 목적이 된다.

④ 감사분석

감사분석이란 공인회계사나 감독관청이 회계감사를 함에 있어서 결산서가 회계제 원칙에 준하여 실시되었는지 여부를 판정하기 위하여 하는 분석이다. 주로 합법성의 유무를 조사하는 것이 주된 목적이 된다.

⑤ 국가 및 공공단체분석

국가 및 공공단체분석이란 경제정책 및 재정금융정책 수립에 필요한 자료를 얻기 위하여 제 기업의 재무제표를 수집하여 분석·검토하는 것이다. 여기서는 수익성의 정도를 조사하는 것이 주된 목적이 된다.

(2) 내부분석

내부분석의 목적은 경영내용을 개선하는 데 있으며, 기업 내부의 경영관리자나 그 대리인이 경영관리를 함에 있어서 영업 성적이나 재무상태가 적정한지의 여부를 판정하기 위하여 하는 분석이며, 오늘날에는 많은 기업의 경영자가 효율적인 경영관리의 방법으로 내부분석 방법을 활용한다.

3. 경영분석 방법

(1) 비율분석의 분류

비율분석(Ratio Method)은 재무수치의 관계 비율을 산출하여 경영분석 또는 재무제표를 분석하는 방법 또는 비율분석법을 말한다.

① 관계비율법 : 관련 있는 두 항목 간의 비율을 백분비로 나타낸 것으로 유동비율·고정비율·부채비율·상품회전율·자기자본회전율 등이 있다.

② 구성비율법 : 백분비법이라고도 한다. 대차대조표나 손익계산서 상의 각 구성부분을 전체에 대한 백분비로 표시한 것이며, 대차대조표 항목을 구성 비율로 표시하면 백분비 대차대조표가 된다. 손익계산서에서 매출액을 100으로 하고 매출원가·매출총이익·일반관리비·판매비·영업이익·순이익 등을 백분비로 나타내는 경우도 있다.

③ 추세법 : 재무제표의 기준연도를 정하여 그 수치와 대비한 것이다. 재무제표의 기준연도를 정하여 그 연도의 각 항목의 수치를 100으로 하고, 그 후 각 연도의 금액을 지수로 표시한 것 등이 있다.

관계비율에 의한 분석의 예를 들면, 유동부채(流動負債)에 대한 유동자산의 비율은 유동비율로 나타내는데, 이 숫자가 클수록 기업의 지불능력이 충분하다는 것을 나타내므로 재무상태가 건전하다고 판정된다.

비율분석에 의한 분석에 많이 쓰이는 비율은 대체로 정해져 있는데, 대차대조표의 여러 항목 간의 비율인 재무비율, 손익계산에 관한 항목 간의 비율인 영업비율, 판매액과의 비율인 회전율 등으로 분류한다. 비율분석의 목적은 재무제표를 용이하게 해석하기 위한 것이며 재무제표의 많은 항목을 비교적 적은 수의 비율로 줄임으로써 그 목적을 달성한다.

비율이란 실수의 상호관계로부터 산정되는 것이며, 실수들을 어떻게 상호 관련을 지어 구했느냐에 따라 기본적으로 다음과 같은 세 가지로 구분할 수 있다.

첫째, 전체 혹은 총액에 대한 각 구성항목의 실수가 점하는 정도를 뜻하는 것으로 이를 구성 비율(Component Ratio)이라 부른다.

둘째, 회계보고서 상의 어떤 항목과 관련 있는 다른 항목의 실수와의 상호관계로부터 산정되는 비율로 이를 관계비율 또는 특수비율(Salient Ratio)이라고 한다.

셋째, 어떤 특정항목의 실수를 100으로 해서 이것에 대한 타 항목의 실수가 그 특정한 항목의 실수에 비하여 어느 정도인가를 뜻하는 것으로 이를 지수(Index)라고 하며, 호텔의 경우 회계연도가 경과함에 따라 어떠한 추세를 밟을 것인가를 지수에 의해 분석·관찰하는 분석방법을 추세법이라고 한다.

유동성 비율 분석			
비율	산식	목적	비고
유동비율	(유동자산/유동부채) × 100	단기채무 충당 능력	200% 이상
당좌비율	(당좌자산/유동부채) × 100 (유동자산 + 재고자산 + 기타유동자산/유동부채) × 100	단기채무 충당 능력의 측정	100% 이상
외상매출금 회전율	매출액/평균외상매출금 평균외상매출금 = 기초(전기)외상매출금 + 기말(당기)외상매출금/2	외상매출금의 회수에 따른 효율성 측정	

지급능력 비율 분석			
비율	산식	목적	비고
부채비율	(부채총계/자기자본) × 100 (유동부채 + 고정부채/자기자본) × 100	타인자본과 자기자본과의 관계성	100% 이하
고정비율	(고정자산 + 투자와 기타자산/자기자본) × 100	호텔자산의 고정화 정도를 측정	100% 이하
고정 장기적합률	(고정자산 + 투자와 기타자산/자기자본 + 고정부채) × 100	고정비율의 보조자료로 활용	100% 이하
이자 보상비율	지급이자 + 법인세 차감전이익/지급이자	지급이자의 부담능력을 측정	1 이하는 손실
고정비 보상비율	법인세 차감 전 이익 + 지급이자 + 임대료/지급이자 + 임대료	지급이자와 임대료에 대한 지급능력의 측정	

활동성 비율 분석			
비율	산식	목적	비고
재고자산 회전율	매출원가/평균재고자산 평균재고자산 = 기초(전기재고자산) + 기말(당기)재고자산/2 재고자산회전기간 = 365일/재고자산회전율	재고자산의 회전율 측정	높을수록 양호
고정자산 회전율	총매출액/평균고정자산 평균고정자산 = 기초(전기재고자산) + 기말(당기)재고자산/2	고정자산의 이용정도로서 조업도에 대한 측정	
총자산 회전율	총매출액/평균총자산 평균총자산 = 기초(전기재고자산) + 기말(당기)재고자산/2	총자산의 이용정도를 측정	
객실 점유율	(판매객실수/판매가능객실수) × 100	호텔객실의 이용정도	입지, 계절, 시설수준, 식당형태, 요금 등에 의한 차이
좌석 이용률	(이용고객수/판매가능좌석수) × 100	식음료의 이용정도	

수익성 비율 분석		
비율	산식	목적
매출액 이익률	(당기순이익/총매출액) × 100	판매와 비용통제로 수익성 측정
영업효율성 비율	(고정비용차감전이익/총매출액) × 100 경상이익률 = (경상이익/총매출액) × 100	영업활동의 효율성 측정
총자산 이익률	매출액이익률 × 총자산회전율 (당기순이익/평균총자산) = (당기순이익/총매출액) × (총매출액/평균총자산)	총자산의 이익을 비율로 수익성을 측정
자기자본 이익률	총자산이익률 × (평균총자산/평균자기자본) × 100 (당기순이익/평균총자산) × (평균총자산/평균자기자본) 당기순이익/평균자기자본	투하된 자기자본의 이익성을 측정

기타운영 비율 분석		
비율	산식	비고
매출구성비	(부문별 매출액/매출액) × 100	
비용구성비	(각 계정별 비용/총매출액) × 100	
부문별 비용구성비	(부문별 비용/부문별 매출액) × 100	
인건비율	(인건비/총매출액) × 100	
부문별 인건비율	(부문별 인건비/부문별 매출액) × 100	
전년대비 증감률	(금년도실적 − 전년도실적/전년도실적) × 100	비용 또는 매출
목표대비 달성률	(실적/목표) × 100	

객실부문 비율 분석

비율	산식	비고
잠재평균 객실료	(판매가능객실수 × 객실별공표요금)/판매가능객실수	
실제평균 객실료	객실매출액/판매객실수	
평균객실요율	(실제평균객실료/잠재평균객실료) × 100	
수용률	객실판매율 × 평균객실료 (판매객실수/판매가능객실수) × (실제평균객실료/잠재평균객실료)	
2인 사용률	(투숙인원수 − 판매객실수/판매객실수) × 100	
고객 형태별 구성 비율		국적별, 목적별

식음료부문 비율 분석

비율	산식	비고
평균 식료(Food)가격	식료매출액/식료이용 고객 수	
평균음료(Beverage)가격	음료매출액/음료이용 고객 수	
종사원담당 고객 수	고객 수/종사원 수	
평당 매출액	매출액/평수	
식료원가율	식료 원가액/식료 매출액 × 100	
음료원가율	음료 원가액/음료 매출액 × 100	

정태비율 분석

비율	산식	목적	비고
유동비율	(유동자산/유동부채) × 100	지급능력측정, 신용성 측정	200% 이상
당좌비율	(당좌자산/유동부채) × 100	즉각적인 지급능력측정	100% 이상
현금비율	(현금/유동부채) × 100	지급능력을 측정하는 보조비율역할	20% 이상
고정비율	(고정자산/자기자본) × 100 (자기자본/고정자산) × 100	실비고정비를 측정	100% 이하 100% 이상
고정장기 적합률	(고정자산/자기자본 + 고정부채) × 100 (자기자본+고정부채/고정자산) × 100	설비고정비를 측정하는 보조비율	100% 이하 100% 이상
부채비율	(부채/자기자본) × 100 (자기자본/부채) × 100	타인자본에 대한 안전도 측정	100% 이하 100% 이상
운전자본비율	(운전자본/총자본) × 100 (유동자산 − 유동부채/총자본) × 100	총 자산 중 순수 운전자본의 비중측정	높을수록 좋다.

매출액 이익률 분석			
비율	산식	목적	비고
매출액총이익률	(매출총이익/매출액) × 100	매출액에 대한 총이익성의 측정	높을수록 좋다.
매출액영업이익률	(영업이익/매출액) × 100	영업활동의 성과측정	높을수록 좋다.
매출 · 매출순이익률	(매출순이익/매출액) × 100	매출액에 대한 매출순이익의 측정	높을수록 좋다.
매출액순이익률	(순이익/매출액) × 100	매출액에 대한 순이익 측정	높을수록 좋다.
총비용 대 총수익비율(수지비율)	(총비용/총수익) × 100	총수지의 측정	낮을수록 좋다.

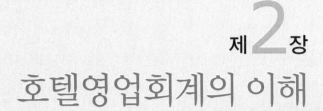

제**2**장
호텔영업회계의 이해

제2장

호텔영업회계의 이해

1. 호텔영업회계의 의의

호텔의 영업회계는 거래가 빈번하게 발생할 뿐만 아니라 매출장소도 다른 관계로 짧은 시간 내에 신속·정확히 계산되어야 한다.

일반적으로 호텔의 객실, 식음료, 기타 부대시설에서 발생되는 계정의 정산과 같이 판매시점에서 행해지는 현금지급 거래와 숙박계정과 같이 판매시점과 지급시점 간에 시간적인 간격이 있는 거래의 경우도 있다. 또한 객실 및 식음료, 기타 부대시설 이용 고객을 개인별 또는 법인회계별로 거래를 설정하여 후일에 가서 청구하는 신용외상판매의 방법을 취하는 경우가 많아져 가고 있다. 그러나 그 어느 경우에 있어서도 투숙객이 Check-Out하기까지 발생한 후불계산을 확정하고 더욱이 그 내용은 정확하고 완전한 것이어야만 한다.

우리가 알고 있는 호텔의 경우에는 복잡한 여러 곳의 영업장 등에서 분산적으로 발생되는 계산서(Bill)를 신속하고 정확하게 집계하여 고객이 언제라도 Check-Out할 수 있도록 한 장의 청구서(Guest Folio)에 집계되어야 한다.

호텔 매출계정의 집계는 호텔 수익부문의 다양화, 영업시간의 차이 때문에 상당히 번거롭고 복잡하다. 객실, 식음료 중심으로 세탁, 전화, 잡수입 등 호텔업에서의 매출은 단순히 집계만이 아니고 청구서(전표)의 발행 및 전기(轉記)를 제약된 시간 내에 처리해야 하는 점 등 타 업종과는 다른 특성을 보인다.

호텔은 연중무휴 24시간 영업을 계속 행하고 있기 때문에 관리상에서도 그날그날을 기준으로 야간 어느 시점에서 판매 감사(Sales Audit)를 행하여 언제든지 청구서가 발생 가능하도록 준비태세가 갖추어져 있지 않으면 안 된다.

2. 호텔영업회계의 특성

호텔은 숙박을 중심으로 투숙객과 외래이용객에 대하여 각종의 서비스를 제공하는 것을 영업의 목적으로 하고 있다. 따라서 그 영업내용과 판매형태는 일반기업과 다른 면이 있다. 회계 상의 특성도 이러한 영업내용, 판매형태 그리고 취급되는 상품 등이 특별성에 기인한 것이다.

또한 호텔영업회계에는 세 가지 기능 즉 수납기능, 회계기능, 감사기능을 내포하고 있다.

첫째로 수납기능이란 고객의 호텔이용에 대한 제반사항에 대해 회계원이 직접 고객에게 대금을 영수하는 기능을 말하며,

둘째로 회계기능이란 호텔을 이용한 고객들의 요금계산서를 발행하고 집계 · 분석하는 기능이며,

셋째로 감사기능이란 각 회계원들이 고객으로부터 영수한 수익금을 정확히 감사하는 기능을 말한다.

(1) 영업내용의 특성

USAH(Uniform System of Accounts for Hotel)의 부문별 손익계산서상 영업부문의 수익 원천은 다음과 같다.

내 · 외국인의 숙박을 위한 객실부, 레스토랑 및 연회행사와 주류 판매를 위한 식음

료부문, 전신·전화부문, 고객세탁부문, 골프장과 골프용품점부문, 테니스장과 테니스 전문용품부문, 헬스클럽부문, 수영장부문, 기타 영업부문, 임대 및 기타 등으로 분류할 수 있다.

이처럼 최근 경향은 고객의 증가와 욕구의 다양화에 대응하여 호텔경영도 다각화되고 있다. 호텔의 종류에는 투숙객을 중심으로 투숙객에 한해 식사서비스를 제공하는 비즈니스호텔과 식사·연회가 중심이 되는 도시호텔 등이 있지만, 투숙객과 외래이용객을 위한 생활의 장소로서의 일체의 서비스를 제공하는 관광호텔도 있다. 따라서 호텔에서의 회계조직과 관리제도의 다양한 영업내용에 맞게 설정해야 한다. 호텔수익의 원천은 객실수익, 식·음료수익, 연회장수익, 결혼식수익 그리고 기타 수익 등이 있으며 각기 전혀 다른 성격의 영업장이 호텔이라는 하나의 기업 안에 존재한다. 따라서 각 영업장의 수익과 비용에 대응하여 인식·기록·보고하는 기능이 절실히 요구되는 특성을 가지고 있는 업종이 호텔기업이다.

첫째, 객실수익은 투숙객의 숙박요금과 식사고객(Guest Ledger로 이체된 금액), 회의, 연회, 결혼식 등의 행사고객에 의한 객실 대실료를 포함한다. 주된 수익원인 투숙객의 객실요금을 중심으로 Check-In부터 Check-Out까지의 업무처리와 함께 발생하는 회계처리를 Front Account라고 하며, 호텔의 주요 수익원이 된다.

둘째, 식·음료수익은 레스토랑, Bar, Coffee Shop에서 발생하는 매출에 관한 회계처리를 레스토랑 회계라고 하며, 호텔회계시스템 상의 하나이다. 투숙객이 레스토랑과 커피숍을 많이 이용하기 때문에 레스토랑 회계는 Front Office 회계와 긴밀하게 협조하여 투숙객의 매출을 Front Office Cashier에 집계해야 한다.

셋째, 호텔에서 발생되는 영업수익은 전표를 통하여 거래가 이루어지는데, 객실이용고객원장인 Guest Folio(Master Folio), 레스토랑 이용고객원장인 Restaurant Bill, 기타 각종 Voucher의 발행을 통해 이루어지고 있다.

넷째, 기타 영업수익은 전신·전화수익, 세탁수익, 주차장수익, 골프장수익, 수영장·사우나수익, 임대 및 기타 수익이 포함되며, 각 영업장별로 담배, 과자, 토산품, 잡지, 신문, 잡화 등의 여러 가지가 있다.

다섯째, 수익과 비용의 회계처리는 수익 원천에 따라서 부문별로 회계처리하고 손익계산서에도 세부 단위별로 표시한다.

여섯째, 호텔의 영업회계는 주로 고객에게 제공하는 인적서비스의 대가에 대해서도 회수 및 관리하는 회계이다.

일곱째, 호텔 투숙객에 대한 매출발생액의 회수는 제공되는 시점에서 현금화되는 것이 아니라 Check-Out 시 정산되는 것이 일반적이다.

(2) 판매형태상 특성

첫째, 고객의 특성상 투숙객의 회계처리와 일반고객의 회계처리를 구분해야 한다. 즉, 비즈니스를 위한 호텔에서는 호텔이용고객이 투숙객을 중심으로 이루어지지만, 대규모 도시호텔에서는 레스토랑이나 커피숍을 이용하는 고객이나 연회 및 행사용으로 장소를 대여 받는 경우도 있기 때문에 투숙객에 대해서 뿐만 아니라 일반 이용고객에 대해서도 편의를 제공해야 한다.

둘째, 거래단위의 영세성과 영업장소의 특성이 있다.

거래단위는 투숙객 매출의 경우 1박 객실요금과 식사 및 음료 매출의 경우에는 1회 정도로 판매에서 회수까지는 극히 단기간이고 매출금액은 연회·행사를 제외하고 비교적 소액인 것이 특징이다. 또한 그 매출이 일정시간에 집중되는 경향이 있기 때문에 매출액의 계산·집계·회수 등의 각 작업을 단시간 내에 정확하게 할 필요가 있다. 또한 매출의 종류가 많아서 전표 등의 증빙서류가 다종다양하기도 하고 회계처리에 상당한 노력이 요구되기도 한다.

셋째, 영업시간의 특성이다. 영업시간은 영업장의 성격에 의해 상이하여 레스토랑과 매점은 아침부터 저녁까지, Bar는 저녁부터 새벽까지, 객실은 통상 저녁부터 다음날 정오(장기투숙객의 경우 24시간)까지로 일치하지 않고 영업이 24시간 365일 연중무휴로 계속된다.

따라서 매일 일정시점을 기준으로 결산집계(Night Audit)가 필요하며, 심야에도 회계업무를 관장하는 야간감사자(Night Auditor)가 필요하게 된다.

넷째, 호텔에서 발생된 모든 수익은 기록되어야 하며, 이를 통하여 마감 및 정산되는 것을 원칙으로 한다. 또한 계산서는 고객의 요청에 의하여 항상 신속·정확하게 제공되어야 한다.

다섯째, 회수방법의 특성으로는 고객이 불특정 다수인 것, 이용기간이 단기인 것, 당일 매출액이 비교적 소액이기 때문에 호텔기업에서는 매출대금의 회수는 대부분 현금 또는 신용카드로 회수하게 된다. 따라서 Front Office Cashier와 Restaurant Cashier 등이 많은 현금을 취급하므로 일일 현금관리가 중요하다. 왜냐하면, 만약 입금의 과부족 (Over & Short)이 생겨나도 차후에 추가 회수하거나 반환한다는 것이 불가능하기 때문이다. 현금을 취급하는 장소(Front, 레스토랑, 매점, 기타 부대시설 Cashier 등)에서는 신중하게 취급하고 집계와 보고를 정확히 해야 한다.

여섯째, 호텔에 있어서의 상행위는 대개의 경우 정식적인 계약서를 교환하지 않으므로 고객이 Check-Out(퇴숙) 후에 발견된 금액에 대해서는 회수에 많은 어려움을 겪고 있다.

따라서 호텔기업에서는 항상 각 고객의 각 계정으로 된 고객원장에 매일의 외상매출액을 정확히 기록, 계산, 회계처리를 함으로써 언제든지 Check-Out하고자 하는 고객에 대한 계산을 정확하게 청구하여 회수할 수 있는 준비체계를 갖추어야 한다. 또한 모든 거래들이 각 영업장별로 발생되므로 즉시 Front Office Cashier에 신고되지 않으면 이것이 대손될 가능성이 크다. 따라서 이에 대한 관리방법의 마련이 중요하다.

3. 호텔영업회계의 원칙

호텔영업회계의 원칙은 첫째, Bill 발생주의 원칙, 둘째, 기계주의 원칙, 셋째, 결산주의 원칙, 넷째, 감독기능주의 원칙으로 표현할 수 있다.

(1) Bill 발생주의 원칙

호텔기업의 영업수익에 관계되는 모든 거래는 영업장별 계산서(객실은 Folio, 식음료, 연회 및 기타 부대시설은 Bill) 발행 및 각종 Voucher의 발행을 통해 이루어지며,

객실요금, 식음료 요금 및 기타 부대시설은 각각의 Cashier(회계원)가 고객으로부터 수납하고 있다.

(2) 기계주의 원칙

호텔기업 대부분의 영업장에서는 수입의 처리를 회계기[(객실부문의 회계기는 Computer)로 운영, 식음료 영업장과 기타 부대시설에서는 POS(Point of Sales : 판매시점관리) 회계기, 전화와 Telex 부문은 PABX(Private Automatic Branch Exchange : 자동식 구내 교환)]에 기록하여야 하고 이를 토대로 마감, 정산이 된다.

(3) 결산주의 원칙

호텔기업의 모든 영업장, 즉 객실(Room), 식음료(Food & Beverage), 연회(Banquet) 및 기타 부대시설(Other)은 각각의 영업마감시간을 기하여 마감하고, 영업장의 매출일보를 통하여 야간감사자(Night Auditor)에 의해서 당일 결산을 한다. 또한 이런 영업회계 과정을 통해서 비교 · 분석을 하고 확정한다.

(4) 감독기능주의 원칙

호텔기업의 모든 영업장(객실, 식음료, 연회 및 기타 부대시설)은 감손 없이 정당한 절차에 의해서 입금되었는지 정확한 매출일보가 작성되었는지를 야간감사자(Night Auditor)를 통해 감사 · 집계되며 영업회계 과정을 통해서 점검 · 확정된다.

제2절 ·· 호텔영업회계정보시스템

회계는 경제적 가치를 갖는 정보자료를 식별 · 수집 · 처리 · 보고 · 분석하는 활동이며, 특히 현대회계는 회계정보의 흐름을 중심으로 회계시스템을 구성하여 의사결정에 유용한 정보제공을 중시하는 자료로 이용하고 있다.

이러한 회계정보가 갖는 특성을 살펴보면 다음과 같다.

첫째는 재무적 성격(화폐적인 정보),

둘째는 양적인 정보인데, 이것은 화폐단위로 계산한다.

셋째는 경제적 가치에 대한 정보 등이 있다.

회계가 정보시스템으로 인식되면서 회계정보의 측정·전달 및 의사결정이 중요시되었고, 이들은 측정이론·정보이론·의사결정이론으로 발전되어 회계의 기초적 이론으로 인정받게 되었다. 이런 부분에 대한 전제로서의 회계정보시스템은 자료를 유용한 정보로 변형하기 위해 의도적으로 인간과 장비로 결합된 자원의 집합이라고 할 수 있고, 이 정보는 조직 활동을 계획하고 통제하는 데에 있어서 광범위한 정보이용자에게 이용될 수 있는 것이다.

이를 다시 정리하면, 회계정보시스템은 컴퓨터에 의해 재무에 관한 예측, 기획 관리를 체계적으로 또는 다면적으로 행하여 의사결정에 필요한 정보를 제공하는 시스템이라고 할 수 있다.

특히 호텔회계정보시스템의 경우 경영자나 관계자들의 정보욕구에 적절하게 대응하기 위하여 [표 2-1]과 같은 구조를 갖는다.

1. 영업단계(Operation Phase)

호텔기업에는 수익을 발생시킬 수 있는 다양한 형태의 영업 부서들이 있다. 즉, 객실을 판매하여 수익을 발생시키는 객실부서, 식·음료를 판매하여 수익을 발생시키는 식음료부서, 기타 부대시설에서 수익을 발생시키는 부서들로 구성되어 있다. 이러한 수익을 발생시키는 부서의 호텔회계시스템은 빈번하게 발생하는 이 모든 거래가 가능한 빠른 시간 내에 정확히 Posting되어야 한다.

[표 2-1] 호텔영업회계정보시스템

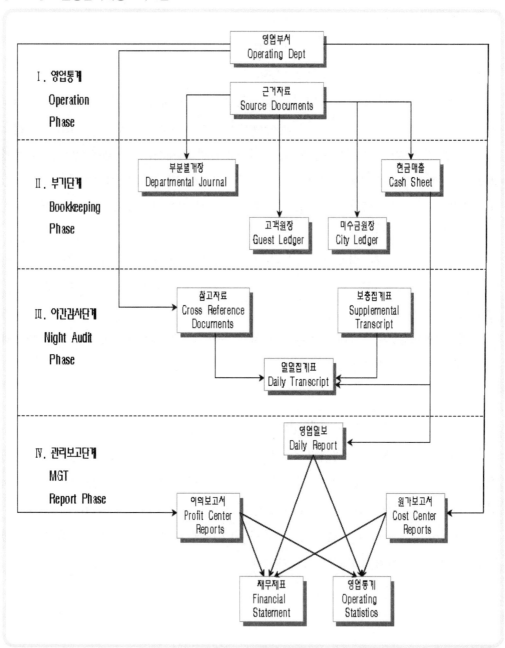

회계 Cycle을 통해서 호텔에서는 고객 Cycle에 대한 재무적인 면을 도식화하기 위해서 다양한 종류의 근거자료, 즉 Guest Check, Voucher, Registration Cards, Register Tapes, Sales Journals, Payroll Journals, Purchase Journals, Ledgers, Cash Sheet 등을 사용하고 있다.

2. 부기단계(Bookkeeping Phase)

호텔기업의 영업을 담당하는 부서에서 나온 다양한 근거자료는 각각 고객의 원장에 Posting되기 위해서 Front Office Cashier로 모아지며, 고객의 외상잔고의 지급도 Front Office Cashier에서 Posting된다.

Posting은 차변과 대변의 성격을 띠고 있는데 회계지급잔고를 증가시키는 구매에 따른 요금 부과와 다른 거래는 차변항목에 기재하며 외상잔고에 대한 부분지급이나 완전지급은 대변항목에 기장한다.

(1) Guest Check

Guest Check나 Ticket은 영업을 하는 부서에서 구매의 명세나 주문에 대한 기록이라고 할 수 있다. 예를 들면, 레스토랑의 Check는 고객의 구매항목을 추적할 수 있는 기본적인 자료이다.

(2) Voucher

호텔에서는 다양한 종류의 Voucher가 있다 할지라도 Voucher의 기본적인 목적은 원시기록을 위한 보조서류로서 동일한 역할을 하며, 요금이 부과된 판매서류이다.

(3) Registration Cards

고객이 호텔에 Check-In할 때 완성된 등록카드는 정보의 중요한 자료이며 고객 개인의 데이터뿐만 아니라 체재기간, 인원수, 객실요금 및 객실배정을 한다. 이 자료는 고객이 누구든지, 무엇을 하는지 또는 호텔에서 필요한 사항도 만들 수 있다.

(4) Register Tapes

영업장에서 현금등록기(Cash Register : 상품판매의 현금거래에서 내용을 표시, 합산하여 기록하는 기계로서 소형금고의 역할을 하며, 영수증을 발행하고, 매출금액의 통계 등을 산출한다.)나 POS단말기는 모든 거래를 종이테이프에 기록하며 이것은 모든 판매가 기록되는데 도움이 될 수 있다.

(5) Sales Journals

영업을 하는 부서에서는 매일매일의 기록을 위한 분개장을 유지해야 하며 모든 판매기록을 종합하도록 기록하여야 한다. 이러한 데이터를 집대성하여 놓은 것은 회계감사의 자료와 미래 판매 예상액을 산출하는데 기초자료로서 활용된다.

(6) Payroll Journals

관리부서의 개인기록카드에는 종업원의 봉급과 근무시간을 알 수 있도록 만들어져야 한다.

(7) Purchase Journals

영업을 하는 각각의 부서에 의해서 외상판매에 대한 기록이 유지되어야 하며, 이 자료는 회계사무실에서 직접적으로 다루어질 수 있도록 구매송장을 위한 보조적인 기록의 역할을 한다.

(8) Ledgers

외상은 보다 영원하고 완성된 것이라는 점에서 분개가 다양하다고 할 수 있다. 그리고 외상은 매일매일 관심을 가지지 않는다. 예를 들면, City Ledger는 비거주고객에 의해서 발생된 외상요금의 항목이라고 할 수 있는데, 이 외상은 보통 매일매일 검토되거나 감사되지는 않는다.

Guest Ledger는 객실고객이 레스토랑 및 기타 부대시설을 이용 시 발생하는 계정으로 Front Office Guest Folio의 차변항목으로 수집된다.

(9) Cash Sheet

Front Office에서는 보통 모든 거래를 처리하기 위해서 현금표를 유지하고 있다. 고객에게 대신 지급해 주는 현금지급과 원장회계에 나타난 현금지급은 Front Office 현금표에 나타나며, 이 표는 영업부서에서 Front Office에 이체한 기금의 참고자료 역할을 하며, 이것은 Front Office에서 고객들로부터 수집된다.

3. 야간감사단계(Night Audit Phase)

회계시스템의 설계는 관리정보로부터 구성된 회계 전체를 증명하기 위해서 이용할 수 있는 부가적이고 독립적인 서류를 요구한다고 할 수 있는데, 호텔은 각각의 서로 다른 개인고객에 의해 많은 양의 업무용지가 발생되며, 이 자료는 참고자료(Cross Reference Documents)로서 서류를 증명할 수 있도록 되었다. 비록 야간감사자(Night Auditor)가 Room Rack으로부터 객실수입에 관한 정보를 받았다고 하여도 정확한 Posting에 대한 조사를 영업부서에서 만들어진 Housekeeping 보고서에서 발견할 수 있을지도 모른다. 마찬가지로 식·음료에 대한 Posting도 보통 Voucher나 고객의 전표로 구성되어 있으며, 등록테이프나 판매부 개장은 이 항목을 보조하는 역할을 수행한다.

일일영업일보(Daily Reports)는 부서별 거래에 대하여 Posting의 오차를 초기에 탐지할 목적이며, 이것은 기본적으로 작업표를 분석하는 것이다. 영업일보의 목적은 잔고가 맞지 않는 액수를 자세하게 검토하고 증명하기 위한 준비과정의 마지막 단계로서 부서의 실수를 발견하는 데 사용되며, 예비적으로 검토하는 역할을 한다.

검사절차는 회계기간 동안에 발생된 거래 Posting에 대한 정확성을 증명하는 역할을 한다. 전형적으로 호텔은 일시적인 고객으로 매일 매일의 단위로 감사를 수행하며, 이와 같이 매일 감사하는 것이 전통적으로 오래 전부터 늦은 업무시간에 행하여져 왔기 때문에 야간회계감사로서 불리고 있다. 이것은 야간에만 업무를 수행할 수 있는 것으로 제한을 둘 필요는 없다. 사실 대부분의 컴퓨터 고객회계시스템에서는 요청만 하면 언제든지 감사업무를 수행할 수 있다. 감사에서 요구되는 정확성의 정도는 첫째, 실수의 빈도수, 둘째, 검사할 때 요구되는 원시자료나 회계에 대한 유형과 회계정보시스템을 제시하고 있다.

4. 관리·보고단계(Management Reporting Phase)

호텔지배인들은 보통 통계적인 성격을 띤 보고서(객실점유율 : 당일 판매 객실 수를 판매가능 객실 수로 나눈 비율, 재고목록 회전율)나 재무적인 성격을 띤 보고서(손익계산서, 소득명세서)를 받는다. 이 두 종류의 보고서에 내재되어 있는 정보를 풀이할 수 있는 지배인의 능력은 호텔의 운영에 관한 보고서의 가치에 확실하게 영향을 미칠 것이다. 그리고 보고서의 주요 목적은 기업에 대한 자산과 부채에 관하여 관리·통제를 제공해 주는 것이다. 호텔의 회계정보시스템은 일반적으로 발생하는 모든 거래에 관심을 가지고 있는 반면, 관리보고서(Management Report)는 보통 기업에 대한 특별한 분류항목(비용과 이익창출부서)이나 회계항목(일일영업보고서, 재무명세서)을 다룬 요약된 보고서에 관심을 갖는다. 그러나 Reporting System은 기업에 대한 조직계층에 일치하도록 구성되어야 하며, 호텔의 다른 부분에 대한 결과는 각각의 개인이 책임질 수 있도록 되어야 한다. 기본적으로 재무명세표는 관리통제 중심으로 되어 있으나, 영업통계는 효율성과 생산성 중심으로 되어 있다.

호텔의 회계정보시스템은 내부이해관계자를 위한 관리용 회계정보를 제공하는 관리회계시스템과 외부이해관계자들을 위한 회계정보를 제공하는 재무회계시스템으로 구성된다.

5. 기대효과 및 영역

(1) 호텔영업회계시스템의 기대효과

- 자료취급의 양 및 근거서류의 절감
- 고객원장의 즉각적이고 정확한 기록
- 종업원의 전문 직종으로서의 의식고취

- 보다 강력한 통제기능
- 개선된 정보에 의한 합리적인 경영관리
- 부서 간 의사소통의 개선효과
- Night Audit(야간감사)업무의 효율성
- 적시에 포괄적이고 정확한 각종 보고서 생산
- 식·음료의 원가분석에 의한 비용절감
- 매출누락의 감소
- 효율적인 회계정보의 관리

(2) 호텔영업회계정보시스템의 영역

호텔회계정보시스템은 내부이해관계자를 위한 관리용 회계정보를 제공하는 관리회계시스템(Managerial Accounting System)과 외부이해관계자들을 위한 회계정보를 제공하는 재무회계시스템(Financial Accounting System)으로 구성한다.

이러한 회계시스템의 영역을 살펴보면 다음과 같다.

① 재무회계(Financial Accounting) 하위 시스템

② 예산통제(Budget Control) 하위 시스템

③ 자금관리(Financing Control) 하위 시스템

④ 원가관리(Cost Control) 하위 시스템

⑤ 고정자산 관리(Fixed Assets Control) 하위 시스템

⑥ 세무회계(Tax Accounting) 하위 시스템

이러한 호텔회계시스템이 다루고자 하는 영역 및 다른 시스템과의 공유관계는 [표 2-2]와 같다.

회계와 관련된 시스템의 가장 근간이 되는 호텔회계정보시스템이 현재보다 나은 업무처리 및 효율적인 관리를 위해서 회계담당자로부터 파악한 사항은 다음과 같다.

첫째, 일일 회계시스템의 정착

호텔의 회계처리 주기는 일일 단위로 마감 및 결산이 이루어져 관련된 회계정보가

지속적으로 관리되도록 전산시스템이 이를 지원해야 한다.

둘째, Uniform System의 도입

현재 우리나라에서 사용하고 있는 호텔회계시스템은 우리나라의 기업회계기준과 전 세계 호텔회계기준인 Uniform System을 같이 사용하고 있다. 그러나 점진적으로 무 전 표시스템 등 Uniform System의 제도를 도입하여 회계처리의 능률 향상을 이끌도록 전 산시스템도 이를 지원해야만 한다.

셋째, 보조장부의 완전전산화

현재의 회계시스템은 중요한 회계장부의 전산을 이용·관리하고 있으나, 일부 보조 장부에 대해서는 축적된 데이터의 신뢰성에 문제가 있어서 수기로 별도로 관리되고 있 으므로 완전한 전산처리가 요구되고 있다.

넷째, 세무신고의 전산화

세무회계에 대한 모든 자료를 전산화할 수 없으나 선별하여 호텔의 특성에 알맞은 전산화를 선택하여야 하며, 세무신고를 위한 기초자료의 데이터와 함께 차후로는 디스 켓 등과 같은 정보매체를 통한 신고도 가능하도록 하여야 하겠다.

[표 2-2] 호텔회계시스템의 영역

```
            구매전표                         재무분석
 ┌─────────┐            ┌──────────────┐            ┌─────────┐
 │ 자재관리 │────────────│ 회계정보시스템│            │  EIS*   │
 └─────────┘            │              │   재무제표  └─────────┘
            감가상각     │  ○ 자동분개  │
 ┌─────────┐            │  ○ 장부관리  │            ┌─────────┐
 │고정자산관리│──────────│  ○ 결산관리  │   매출정보  │영업장정보관리│
 └─────────┘            │  ○ 세금관리  │            └─────────┘
            자금실적     │              │
 ┌─────────┐            └──────────────┘            ┌─────────┐
 │ 자금관리 │                            급여정보     │인사정보관리│
 └─────────┘                                         └─────────┘
```

* 임원정보시스템(Executive Information System)

제3절 ·• 고객의 영업회계활동

고객이 호텔에 도착하여 Front Office에서 Cheek-In을 통해 등록함과 동시에 객실이 판매된다. 이어서 고객이 객실을 사용함과 아울러 재무적인 거래가 발생하기 시작한다. 고객에 대한 회계를 다루는 일은 일반적으로 Front Office의 Front Cashier에서 수행하고 있으며, 나중에 야간감사자에 의해서 감사된다. 고객계정에 대한 당좌수지는 정확하게 회계에 기록되어야 하며, Front Clerk(Front Cashier)은 Posting과 감독의 책임이 있다.

회계계정수지에 따른 현금지급은 프런트 오피스(Front Office)에서 전기되어지나, 호텔 내에서의 현금 구매는 원장에 기장되는 것과 마찬가지로 나타나지 않는다. 그러므로 원장은 고객에 의해 요금이 부과된 항목만 기장된다. 고객회계를 정확하게 다루는 것은 고객에 대한 신용 거래선을 감독하는 것과 마찬가지이다.

고객이 Front Office에서 Cheek-In하여 거래가 발생되는 시점부터 Cheek-Out하여 호텔과 고객과의 거래가 결산되는 고객의 영업 회계활동에 대하여 살펴보면 [표 2-3]과 같다.

[표 2-3] Guest Accounting Activities

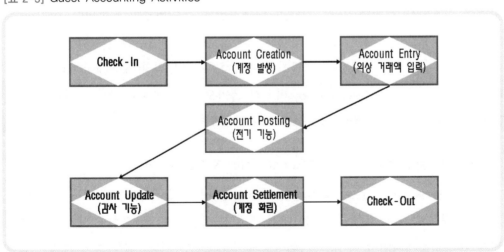

전형적으로 호텔에서는 Front Office에서 고객에 대한 등록이 이루어짐과 동시에 요금이 부과되는데, 여기에는 표준적인 허용한계가 있다. 회계를 담당하는 직원은 각각의 원장에 할당된 신용한도를 인지하고 있어야 하며, 고객에 대한 신용한계 금액을 경영진이나 고객에게 알려야 한다.

호텔에서는 고객에 대한 거래와 함께 많은 양의 서류(Bill, Folio, Voucher)가 발생된다. 그러므로 고객요금에 대해 명확하게 증빙할 수 있는 서류는 효과적인 호텔정보기록 시스템에 있어서 최소한의 요구서이다.

1. 계정발생(Account Creation)

Front Office에서는 고객이 호텔에 도착하면 예약 유무를 확인하고 컴퓨터의 CRT (Cathode-Ray Tube)를 통하여 고객의 성함을 확인한 후 컴퓨터의 CRT(Cathode-Ray Tube)를 통하여 고객의 Registration Card(등록카드) 상에 고객정보를 추가 입력하여 고객계정을 설정하고 거래사항 입력을 준비한다. 고객에게 객실배정(Room Assignment)이 끝나면 Front Office에서는 고객의 예약번호를 호출하며 CRT(Cathode-Ray Tube)에 데이터를 입력함으로써 고객에 대한 고객원장(Guest Bill, Guest Ledger, Folio)을 개설하고 이를 Front Cashier에 넘긴다. 고객계정에 필요한 기재사항은 객실번호, 성명, 객실요금, 인원수, 도착일시, 출발일, 국적, 지급조건, 원장번호, 여권번호가 포함된다. 이러한 단말기로부터 수집된 정보는 고객관리대장을 작성하여 회계업무에 필요한 기초자료로 이용되며 영업회계용 모듈은 고객관리에 필요한 개인별 원장(Individual Folios, Guest Folio), 마스터 폴리오(Master Folios), 비고객 폴리오(Non-Guest Folios), 종업원 폴리오(Employee Folios), 통제 폴리오(Control Folios)가 있다.

(1) 개인별 원장(Folio Cards) : Guest Folio & Master Folio

개인별 원장은 고객이 호텔과의 재무거래사항들을 도표로 만들기 위해서 호텔 내 고객들에게 할당된다. Master Folio는 대개 고객 한 사람 또는 한 객실 이상에 적용되며, 개인 Folio에 분개되어 있지 않은 거래사항의 기록도 보유한다. 예를 들어 여행사 고객의 경우 객실요금과 식사요금을 여행사에게 지급한다고 했을 경우 객실요금과 식사요금은 Group의 Master Folio에 분개한다. Check-Out 시 고객은 그들이 책임진 외상구매 금액만 적힌 Folio를 받는다. 여행사에서는 객실요금과 식사요금이 포함된 Master Folio의 결산내용만 책임진다.

[표 2-4] Guest Folio(1)

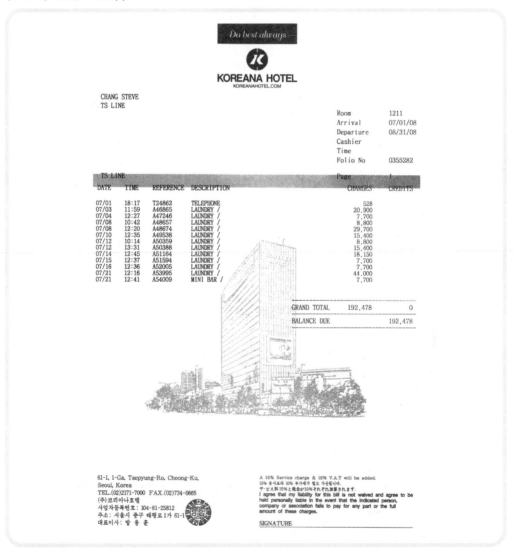

DATE	**TIME**	**REFERENCE**	**DESCRIPTION**		**CHARGES**	**CREDITS**
07/01	18:17	T24862	TELEPHONE		528	
07/03	11:59	A46865	LAUNDRY /		20,900	
07/04	12:27	A47246	LAUNDRY /		7,700	
07/08	10:42	A48657	LAUNDRY /		8,800	
07/08	12:20	A48674	LAUNDRY /		29,700	
07/10	12:35	A49538	LAUNDRY /		15,400	
07/12	10:14	A50359	LAUNDRY /		8,800	
07/12	13:31	A50388	LAUNDRY /		15,400	
07/14	12:45	A51164	LAUNDRY /		18,150	
07/15	12:37	A51594	LAUNDRY /		7,700	
07/16	12:36	A52005	LAUNDRY /		7,700	
07/21	12:16	A53995	LAUNDRY /		44,000	
07/21	12:41	A54009	MINI BAR /		7,700	

KOREANA HOTEL
KOREANAHOTEL.COM

CHANG STEVE
TS LINE

Room   1211
Arrival   07/01/08
Departure   08/31/08
Cashier
Time
Folio No   0355282

TS LINE   Page   1

| GRAND TOTAL | 192,478 | 0 |
| BALANCE DUE | | 192,478 |

61-1, 1-Ga. Taepyung-Ro, Choong-Ku,
Seoul, Korea
TEL.(02)2171-7000 FAX.(02)734-0665
(주)코리아나호텔
사업자등록번호: 104-81-25812
주소: 서울시 중구 태평로1가 61-1
대표이사: 방 용 훈

A 10% Service charge & 10% V.A.T will be added.
10% 봉사료와 10% 부가세가 별도 가산됩니다.
서-비스料 10%와 稅金이 10%추가되어加算됩니다.
I agree that my liability for this bill is not waived and agree to be
held personally liable in the event that the indicated person,
company or association fails to pay for any part or the full
amount of these charges.

SIGNATURE

[표 2-5] Master Folio(1-1)

KOREANA HOTEL
KOREANAHOTEL.COM

CHANG STEVE
TS LINE

Room	1211
Arrival	07/01/08
Departure	08/31/08
Cashier	
Time	
Folio No	0355282

TS LINE				Page	1
DATE	TIME	REFERENCE	DESCRIPTION	CHARGES	CREDITS
07/01	12:07	R46342	ROOM CHARGE(AUTO) /	101,000	
			SERVICE CHARGE /	10,100	
			ROOM TAX /	1,010	
07/02	01:07	R46656	ROOM CHARGE(AUTO) /	101,000	
			SERVICE CHARGE /	10,100	
			ROOM TAX /	1,010	
07/03	12:07	R47040	ROOM CHARGE(AUTO) /	101,000	
			SERVICE CHARGE /	10,100	
			ROOM TAX /	1,010	
07/04	01:07	R47411	ROOM CHARGE(AUTO) /	101,000	
			SERVICE CHARGE /	10,100	
			ROOM TAX /	1,010	
07/05	01:07	R47795	ROOM CHARGE(AUTO) /	101,000	
			SERVICE CHARGE /	10,100	
			ROOM TAX /	1,010	
07/06	12:07	R48117	ROOM CHARGE(AUTO) /	101,000	
			SERVICE CHARGE /	10,100	
			ROOM TAX /	1,010	
07/07	12:07	R48447	ROOM CHARGE(AUTO) /	101,000	
			SERVICE CHARGE /	10,100	
			ROOM TAX /	1,010	
07/08	12:07	R48861	ROOM CHARGE(AUTO) /	101,000	
			SERVICE CHARGE /	10,100	
			ROOM TAX /	1,010	
07/09	01:07	R49294	ROOM CHARGE(AUTO) /	101,000	
			SERVICE CHARGE /	10,100	
			ROOM TAX /	1,010	
07/10	01:07	R49749	ROOM CHARGE(AUTO) /	101,000	
			SERVICE CHARGE /	10,100	
			ROOM TAX /	1,010	
07/11	12:07	R50144	ROOM CHARGE(AUTO) /	101,000	
			SERVICE CHARGE /	10,100	
			ROOM TAX /	1,010	
07/12	01:07	R50557	ROOM CHARGE(AUTO) /	101,000	

61-1, 1-Ga, Taepyung-Ro, Choong-Ku,
Seoul, Korea
TEL.(02)2171-7000 FAX.(02)734-0665
(주)코리아나호텔
사업자등록번호: 104-81-25812
주소: 서울시 중구 태평로1가 61-1
대표이사: 방 용 훈

A 10% Service charge & 10% V.A.T will be added.
10% 봉사료와 10% 부가세가 별도 가산됩니다.
サービス料10%と税金が10%それぞれ加算されます.
I agree that my liability for this bill is not waived and agree to be
held personally liable in the event that the indicated person,
company or association fails to pay for any part or the full
amount of these charges.

SIGNATURE _____

[표 2-5] Master Folio(1-2)

KOREANA HOTEL
KOREANAHOTEL.COM

CHANG STEVE
TS LINE

Room	1211
Arrival	07/01/08
Departure	08/31/08
Cashier	
Time	
Folio No	0355282

TS LINE   Page   3

DATE	TIME	REFERENCE	DESCRIPTION	CHARGES	CREDITS
07/20	12:07	R53759	ROOM CHARGE(AUTO) /	101,000	
			SERVICE CHARGE /	10,100	
			ROOM TAX /	1,010	
07/21	01:07	R54139	ROOM CHARGE(AUTO) /	101,000	
			SERVICE CHARGE /	10,100	
			ROOM TAX /	1,010	
07/21	12:16	A53995	LAUNDRY /	44,000	
07/21	12:41	A54009	MINI BAR /	7,700	
07/22	12:07	R54547	ROOM CHARGE(AUTO) /	101,000	
			SERVICE CHARGE /	10,100	
			ROOM TAX /	1,010	
07/23	01:07	R54976	ROOM CHARGE(AUTO) /	101,000	
			SERVICE CHARGE /	10,100	
			ROOM TAX /	1,010	
07/24	12:07	R55381	ROOM CHARGE(AUTO) /	101,000	
			SERVICE CHARGE /	10,100	
			ROOM TAX /	1,010	
07/25	01:07	R55877	ROOM CHARGE(AUTO) /	101,000	
			SERVICE CHARGE /	10,100	
			ROOM TAX /	1,010	

GRAND TOTAL	2,995,228	0
BALANCE DUE		2,995,228

61-1, 1-Ga, Taepyung-Ro, Choong-Ku,
Seoul, Korea
TEL.(02)2171-7000 FAX.(02)734-0665
(주)코리아나호텔
사업자등록번호: 104-81-25812
주소: 서울시 중구 태평로1가 61-1
대표이사: 방 용 훈

A 10% Service charge & 10% V.A.T will be added.
10% 봉사료와 10% 부가세가 별도 가산됩니다.
サービス料 10%と税金が10%それぞれ加算されます。
I agree that my liability for this bill is not waived and agree to be
held personally liable in the event that the indicated person,
company or association fails to pay for any part or the full
amount of these charges.

SIGNATURE

(2) 비고객원장(Non-Guest Folios)

호텔 내에서 외상구매권을 갖고 있지만 호텔에 고객으로 등록되어 있지 않은 개인들을 위해서 작성한 것이다. 이러한 개인들은 헬스클럽회원, 단골회사고객, 특별클럽회원, 정치지도자, 지역유지들이 포함된다. 비고객 계정번호는 계정이 개설되고 특별히 작성된 회계카드에 프린트될 때 지정된다. 비고객원장에 거래사항들을 분개시키는 절차는 고객원장(Guest Folios)에 거래사항을 온라인 분개 처리할 때 요구되는 것과 같다. 객실번호를 입력시키는 대신에 회계원, 프런트 데스크 직원, 검산원이 지정된 계정번호를 입력한다. 예를 들면 여섯 자리 계정번호는 비고객계정을 나타내주는 반면에 네 자리 숫자는 호텔등록고객계정을 나타낸다. 비고객회계와 호텔등록고객 거래들 사이의 차이는 계정결산부분에 있다. 고객원장은 Check-Out 시에 결산되지만 비고객계정의 결산기한은 항상 그 계정들이 발생되는 시점에서 결정된다. 이 결산은 수납현금을 분개하거나 시중은행 또는 신용카드에 Folio 잔액을 입력시키든가 하여 실제원장에 미수 잔액이 없도록 처리한다.

(3) 종업원용 관리대장(Employee Folios)

호텔 내에서 업무와 연결하며 종업원이 고객관리 또는 판촉을 위하여 사용하는 경우에 일상적으로 외상구매권을 제공하여 사용하고 이때 발생되는 거래는 비고객계정과 같은 방식으로 처리된다. 일상적으로 종업원의 호텔 내 매장이용을 파악하여 할인가와 투입원가를 계산하고 비용 재정활동을 통제하여 개인적인 지출과 회사로부터 허가된 업무용 이용사항을 분리할 때 사용된다.

(4) 통제원장(Control Folios)

각 수익부서를 위해 개설되고 다른 폴리오들(개인별, 마스터, 비고객, 종업원)에 분개된 모든 거래들을 추적할 때 이용된다. 계속적인 분개와 회계감사절차들을 수행함에 있어서 영업회계의 효율성은 통제원장(Control Folios)의 존재에 달려 있다. 통제폴리오는 복식회계와 전산 폴리오 잔액들을 입체적으로 감사하는 기능을 제공한다. 예를 들면 호텔등록고객이 호텔식당에서 구매를 외상으로 했을 때 그 금액은 해당 개인별 폴리오에 분개되며, 동시에 동일한 금액이 식음료 식당의 단말기의 통제폴리오에 체불로 분개된다.

   통제폴리오는 강력한 통제서류로서 기여하고, 계속적인 회계감사기능(Auditing Functions)을 상당히 단순화시켜 준다.

[표 2-6] Employee Folio

Employee Voucher
종사원 후불

Date	Table	Server	Cover		Employee Voucher
				Bakery	

No. 1239033

12345
30 Aug '08 18:20

1.	1. Roll Cake	25,000
2.	D/C	7,500
3.	Sub Total	17,500
4.	VAT	1,750
5.		
6.	Grand Total	19,250
7.	12345/Lee	
8.	Employee Ledger	19,250
9.		
10.	--- 12345 Closed 30 Aug 18:20 ---
11.	
12.	감사합니다. Thank you very much
13.	Please Pay to the cashier.
14.	회계원에게 지불하여 주십시오!
15.	

Room No.

Print Name

(주)코리아나호텔
사업자등록번호 : 104-81-25812
서울시 중구 태평로 1가 61/1
대표이사 : 방 용 훈
Tel : (02)2171-7000

Guest Signature : _____

* "No Tipping Please" 10% service charge & 10% value added tax will be added to your bill.
상기 요금에는 부가가치세가 별도로 가산됩니다.

[표 2-7] Daily Report

ASI Beach Hotel

123 Main Street, Tracy, California, 24232, United States

Phone: (209) 830 - 1484; Fax: (209) 830 - 0593; E-mail: info@anandsystems.com

Daily Report For : 15/03/2003

Room	Name	In Date	Out Date	Rent	Local Tax	State Tax	Other Ch.	Sales Tax	Cash	Card	Total Collection	Direct Billing	Total
Rental Guest Data													
10	DAVIS MACK	14/03/03	16/03/03	86.43	12.10	6.91	13.00	1.56	120.00		120.00		120.00
12	JOHN HARRY	14/03/03	16/03/03	122.80	17.19	9.82	13.00	1.56	164.38		164.38		164.38
14	PATRICIA GOLD	14/03/03	16/03/03	70.03	9.80	5.60	13.00	1.56	100.00		100.00		100.00
16	VERONICA SAMUEL	14/03/03	16/03/03	122.80	17.19	9.82	16.00	1.92				167.74	167.74
18	PETER DISOUZA	14/03/03	19/03/03	154.75	21.67	12.38	10.00	1.20	200.00		200.00		200.00
20	ANNIE CHRISTIE	14/03/03	16/03/03	122.80	17.19	9.82	3.00	0.36		153.18	153.18		153.18
21	NAGA MARTIN	14/03/03	17/03/03	152.92	21.41	12.23	12.00	1.44	200.00		200.00		200.00
4	JOE RAMBOUGH	13/03/03	16/03/03	205.92	28.83	16.47	9.00	1.08				261.30	261.30
5	MARTIN UMBECK	13/03/03	16/03/03	180.18	25.23	14.41	12.00	1.44	233.26		233.26		233.26
7	PATRICIA GOLARD	13/03/03	16/03/03	205.92	28.83	16.47	3.00	0.36		254.58	254.58		254.58
8	CAROL MATHEWS	15/03/03	16/03/03	70.17	9.82	5.61	9.00	1.08	95.69		95.69		95.69
9A	BOBBY BLUE	13/03/03	17/03/03	76.46	10.70	6.12	6.00	0.72	100.00		100.00		100.00
9C	ANTHONY MAREE	14/03/03	16/03/03	108.11	15.14	8.65	16.00	1.92				149.82	149.82
Total :				1679.30	235.10	134.34	135.00	16.20	1213.33	407.76	1621.09	578.86	2199.95

Month Total : 3691.26
Daily Occupancy : 50.00 % (Rooms Rented: 13)
Average Daily Rate : 64.10

[표 2-8] Daily Summary Report

ASI Beach Hotel

123 Main Street, Tracy, California, 24232, United States

Phone: (209) 830 - 1484; Fax: (209) 830 - 0593; E-mail: info@anandsystems.com

Daily Summary Report For : 15/03/2003

Room	Guest Name	Check-In Date	Check-Out Date	Rent / Day	Local Tax	State Tax	Other Charge	Other Tax	Cash	Card	Total Collection	Direct Billing	Total
10	DAVIS MACK	14/03/03	16/03/03	61.40	8.60	4.91	13.00	1.56	120.00	0.00	120.00	0.00	120.00
12	JOHN HARRY	14/03/03	16/03/03	61.40	8.60	4.91	13.00	1.56	164.38	0.00	164.38	0.00	164.38
14	PATRICIA GOUD	14/03/03	16/03/03	61.40	8.60	4.91	13.00	1.56	100.00	0.00	100.00	0.00	100.00
16	VERONICA SAMUEL	14/03/03	16/03/03	61.40	8.60	4.91	16.00	1.92	0.00	0.00	0.00	167.74	167.74
18	PETER DISOUZA	14/03/03	19/03/03	61.40	8.60	4.91	10.00	1.20	200.00	0.00	200.00	0.00	200.00
20	ANNIE CHRISTIE	14/03/03	16/03/03	61.40	8.60	4.91	3.00	0.36	0.00	153.18	153.18	0.00	153.18
21	NAGA MARTIN	14/03/03	17/03/03	61.40	8.60	4.91	12.00	1.44	200.00	0.00	200.00	0.00	200.00
4	JOE RAMBOUGH	13/03/03	16/03/03	70.18	9.82	5.61	9.00	1.08	0.00	0.00	0.00	261.30	261.30
5	MARTIN UMBECK	13/03/03	16/03/03	61.40	8.60	4.91	12.00	1.44	233.26	0.00	233.26	0.00	233.26
7	PATRICIA GOLARD	13/03/03	16/03/03	70.18	9.82	5.61	3.00	0.36	0.00	254.58	254.58	0.00	254.58
8	CAROL MATHEWS	15/03/03	16/03/03	70.18	9.82	5.61	9.00	1.08	95.69	0.00	95.69	0.00	95.69
9A	BOBBY BLUE	13/03/03	17/03/03	70.18	9.82	5.61	6.00	0.72	100.00	0.00	100.00	0.00	100.00
9C	ANTHONY MAREE	14/03/03	16/03/03	61.40	8.60	4.91	16.00	1.92	0.00	0.00	0.00	149.82	149.82
Total :				833.30	116.66	66.66	135.00	16.20	1213.33	407.76	1621.09	578.86	2199.95

Printed Date :   **27/03/03**
Printed By :   **Admin**

[표 2-9] Control Folio(Guest Ledger Summary)

GUEST LEDGER SUMMARY
CHECKED OUT

Cur_Date : 2008-07-23

Printed date : Jul 24 2008 01:32

Room# Guest_name	Group_id	Arr_date	Dep_date	Beg_Balance	Room	F & B	Other	Credit	End_Balance	Folio#
#2223 MA CHENGGANG	A014545	2008-07-21	2008-07-23	0	0	0	0	0	0	0360135
#2224 HUANG DONGGUI	A014545	2008-07-21	2008-07-23	0	0	0	0	0	0	0360136
#2225 LIU LING	A014545	2008-07-21	2008-07-23	20,459	0	0	0	-20,459	0	0360137
#2226 LIN JIARUI	A014545	2008-07-21	2008-07-23	55	0	0	0	-55	0	0360316
#2306 MATSUMORI KENI		2008-07-21	2008-07-23	288,600	0	11,220	0	-299,820	0	0358952
#2307 MARUYAMA NAOAK		2008-07-21	2008-07-23	291,900	0	0	0	-291,900	0	0358953
#2308 KUROMATSU HIRO		2008-07-21	2008-07-23	288,600	0	0	0	-288,600	0	0356846
#2310 이은희		2008-07-22	2008-07-23	0	0	0	0	0	0	0360532
#2311 조춘희		2008-07-21	2008-07-23	0	0	0	0	0	0	0360254
# 금채여행사	A014545	2008-07-21	2008-07-23	1,498,500	0	0	0	-1,498,500	0	9014545
# 헌비	A014756	2008-07-22	2008-07-23	800,150	0	78,650	0	-878,800	0	9014756
# KIM'S TRAVEL	A014867	2008-07-22	2008-07-23	249,750	0	0	0	-249,750	0	9014867
# TOUCH & SOFT	TOUCH&S	2008-06-13	2008-07-23	9,210,600	0	0	0	-9,210,600	0	9901133
>> Early C/O Total Record : 97				24,950,849	26,612,544	2,363,040	904,377	-25,396,679	0	
>> Grand Total Record : 411				68,931,075	26,612,544	2,363,040	904,377	-26,552,359	72,218,677	

Page : 73

[표 2-10] Control Folio(Detail Bill)

Cur_Date : 2008-07-23
Outlet : 90 ROOM CHARGE(AUTO)

Detail Bill
By Outlet : Normal

Printed date : Jul 24 2008 01:33

Bill#	Time	Total	Type	Food	Beverage	Other_1	Other_2	Other_3	Other_4	Svc_chg	Tax	Ca#	Kg	Fg	Ref No#	Folio#
54990	01:07	101.077		0	0	0	0	91.060	0	9.106	911	HB	4	0		1302 SAKATA KAYO
54992	01:07	188.700		0	0	0	0	170.000	0	17.000	1.700	HB	1	0		2108 YUJI IKEE
54993	01:07	143.190		0	0	0	0	129.000	0	12.900	1.290	HB	0	1		1311 WANG YU CHANG
54995	01:07	66.600		0	0	0	0	60.000	0	6.000	600	HB	0	2		1822 LIU WAI KIT
54996	01:07	173.030		0	0	0	0	143.000	0	14.300	15.730	HB	3	0		1310 TECHAKANOKRAK
54998	01:07	77.700		0	0	0	0	70.000	0	7.000	700	HB	3	0		1005 KIKUCHI TADASH
55000	01:07	77.700		0	0	0	0	70.000	0	7.000	700	HB	2	0		1005 KIKUCHI TADASH
55001	01:07	132.090		0	0	0	0	119.000	0	11.900	1.190	HB	2	0		1202 IBIKI HIROSHI
55003	01:07	72.150		0	0	0	0	65.000	0	6.500	650	HB	3	0		2219 KODAIRA YUKO
55004	01:07	72.150		0	0	0	0	65.000	0	6.500	650	HB	3	0		2005 MAEDA YASUSHI
55006	01:07	72.150		0	0	0	0	65.000	0	6.500	650	HB	3	0		2005 MAEDA YASUSHI
55007	01:07	72.150		0	0	0	0	65.000	0	6.500	650	HB	2	0		1019 KASUYA NAOHIRO
55009	01:07	72.150		0	0	0	0	65.000	0	6.500	650	HB	1	0		2222 SEKI TORU
55010	01:07	166.500		0	0	0	0	150.000	0	15.000	1.500	HB	3	0		1109 NAKAMURA TAIJO
55011	01:07	66.600		0	0	0	0	60.000	0	6.000	600	HB	1	0		1806 NISHIYAMA YUKI
55013	01:07	66.600		0	0	0	0	60.000	0	6.000	600	HB	0	3		1723 ISHIHARA MASAY
55014	01:07	109.890		0	0	0	0	99.000	0	9.900	990	HB	0	3		1206 WHITE DANIEL
55016	01:07	55.500		0	0	0	0	50.000	0	5.000	500	HB	2	2		A014767 KTOURIST
55018	01:07	119.880		0	0	0	0	108.000	0	10.800	1.080	HB	2	2		2203 BOCK CARLA
55019	01:07	119.880		0	0	0	0	108.000	0	10.800	1.080	HB	2	0		2204 TORIGIANI LIND
55020	01:07	88.800		0	0	0	0	80.000	0	8.000	800	HB	0	1		1826 KUSUDA MUNEHIR
55021	01:07	55.500		0	0	0	0	50.000	0	5.000	500	HB	0	2		A014767 KTOURIST
55022	01:07	88.800		0	0	0	0	80.000	0	8.000	800	HB	2	0		2221 CHIBA SHINICHI
55023	01:07	88.800		0	0	0	0	80.000	0	8.000	800	HB	2	0		1719 ROMASIKINA ZIN
55024	01:07	66.600		0	0	0	0	60.000	0	6.000	600	HB	0	1		2012 KIMURA MASUMI
55025	01:07	79.524		0	0	0	0	71.644	0	7.164	716	HB	2	2		2308 MOON IN HEE
55027	01:07	199.800		0	0	0	0	180.000	0	18.000	1.800	HB	0	1		1504 GIALNIERA GIAN
55028	01:07	199.800		0	0	0	0	180.000	0	18.000	1.800	HB	2	0		1503 PACIFICO LUCIA
55029	01:07	66.600		0	0	0	0	60.000	0	6.000	600	HB	0	1		2217 SAITO NAMI
55030	01:07	66.600		0	0	0	0	60.000	0	6.000	600	HB	2	0		1014 SHIGEMITSU MIT
55031	01:07	132.090		0	0	0	0	119.000	0	11.900	1.190	HB	1	1		1209 KISHAN SINGHAN
55033	01:07	154.290		0	0	0	0	139.000	0	13.900	1.390	HB	1	0		1122 KOBAYASHI SHIN
55035	01:07	125.383		0	0	0	0	112.966	0	11.297	1.130	HB	0	0		1312 HARADA HIROKI
55037	01:07	99.900		0	0	0	0	90.000	0	9.000	900	HB	0	1		1324 CHANG STEVE
55039	01:07	133.200		0	0	0	0	120.000	0	12.000	1.200	HB	0	2		2306 윤미지
55041	01:07	125.393		0	0	0	0	112.966	0	11.297	1.130	HB	2	0		1124 HIRABAYASHI YO
55043	01:07	136.689		0	0	0	0	112.966	0	11.297	12.426	HB	2	3		1104 LYUBOV RABCHAK
55045	01:07	123.379		0	0	0	0	101.966	0	10.197	11.216	HB	0	0		1216 MICHAEL SULLIV
55047	01:07	123.379		0	0	0	0	101.966	0	10.197	11.216	HB	0	1		1110 HUYLER STEPHEN
55049	01:07	77.700		0	0	0	0	70.000	0	7.000	700	HB	2	0		2201 SUGIMOTO TETSU

Page : 23

2. 외상거래액 입력(Account Entry)

고객의 계정이 Check-In 시 발생되는 거래를 고객의 Folio(계산서, 원장)에 분개하기 위해서는 첫째, 계정과목, 둘째, 그 계정과목을 차변(Dr) 또는 대변(Cr)으로 구분하고, 셋째, 금액은 얼마인가를 밝히는 것을 분개라 한다. 이 분개가 모든 장부기록의 기초가 되는 것이다.

[표 2-11] Account Entry

	Koreana Hotel			Room	2112
				Arrival	2017/ 20/ 08
				Departure	2017/ 22/ 08
				Cashier	Lee
HUH Y. D				Time	15 : 00
				Folio No.	1239

DATE	계정과목 REFERENCE	차변 CHARGES	대변 CREDITS	금액 BALANCE
08/20	PAID		1,000,000	1,000,000 CR
08/20	Room Charge	200,000		800,000 CR
08/20	Room S V C	20,000		780,000 CR
08/20	Room V A T	22,000		751,000 CR
08/21	REST	121,000		630,000 CR
08/21	Room Charge	200,000		430,000 CR
08/21	Room S V C	20,000		410,000 CR
08/21	Room V A T	22,000		388,000 CR
08/22	Phone	28,000		360,000 CR
08/22	CORR		28,000	388,000 CR
08/22	LDRY	28,000		360,000 CR
08/22	REST	169,400		190,600 CR
08/22	Mini Bar	44,000		146,600 CR
08/22	Grand Total			146,600 CR
08/22	Balance Due	146,600		
08/22	Refund		146,600	,000

61/1, 1-Ga, Taepyung-Ro, Choong-Ku, Seoul, Korea
Tel : (02)2171-7000
(주)코리아나호텔
사업자등록번호 : 104-81-25812
주소 : 서울특별시 중구 태평로 1가 61/1   Customer Signature _____
대표이사 : 방 용 훈

예를 들어 HUH씨가 2017년 8월 20일에 호텔에 Check-In하여 8월 22일에 Check-Out을 하기로 하고, 현금 ₩1,000,000을 맡겼다. 아울러 호텔에 머무는 동안 식음료 사용이 8/21 ₩121,000, 8/22 ₩169,400, 8/21 세탁 ₩28,000, Mini Bar ₩44,000 발생시키고 객실요금은 ₩200,000이라고 가정했을 때 고객계산서를 작성하면 [표 2-11]과 같다(8/22 ₩28,000의 세탁요금을 전화요금의 계정과목으로 잘못 입력하여 정정).

3. 전기기능(Account Posting)

원장에 분개되기 전에 고객회계 모듈은 참조코드(Reference Code)가 기입되기를 요구한다. 이것은 부서의 원천분류의 일련번호를 입력시키면 가능케 한다. 부서의 원천서류들(Source Documents)은 내부통제를 목적으로 항상 일렬로 번호를 작성한다. 이러한 순열정리 시스템은 고객회계 모듈이 호텔 내의 POS 단말기들을 통해 각 종업원들에 의해 계정입력사항들을 조사하고 분석하는데 기여한다. 최종적인 데이터 기입요건은 외상매출금을 입력시키는 것이다. 그러나 외상매출금을 받아들이고 폴리오(Folio)에 분개시키기 전에 고객회계 모듈은 외상거래통제(Credit Monitoring Routine)를 개시한다. 이 업무는 경영층에 의해 사전 결정된 외상거래한도(이것을 House Limit라고도 함)[2]와 현재 원장에 입력된 잔액을 비교하는 것이다. 대부분의 고객회계 모듈들은 경영층에 단일거래한도(Single House Limit)를 지정하게 하지만, 어떤 호텔들은 단골 고객이라든가 업계의 유명인사와 같은 고객관리기준에 준한 조건들도 제시한다.

또 다른 호텔들의 조건들은 예약형태 또는 개인의 신용카드회사가 설정한 신용거래 인정 한도액을 토대로 거래한도액을 설정하기도 한다.

---

[2] High Blance Report : 미수최고 잔액보고서
투숙객에게 허용된 신용판매액의 한도액을 초과한 모든 상황을 종합한 보고서이다. 호텔의 미수금 관리를 위해 고객의 성명, 도착과 출발의 일자, 정확한 청구 금액, 예약형태와 투숙 현황, 예상되는 해결 방법들이 이 보고서에 표시된다.

[표 2-12] Room Posting & High Balance(House Limit) Report

ASI BEACH HOTEL

123 Main Street, Tracy, California, 24232, USA

Phone: (209) 830 - 1484; Fax: (209) 830 - 0059; E-mail: info@anandsystems.com; URL: www.anandsystems.com

Room Rent Posting Report

Room #	Guest Name	Date In	Date Out	Business Source	Last Rent Posted	Balance
140	NEAL SAM	10/02/2004	10/09/2004	Reservation	10/02/2004	420
214	GARRISO N THOMAS	10/04/2004	10/11/2004	Walk-In	10/04/2004	378

High Balance Report For: 10/13/2004, 12:30 PM

Room	Checkinn Date	Checkout Date	Balance
200	10/03/2004	10/17/2004	662.10
138	09/30/2004	10/12/2004	596.40
266	10/01/2004	10/22/2004	375.31
221	10/03/2004	10/09/2004	364.18
125	10/06/2004	10/11/2004	282.24
115	10/09/2004	10/14/2004	244.32
135	10/06/2004	10/09/2004	201.60
201	10/03/2004	10/17/2004	185.36
222	09/26/2004	10/17/2004	132.10

4. 감사기능(Account Update)

일반적으로 컴퓨터가 도입되지 않은 호텔에서 야간감사자는 그날에 분개되지 않았던 모든 객실요금, 세금, 영업부서의 외상매출금을 심야에 분개하고 모든 고객계정, 비고객(Non-Guest)계정, 영업부서의 계정들을 결산하기도 한다. 자동화된 호텔에서 최종마감 정리업무는 이러한 작업을 완수하는 책임성을 갖는다. 감사업무는 정상적으로 사용자(Auditor, 시스템 매니저, 담당자)에게 간단한 시스템 지시사항에 응답하도록 하며, 이미 결정된 소프트웨어 응용세트를 컴퓨터가 집행하는 것을 감시하게 된다.

컴퓨터에 의한 야간감사의 추적은 원천서류의 일련번호, 근무교대, 회계원 POS 단말기, 영업부서별 계정들로부터 앞뒤 비교조사가 이루어진다.

최종마감정리의 일환으로 고객회계모듈(Guest Accounting Module)은 모든 투숙객실에 자동적으로 객실요금과 봉사료 및 세금의 액수를 분개하여 입력한다. 또한 이 모듈은 자동적으로 Front Office Cashier 근무 교대 시에 영업부서 계정들을 결산하며 일반적인 시산표(Trial Balance)와 같은 것을 작성해 낸다. 이와 같이 고객회계 모듈은 대체로 회계원들이 입력사항들의 출처를 밝히고 요금영수증 또는 원천서류들에 대한 최소한의 크로스 체크한 폴리오(Folio)들에 분개된 액수들을 검증할 수 있도록 하기 위해서 참조코드를 사용하면 된다.

5. 계정확립(Account Settlement)

분명하고 조목별로 잘 정리된 고객명세서들을 프린트해 내는 능력은 요금정산에 대한 고객의 불만요소들을 상당히 감소시킬 수 있다. 예를 들어 Check-Out 시에 자신의 폴리오(Folio)에 나타난 장거리전화요금 계산에 대해 맞지 않는 사항이 발생하였을 경우에는 프런트 회계원(Front Office Cashier)이 즉시 전화사용기록을 화면에서 파악하고 확인하기 위하여 참조코드 번호를 사용한다. 그러면 그 전화를 건 객실번호와 전화를 받았던 곳의 전화번호를 확인할 수 있다. 이러한 절차에 의해 호텔은 고객폴리오들에 분개된 금액들에 관한 이의 제기들을 신속하게 객관적으로 해결할 수 있다.

시스템 최종마감 정리업무들은 그날 Check-Out 예상 고객들에 대한 사전 프린트되는 폴리오들을 작성하도록(AM 07 : 00~08 : 00) 프로그램되어 있다. 사전 프린트되는 폴리오들은 체크아웃 과정(Check Out Process)을 빠르게 해주고 분쟁을 일으키는 부분의 잘못 입력된 요금 부가액 같은 사항을 최소화시킨다. 이미 사전 프린트된 폴리오에 부가요금들이 분개될 때에는 사전 프린트된 폴리오들은 그냥 폐기하고 정정된 계정잔액이 분개된 최종정리원장(Folios)이 체크아웃 시에 프린트된다.

모든 외상매출금의 즉각적인 온라인 분개작업은 실수를 구실로 이루어진 부과요금들과 사후부과요금들(Late Charges)에 대한 고객과 호텔 간의 오해를 쉽게 해결해 준다. 사후부과요금은 고객이 자기의 계정을 결산한 후에 폴리오에 분개되는 고객에 의해 이루어진 구매사항들에 부과된 액수이다. 전산 폴리오들은 결산 시에 마감된다. 잘못하여 마감된 계정들은 쉽게 재개시될 수 있다. 고객회계 모듈은 다른 영업부분의 모듈과는 연계시킬 수 있기 때문에 종업원들 사이의 의사소통을 더 원활하게 할 수 있고 경영층이 광범위한 리포트를 이용할 수 있다.

제 3 장
호텔영업회계원의 업무

제3장

호텔영업회계원의 업무

제1절 • 호텔영업회계의 조직 및 업무

  호텔회계부서(Accounting Dept) 업무는 각 영업장의 수납업무와 현금출납 및 영업회계에 따른 각종 요금의 집계와 계산을 한다. 그리고 전표의 기표와 회계처리, 장부의 기장, 재무제표의 작성과 법인의 결산업무를 담당한다.

  영업회계는 호텔 영업현장에서 발생하는 고객의 요금계산 수납업무를 담당하는 회계원으로서 일명 Cashier라고 한다. 영업회계는 각 영업장의 회계원들이 집계한 요금계산의 부정을 검증하고 원시기록을 토대로 하여 전표를 기표하고 일기장 및 판매보조부 기장 업무를 담당한다.

[표 3-1] 호텔영업회계 조직도

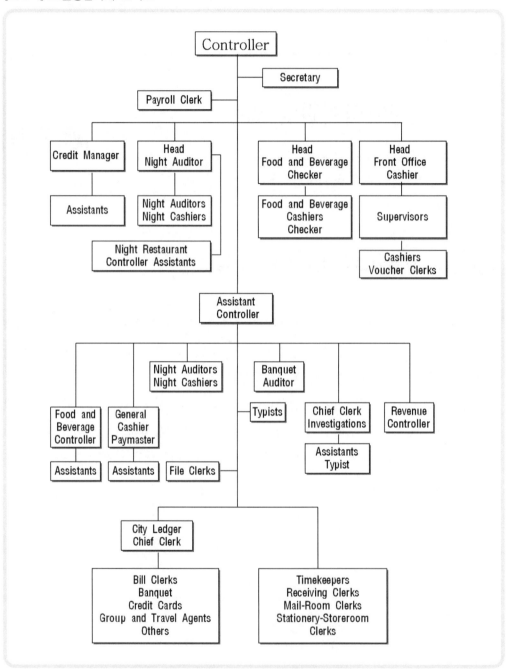

1. Income Auditor의 업무

수납활동 중 일어나는 모든 사항을 지시 감독하여, 내부관리상 필요한 모든 업무는 물론 관련 대외업무를 총괄한다.

Income Auditor의 업무내용을 살펴보면 다음과 같다.

① 일일 영업보고서 작성한다.

② 영업회계 업무를 담당하고 있는 Cashier 미팅을 주제한다.

③ 예산 및 수납 자금관리를 책임진다.

④ 각 영업장에서 발생한 Complaint 보고 및 일지를 관리·감독한다.

⑤ Front Office의 환전상 관리를 책임진다.

⑥ Food & Beverage의 Bill Checking을 관리·감독한다.

⑦ Easy Check 및 영업장 회계기의 관리·감독한다.

⑧ 인원관리 및 관련 대외업무를 수행한다.

⑨ 장·단기 여신 종합관리의 책임을 진다.

⑩ Front Office의 귀중품 보관 관리·감독한다.

⑪ 각 영업장 순찰 및 운영제도 개선, 보완의 책임을 진다.

⑫ 기타 수납관련 업무 종합관리를 한다.

2. Front Office Cashier의 업무

Front Office Cashier의 업무는 투숙객이 Front Office에서 등록을 하고, 자료가 컴퓨터에 Input하면 동시에 업무가 발생하게 되는데, 주로 투숙객의 객실료 및 식음료 그리고 기타 시설이용에 따르는 모든 계산을 통합·관리·징수하는 임무를 맡고 있다.

호텔의 영업회계는 반복되는 그날그날의 고객 개개인이 이용한 모든 판매수입을 계속 거두어들이고 세목 하나하나의 매상이 정밀하게 계산되어야 한다. 또한 판매된 매상을 각 사업부문에 의하여 항목별로 처리하게끔 하여 집계되어야 한다.

Front Office Cashier의 업무내용을 살펴보면 다음과 같다.

① 호텔 투숙객의 요금계산에 대한 전반적인 관리를 한다.

② 호텔 투숙객이 Check-Out 시 요금수납 업무 및 외화교환 업무를 통한 현금관리를 책임진다.

③ 호텔을 이용하는 고객들의 편의를 위한 외국환 환전업무 및 환전에 따른 외국환 매각증명서를 발행한다.

④ 환전자금관리 및 원장관리를 한다.

⑤ 객실변경(Room Change) 및 요금정정을 확인한다.

⑥ 귀중품 보관 관리업무를 책임진다.

⑦ 호텔 예약 시 고객이 맡긴 선납금 처리와 Front Office에서 Check-In 시 수납한 예약금 관리를 책임진다.

⑧ 호텔의 원활한 자금관리를 위한 High Balance Check로 Limit Over에 대한 지급청구를 한다.

⑨ Front Office에서 Day Use Charge & Morning Charge의 Posting을 한다.

⑩ City Ledger 관리 및 보고서 작성한다.

⑪ 각종 전표관리 및 발행(Paid-Out Voucher, Allowance Voucher, Correction Voucher, MISC 등)을 책임진다.

⑫ 입금관리 및 현금출납보고서를 작성하고, 다음 근무자에게 인수인계(Log Book)를 한다.

⑬ Front Office, Food & Beverage, 기타 관련 부서와의 긴밀한 업무협조를 한다.

⑭ 기타 현관 수납지역 유지 및 관리의 책임을 진다.

Front Office Cashier

Guest accounting tasks require efficiency and accuracy. The tasks of the front office cashier center on the guest accounting cycle. The cashier's most crucial duties occur when guests wish to settle their accounts and check out of the hotel. Departing guests especially appreciate efficient check-out procedures. These procedures are greatly aided by the careful attention the cashier pays to the guest's account.

Front office cashiers typically post revenue center charges to guest accounts. The hotel's revenue centers communicate information on charge purchases to the front desk. Cashiers then post these charges to guest accounts to ensure that the charges will be settled at check-out. In hotels equipped with point-of-sale electronic cash registers and call accounting systems, charge purchase data can be transmitted directly from revenue centers to electronic guest folios. This way, the manual posting of charges is minimized.

Front office cashiers also receive payment from guests at check-out. Cashiers coordinate the billing of credit card and direct-billed guest accounts with the accounting division. All guest accounts are balanced by the cashier at the close of each shift.

Front office cashiers assume responsibility for any cash used in processing front desk transactions. In many hotels, the front office cashier rather than the front desk agent manages the safe deposit boxes. Depending on hotel policy, the cashier may also perform a variety of banking services for guests, such as check cashing and foreign currency exchange.

Job Description : Front Office Cashier
Basic Function
To Perform tasks relating to guest check-in and check-out and settling guest accounts.
Duties and Responsibilities
① Operate front office posting equipment.
② Obtain the house bank and keep it balanced.
③ Complete cashier pre-shift supply checklist.
④ Take departmental readings at the beginning of the shift.
⑤ Complete guest check-in procedures.
⑥ Post charges to guest accounts.
⑦ Handle paid-outs.
⑧ Transfer guest balances to other accounts as required.
⑨ Cash guest checks.
⑩ Complete guest check-out procedures.
⑪ Settle guest accounts.
⑫ Handle cash, traveler's checks, personal checks, credit cards, and direct billing requests properly.
⑬ Post non-guest ledger payments.
⑭ Make account adjustments.
⑮ Disperse guest records upon check-out.
⑯ Transfer folios paid by credit card to each credit card's master file.
⑰ Transfer folios charged to the non-guest ledger to each company's master file.
⑱ Balance cash at the close of the shift.
⑲ Balance cash at the close of the shift.
⑳ Manage safe deposit boxes.

3. Food & Beverage Cashier의 업무

Food & Beverage Cashier는 영업장을 이용하는 고객들에게 계산을 관리·징수하는 동시에 영업장의 인상을 최종적으로 메이크업하는 요직임을 자각하고 고객에게 바른 예절, 성의 있는 태도, 정확한 발음과 낮은 목소리로 고객을 대하여야 한다.

그리고 항상 Food & Beverage 판매상품의 종류와 단가를 숙지하여 신속·정확한 정산이 이루어지도록 하여야 하며, 업무를 살펴보면 다음과 같다.

① 레스토랑 영업장 회계기의 사용관리를 책임진다.
② 레스토랑에서 사용되고 있는 각종 전표(Voucher) 및 계산서 발행과 처리를 한다.
③ 현금보고서(Cash Report)를 작성하여 Front Office의 Night Auditor에게 보고한다.
④ 인수인계서(Log Book)를 작성하여 다음 근무자(Shift)에게 인계한다.
⑤ 레스토랑 영업이 끝나면 영업마감일보(매출일보)를 작성하여 Front Office의 Night Auditor에게 보고한다.

4. General Cashier의 업무

General Cashier는 1일 영업 중에서 발생하는 현금결제 계정을 총괄·수합하고 그 현품을 은행에 입금하여 영업장 영업에서 소요되는 현금기금의 가지급 및 회수와 관리 등의 일을 맡는다. General Cashier의 업무내용은 다음과 같다.

① House Bank(House Fund)를 통한 각 영업장에 일정금액의 가지급 및 금고관리의 책임을 진다.
② 전일 입금된 외국환의 현금 및 여행자수표를 집계하여 익일 관할 은행에 입금업무를 책임진다.
③ Front Cashier, Food & Beverage Cashier 및 Other Cashier에게 필요한 문서 발·수신 업무를 한다.
④ 각각의 영업장에서 필요한 Bill 및 각종 서식관리를 한다.
⑤ 영업장 회계기(PC POS)의 소모품관리의 책임을 진다.

5. Night Auditor의 업무

야간감사자(Night Auditor)는 현관수납원(Front Cashier) 직무의 인수인계를 마치고 난 후 모든 영업장(Room Department, Food & Beverage Department, Other Department)의 영업수입에 대해 점검하고 집계한다.

Night Auditor는 Income Auditor의 지시를 받으며 영업장 부문별로 당일의 매상수입을 마감하여 정산하는 일을 맡으며 일반적으로 23 : 00부터 1일의 영업을 결산하기 시작하여 Front Office Dept와 F & B Dept로 나누어 분담하기도 한다.

야간감사자의 업무내용을 요약하면 다음과 같다.

① 영업장 일일 수입금 감사 및 감사보고서 작성한다.

② 수입금 감사 후 수입금 감사 및 감사보고서 작성한다.

③ Front Office에서 처리한 객실요금 유무 및 적정요금인지 확인한다.

④ 투숙객 여신한도 초과자(High Balance) 점검 및 보고서를 작성한다.

⑤ 식음료 요금계산서(Restaurant Bill) 및 영업일보 점검과 작성

⑥ 영업장 수납원(Food & Beverage Cashier)의 수입금, 예치금 입회 확인 및 서명을 한다.

⑦ Allowance(Rebate), Paid-Out, MISC, Transfer 등의 전표(Voucher) 확인 및 타당성 점검한다.

⑧ Front Office에서 처리한 Extra Bed 사용 점검 및 수입금을 처리한다.

⑨ 식음료 계산서 Void 및 Skipper의 타당성 점검한다.

⑩ 영세율 적용대상 고객에 대한 세율적용 및 그에 따른 필요 기재사항 점검한다.

⑪ 각종 Credit Card의 이상유무 확인 및 매출분과 대조한다.

⑫ 고객원장에 Late Charge의 발생여부 확인하여 처리한다.

⑬ 식음료 Bill Check & Bill의 분실여부 확인한다.

⑭ City Ledger의 확인 및 거래처, 지급조건을 확인한다.

⑮ 당일 투숙객 원장 및 지급조건을 확인한다.

Night Auditor

Front office accounting records must be checked for accuracy, summarized, and compiled on a daily basis for the hotel's financial records. Traditionally, these tasks are conducted at the close of the business day during the hotel's night shift. This process is referred to as the night audit, and the employee handling these tasks as the night auditor.

Night auditors must be skilled record keepers since the job requires them to track room revenues, occupancy percentages, and credit card activities must also be prepared. These data reflect the hotels financial performance for the day. The hotel's accounting division used night audit data to determine the property's daily profile-which is later reported to management. In many hotels, the night auditor is actually an employee of the accounting division.

Typically, night auditors post room charges and room taxes to guest accounts-including guest transactions not posted during the day by the front office cashier. Night auditors process guest charge vouchers and credit card vouchers. Also among a night auditor's duties is the verification of all account postings and balances made during the day by front desk cashiers and agents. Night auditors monitor the current status of coupon, discount, and other promotional programs. Finally, night auditors summarize and report the results of front office operations to management-either directly or through the accounting division.

In some properties, the night auditor may be the only person behind the front desk during the late evening to early morning hours. For this reason, the night auditor must possess the skills and talents of a front desk agent-especially in terms of check-in and check-out procedures.

In some computerized hotels, many night auditor duties are performed by the computer system. Automated properties refer to this function as a systems update. However, automated properties still need a night auditor to verify all the day's transactions and business.

Job Description : Night Auditor

Basic Function

To ensure the accuracy and balance of front office a accounting records and prepare summaries of financial data on a daily basis.

Duties and Responsibilities

① Post room charges and taxes to guest accounts.
② Process guest charge vouchers and credit vouchers.
③ Post guest charge purchase transactions not posted by the front office cashier
④ Transfer charges and deposits to master accounts.
⑤ Verify all account postings and balances.
⑥ Monitor the current status of coupon, discount, and other promotional programs.
⑦ Track room revenues, occupancy percentages, and other front office statistics.
⑧ Prepare a summary of cash, check, and credit card activities.
⑨ Summarize results of operations for management.
⑩ Understand principles of auditing, balancing, and closing out accounts.
⑪ Know how to operate posting machines, typewriters, and other front office equipment and computers.
⑫ Understand and know how to perform check-in and check-out procedures, Relationships

제2절 · 외국환 환전업무

환전상은 외국통화의 매매 및 외국에서 발행한 여행자수표의 매입(외국환관리법 제9
조)을 업으로 하는 자로 원래 환전상은 극히 초기단계의 화폐 거래업으로 그리스·로
마 시대부터 근대적 화폐제도가 성립되기까지 활동해왔다. 즉, 나라와 도시에 따라 각
기 상이한 화폐제도에 기초를 둔 각종 주화가 통용됨으로써, 그 화폐의 진위와 가치를
감정하여 이를 다른 지역의 화폐와 교환해 주는 환전상의 출현이 불가피하였는데, 이
는 원격지 무역이 발달하기 시작한 중세에 들어와 더욱 활발한 활동을 보였다.

그러나 근세에 들어와서는 신용제도의 발달과 더불어 화폐자본의 거래업자로서의
은행조직이 발달됨에 따라 환전상업무는 은행업무 속에 흡수·포함되었다. 따라서 오
늘날 환전상이라 하면 외국인 여행자를 위하여 항구·공항·관광지 등에 설치된 환전
상업무취급점포(은행)를 의미한다.

환전상업무를 행하고자 하는 자는 기획재정부장관의 인가가 필요하며(제9조 1항),
그 자격은 첫째, 관광진흥법에 의한 관광사업자, 둘째, 정부투자기관으로서 관광사업을
영위하는 자, 셋째, 기타 기획재정부장관이 관광사업의 촉진을 위하여 필요하다고 인
정하는 자로 제한되어 있다(동 시행령 제16조 1항).

따라서 [표 3-2] 환전상업무의 Flow Chart를 살펴보면, 환전상의 인가에서 외국환 매
입, 외국환 매도, 환전장부 기장, 회계처리 및 세무서 신고까지의 과정으로 설명할 수
있다.

[표 3-2] 환전상 업무의 Flow Chart

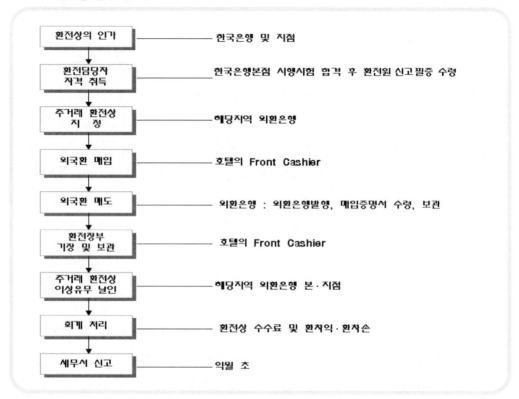

1. 환전상(환전영업자)의 개념

외국통화의 매매 및 외국에서 발행한 여행자수표(T/C)의 매입을 환전이라 하며, 외국환은행이 아닌 법인 또는 개인도 외국환거래법령에서 정하는 일정한 요건과 절차를 갖추면 환전업무를 취급할 수 있는데 이를 환전상(환전영업자)이라 한다.

환전영업자는 외국통화의 매입·매도 또는 외국에서 발행한 여행자수표의 매입만을 업으로 영위하는 자를 말하는데, 1999년 4월부터 인가제에서 등록제로 전환됨에 따라 필요한 시설만 갖추어서 한국은행총재에게 등록하면 업무영위가 가능하다. 또한 환전상(환전영업자)은 거주자 또는 비거주자로부터 지정영수통화로 표시된 외국화폐 또는 여행자수표를 제시받으면 원화를 지급하여 이를 매입하고 매입한 외국화폐 또는 여행자수표를 원칙적으로 다음날까지 외국환은행에 매각하여야 한다.

환전영업자 업무상의 의무로는

첫째, 고객에게 편의를 제공하고 업무상 확인 및 보고의 의무를 이행해야 한다.

둘째, 환전영업자는 국문 및 영문으로 환전업무를 영위함이 표시된 표지와 매일 당일 외국환 매매율을 게시해야 한다.

셋째, 환전업무와 관련하여 거래내용을 기록하고 관련서류를 보존해야 한다.

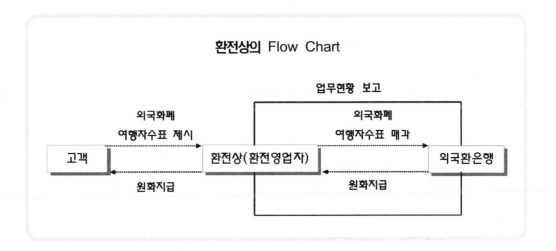

(1) 환전상(환전영업자)의 업무수칙

환전상(환전영업자)은 주로 우리나라를 방문하는 외국인 여행자들이 소지하고 있는 외국통화 또는 여행자수표(T/C)를 원화(₩)로 교환하기 위한 시설로서, 환전업무를 담당하는 자는 외국환거래법상의 규정을 준수해야 한다.

첫째, 인가·허가를 받은 업체에 한할 것

둘째, 적정한 환율을 적용할 것

셋째, 거래에 있어 국내인 및 외국인을 불문하고 외국환거래법상 적당하다고 인정되는 고객에 대해서만 행할 것

넷째, 위조 또는 변조의 의문이 있을 경우에는 외환은행 또는 관할세관에 조회할 것

(2) 환전자금(Fund)

환전자금은 호텔회계부서로부터 General Cashier가 차용하여 Front Cashier의 각 Shift가 원활한 업무를 수행할 수 있도록 일정금액을 지속적으로 유지·관리하게 된다. 또한 식음료 및 기타 부대시설의 환전원은 필요금액을 General Cashier로부터 가지급형식으로 차입·환전 마감 시 외환과 잔금(원화)을 합하여 차입액과 같이 General Cashier에게 입금시킨다. 이때 소액현금은 별도의 Fund로 처리한다.

(3) 환전상(환전영업자)의 분류

환전상의 분류

외국환은행	❑ 외국환 업무중계 점포(기획재정부장관 인가)
금융기관 환전상	❑ 환전업 취급 금융기관(한국은행총재 신고) ❑ 환전수수료 불적용
비 금융기관 환전상	❑ 외국인 여행자대상 거래기업체(한국은행총재 인가) ❑ 환전수수료 징수 ❑ 출장환전 허용

(4) 환전상(환전영업자)의 설치목적

① 외국인 여행자의 환전편의 도모
② 외화 유출의 방지
③ 외국환의 조기 집중

2. 환전상(환전영업자)의 업무

(1) 외국환 매입

1) 원화 대가매입

환전상(환전영업자)은 거주자 또는 비거주자로부터 지정 영수통화로 표시된 외국통화 및 여행자수표를 제시받으면 내국지급수단인 원화를 대가로 지급하고 이를 매입한다(규정 제3-8①).

[표 3-3] 환전 안내

환 전 안 내

Koreana Hotel

1. 환전은 별도로 게시되어 있는 외국환 매입률에 의하여 이루어집니다.
   환전상의 영업시간은 다음과 같습니다.
   평일 : ○○ ~ ○○
   휴일 : ○○ ~ ○○
2. 환전 시 한국은행이 지정한 외국환매각신청서와 외국환매입증명서만을 사용하십시오.
3. 외국환매입증명서는 재환전 시에 필요하오니 출국 시까지 소지하십시오.
4. 환전에 관한 의문사항이 있으면 당 영업소의 환전담당자 또는 책임자

   (전화 ○○-○○○○번)에게 연락바랍니다.

2) 일부 환전매입

환전상(환전영업자)은 비거주자가 외국통화 또는 여행자수표의 액면금액의 일부만을 매각하고자 하는 경우에는 그 잔액에 해당하는 금액을 그 환전상이 보유하는 외국화폐로 지급할 수 있다(규정 제3-8②).

3) 교환매입

환전상(환전영업자)은 환전업무를 영위함에 있어 필요한 경우에는 그 환전상의 외국통화 보유한도액 범위 내에서 지정거래 외국환은행으로부터 외국통화 또는 여행자수표를 대가로 하여 다른 종류의 외국통화 또는 같은 종류의 소액통화를 매입할 수 있다(규정 제3-8 ③).

(2) 재환전(Re-Exchange or Reconversion)

재환전이라 함은 비거주자가 입국하여 외국환을 원화로 환전한 후 사용하고 남은 원화 잔액을 출국 시 다시 외화로 환전하는 것을 말한다.

1) 재환전의 제한 목적

외화유출을 방지하기 위한 목적

① 외국환은행(외국환업무 중계점포 포함)

비거주자에게 출국 시 1회에 한하여 재환전을 허용한다.

② 카지노에 설치된 환전상

업무성격을 감안하여 비거주자가 당해 카지노에서 획득한 금액에 대하여 당일 당해 환전상의 외국화폐 보유액 범위 안에서 재환전을 허용한다.

2) 재환전의 한도

① 외국환은행(외국환업무 중계점포 포함)

비거주자가 우리나라에 체재기간 중 외국환은행, 외국환업무 중계점포, 체신관서 또는 환전상에 내국지급수단을 대가로 외국환을 매각한 실적범위 내에서 가능하다.

매각실적이 없는 비거주자의 경우 미화 500달러 이내에서 재환전이 가능하다.

재환전을 행한 뒤 재환전을 받은 사람의 여권이나 선원수첩에 사실과 금액을 기록하여 이중지급되는 일이 없도록 하여야 한다.

② 카지노 환전상

비거주자가 당해 카지노에서 획득한 금액 또는 미사용한 금액에 대하여 당일 당해 환전상의 외국화폐 보유액 범위 내에서 재환전을 할 수 있다.

재환전 시 제출서류는 첫째, 재환전신청서, 둘째, 외국환매입증명서, 셋째, 여권이 필요하다.

카지노 환전상의 확인사항은 첫째, 여권, 둘째, 외국환매입증명서와 재환전신청서 상의 서명이 동일한지 여부, 셋째, 재환전 신청금액이 전일 또는 당일 당해 영업소에서 인정된 거래에 의하여 취득한 금액 이내인지 여부를 확인한다.

재환전신청서는 당해 환전상이 보관하고 재환전증명서(외국환매입증명서 후면)는 신청인에게 교부한다.

[표 3-4] 재환전신청서

재 환 전 신 청 서
(APPLICATION FOR RE-EXCHANGE)

외국환관리규정 제 3-12조에 따라 아래와 같이 재환전을 신청합니다.
(In compliance with Foreign Exchange Control Regulation Article 3-12, I hereby request you to exchange Korean Won into foreign currency)

아 래

금액(AMOUNT) :
성명(NAME) :
국적(NATIONALITY) :
주소(ADDRESS) :
여권번호(PASSPORT NUMBER) :
입국일자(ENTRANCE DATE INTO KOREA) :

_____
서명 (SIGNATURE)

---

3. 환전절차 및 유의사항

고객으로부터 외화 또는 여행자수표(T/C)를 매입할 때에는 한국은행 공급서류인 환전증명서(Application for Exchange)에 신청자의 이름, 국적, 여권번호, 외국환의 종류, 매입연월일을 기입하고 서명하게 한 뒤 신청서를 호텔(환전상)이 보존하고 부본인 외환매입증서는 고객에게 교부한다. 이 환전증명서는 외국인 여행객이 출국할 때 재환전을 하는 경우에 제시하여야 한다.

또한 자국을 떠나 타국을 방문하는 고객 중 외화를 교환할 수 있는 곳은 많이 있지만, 호텔기업에서는 자사 호텔을 이용하는 고객 1인의 환전금액이 일정액을 초과할 경우에는 금액에 따라 관할 세무당국에 보고하거나 한국은행 총재의 허가를 받도록 되어 있다.

여행자수표(T/C)

환 전 절 차	유 의 사 항
1. 고객이 외화 및 Traveler's Check 제시	a. 외화, T/C의 종류 및 금액 확인 b. 위폐 여부 및 상태 확인 c. T/C의 경우 현장에서 서명여부, 본인사용 여부, 서명일치 여부확인
2. Application(외국환 매각신청서, 매입증명서) 작성 제시	a. 일자, 외화 금액, Rate, 원화금액 기입 및 확인 b. 시간 및 취급자명 기록
3. 고객이 Passport No. 또는 Room No.와 서명기입	a. 가급적 Passport No.와 Room No. 동시기입
4. 외국환매입증명서 및 한화금액을 고객에게 전달	a. 매입증명서 제공 b. 한화금액 확인철저

(1) 환전증명서 사용요령

① 환전 시 동일번호의 환전증명서를 사용하며, 환전증명서 1조 중 1장이 오손 등으로 사용할 수 없게 된 때에는 해당 조의 환전증명서를 폐기용지로 취급한다.

② 환전증명서 1조 중 외국환매각신청서는 환전상이 보관하고 외국환매입증명서는 환전상이 서명 날인하여 환전의뢰인에게 교부한다.

③ 환전증명서의 금액정정은 할 수 없으며 금액정정이 필요한 경우에는 폐기처분하고 새로운 환전증명서를 사용한다.

[표 3-5] 환전증명서

호텔보관용(환전상용)

환전영업자용

CHOHUNG BANK

외 국 환 매 각 신 청 서

CHB

APPLICATION FOR SALE OF FOREIGN EXCHANGE

外 国 爲 替 売 却 申 請 書

2 1 ☐☐☐-☐☐-☐☐☐☐
(은행지로코드) (년도) (일련번호)

매각자 성명 및 서명 (Name & Signature / 姓名及び売却者署名) :

국적 및 여권번호 (Nationality & Passport No. / 国籍及び旅券番号) :
(주민등록번호)

- 본인은 다음의 외국환을 외국환거래규정에 따라 원화로 매각코자 요청합니다.
- I(We) hereby request you to purchase the following foreign exchange for Won currency in accordance with your Foreign Exchange Transaction Regulations.
- 本人は次の外国爲替を外国爲替の去來規程によってウォン貨に売却するようお願い致します。

일 자 DATE 日 付	외국환의 종류 및 금액 AMOUNT OF FOREIGN EXCHANGE 外国爲替の種類及び金額	적 용 환 율 EXCHANGE RATE 適用相場	원 화 환 가 액 WON EQUIVALENT ウォン貨

환전영업자 상호 및 취급자서명 (Authorized Signature & Name of Money Changer / 換錢商名及び取扱者署名) :

지정거래 외국환은행 : 조흥은행   부(점)

(국제 99. 5 개정)   (2-1)   007-2-4629 (20.0×14.3) 백상지 70g

고객보관용(앞면)

CHOHUNG BANK

외 국 환 매입 증 명 서
CERTIFICATE OF FOREIGN EXCHANGE PURCHASED
外 國 爲 替 買 入 証 明 書

환전영업자용

(은행지로코드) (년도) (일련번호)

매각자 성명 및 서명 (Name & Signature / 姓名及び売却者署名) :

국적 및 여권번호 (Nationality & Passport No. / 国籍及び旅券番号) :
(주민등록번호)

- 귀하로부터 다음과 같이 외국환을 매입하였음을 증명합니다..
- This is to certify that we have purchased foreign exchange from you as follows.
- お客様から次のように外國爲替を買収したことを証明する。

일 자 DATE 日 付	외국환의 종류 및 금액 AMOUNT OF FOREIGN EXCHANGE 外国為替の種類及び金額	적 용 환 율 EXCHANGE RATE 適用相場	원 화 환 가 액 WON EQUIVALENT ウォン貨

환전영업자 상호 및 취급자서명 (Authorized Signature & Name of Money Changer / 換銭商名及び取扱者署名) :

지정거래 외국환은행 : **조흥은행**   부(점)

고객보관용(뒷면) : 재환전용

- 참   고 : 귀하가 미사용 원화를 외국통화로 재환전하고자 할 때에는 외국환은행이나 환전영업자에게 본 증서를 제시하여야 합니다.
- REMARKS : If you wish to reconvert any unused portion of your Won currency into foreign currency, please present this certificate to foreign exchange bank or authorized money changer.
- 注   意 : お客様が未使用のウォン貨を外国通貨に再換銭する時に外国爲替銀行及び換銭商にこの証書を提示しなければなりません。

재환전상황 (Reconversion / 再換銭状況) :

매각자서명 (Signature / 売却者署名) :

국적 및 여권번호 (Nationality & Passport No. / 国籍及び旅券番号) :

일 자 DATE 日 付	원 화 환 가 액 WON AMOUNT ウォン貨	적 용 환 율 EXCHANGE RATE 適用相場	외국환의 종류 및 금액 AMOUNT OF FOREIGN EXCHANGE 外国為替の種類及び金額

재환전영업자 또는 외국환은행명 (Name of Money Changer or Foreign Exchange Bank / 換銭商名又は外国爲替銀行名) :

[표 3-6] 환전증명서 관리대장

환전증명서 관리대장

환전영업자명 :

교부 또는 반납일자	교부증명서번호	반납·폐기증명서 번호	확인 (날인 또는 서명)	
			환전영업자	은행 담당자

(2) Money Detect Marker

① 사용방법 : 지폐에 1~2㎝ 선을 그어 색깔로 위폐 식별

② 식별방법 : (진폐) 노란색 또는 금색

　(위폐) 흑갈색 또는 검정색

　※ 진폐에 그은 노란색(또는 금색)은 24시간 경과 후 자동으로 없어짐(지폐 손상이 없음)

③ 적용화폐

구 분	내용
식별가능통화	미국 달러(US $), 원화, 스위스 프랑, 독일 마르크, 프랑스 프랑, 대만 NT, 오스트리아 실링, 중국 인민폐, 인도네시아 루피아, 말레이시아 링키트, 태국 및 미얀마 바트, 사우디 리얄, 중남미 모든 국가 지폐 등
식별불능통화	일본 엔화, 이탈리아 리라, 홍콩 달러, 영국 파운드, 스페인 페소, 캐나다 달러

　※ 기존의 위폐감지기기는 미화(US $)만 감지할 수 있음.

※ 주의사항
- 1950년 이전에 발행한 美달러지폐는 본 기기감별대상이 아니다(단, 1950년 이전 지폐는 시중유통이 거의 없으므로 간혹 발견 시는 주의를 요함).
- 신문지 등 재생지 및 잡지표지와 같은 코팅지질에는 노란색 반응이 일어나지만, 이러한 지질의 위폐생산은 불가능하므로 염려하실 필요가 없다.

위폐 감별기

최신고속위폐감별기　NC-1100

4. 환율(Exchange Rate)

외국환이란 말 그대로 "환"의 일종이다. 일반적으로 환이란 격지 간에 채권·채무의 결제 또는 자금의 이동을 현금을 직접 수송하지 않고 금융기관의 중개로 실행하는 방법 또는 수단을 말한다.

외국환의 거래는 자국통화 대 타국통화의 매매 시 교환비율을 말하며, 자국통화는 국내에서의 구매력을 대내가치라고 하면 외국에 있어서의 구매력은 외화와 교환되므로 환율은 자국통화의 대외가치를 나타낸다.

외국환의 특징을 살펴보면 첫째, 세계 각국에서 통상 타국과 다른 통화가 통용되고 있기 때문에 국제 간의 결제를 수행하기 위한 외국환의 경우, 통화의 교환과 그 교환비율인 환율문제가 발생하는 것이다. 또한 환율의 변동은 무역이나 국제 간의 자본이동에 아주 큰 영향을 미치므로 환율변동에 따른 위협, 소위 환리스크 문제가 생긴다. 이 점은 내국환과 비교할 때 가장 큰 특징이라 할 수 있다.

둘째, 환 결제구조가 다른 점이다. 내국환의 경우에는 은행 간의 결제 잔액은 한국은행에 있는 각 은행의 환 결제 예치금을 통하여 원활하게 결제된다. 한편 외국환의 경우 은행은 자행의 해외지점이나 환거래에 관한 계약을 맺은 외국의 은행에 상대국 통화표시예금구좌를 서로 갖고 그 구좌에 입금이나 인출을 통해 결제하고 있다. 그리고 은행 간의 결제 잔액은 외국환시장을 이용하고 조정된다.

(1) 시장평균환율

① 달러($)화 시장평균환율의 결정(금융결제원 외환 중계실)

외국환 취급은행이 원화와 달러의 환율을 매매하는 시세에 의해 결정하는 제도로 전날 모든 외환은행이 국내 외환시장에서 거래한 원화와 달러와의 환율을 거래량으로 가중평균하여 정한다.

예를 들면 A은행과 B은행이 690원에 100만 달러를 거래하고 C은행과 D은행이 693원에 50만 달러를 거래하였다면 시장평균환율은 691원이 된다. 한국은 1990년 2월 27일까지 사용하였던 복수통화바스켓제도를 폐지하고 1990년 3월부터 시장평균환율제도를 실시하고 있다. 이 제도는 환율을 시장기능에 의해 결정하도록 함으로써 국내금융시장과 국제시장과의 연계를 추진하고, 환율안정을 도모하기 위해 반영함으로써 대외 통상마찰을 완화시키는 데 있다.

ex) A, B 은행 $1백만   690
C, D 은행 $ 50만   693
$150만

시장평균환율의 산출 $\dfrac{690 \times 100}{150} + \dfrac{693 \times 50}{150} = 691$

② 기타 외화의 시장평균환율

$1 = ￥145(국제외환시장), $1 = ￦688(시장평균환율)

$$\dfrac{688}{145} \times 100 = 474.48$$

(2) 은행환율

① 전신환 매도 · 매입률

USD = 시장평균환율 ± (시장평균환율 × 0.4%)
기타 = 시장평균환율 ± (시장평균환율 × 0.8%)

② 현찰 매도 · 매입률

USD = 시장평균환율 ± (시장평균환율 × 1.5%)
기타 = 시장평균환율 ± (시장평균환율 × 1.5%)

(3) 호텔환율

환전원은 정부지정통화의 당일 환율거래를 거래 외국환은행으로부터 통보받아 이를 고객에게 고시하고(일반적으로 정오 기준) 이를 적용하여 환전하며 환전액(전신환 매도율 기준)의 100분의 1의 범위 내에서 환전수수료를 받게 되어 있다.

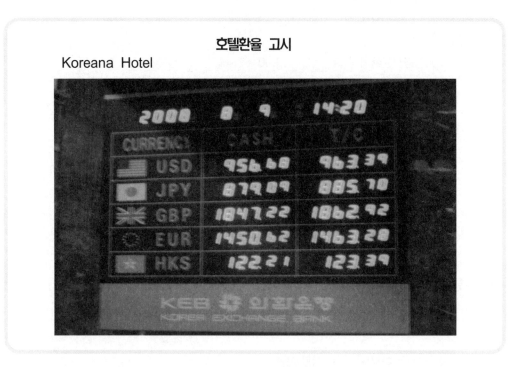

① 호텔 현찰 매입률

은행 현찰 매입률 − (전신환 매도율 × 1/100)

② 호텔 주화 매입률

$$기준율 - (기준율 \times \frac{10}{100}) - (전신환 \ 매도율 \times \frac{1}{100})$$

[표 3-7] 환전상 매입률 예시

* * * BANK RATE * * *				* * EXCHANGE RATE * *			
CURR	CASH	TC (BUYING)	TT (SALE)	CURR	1/100	CASH	T/CHECK
USD	966.67	973.3767	999.00	USD	9.99	956.68	963.39
EUR	1,465.75	1,478.4073	1,513.00	EUR	15.13	1,450.62	1,463.28
JPY	887.98	894.5891	889.00	JPY	8.89	879.09	885.70
GBP	1866.77	1,882.4734	1955.00	GBP	19.55	1847.22	1862.92
HK	123.53	124.7090	132.00	HK	1.32	122.21	123.39
AUST	602.12	606.1325	622.00	AUST	6.22	595.90	599.91
YEN Coin(Bank rate) :			827.46	YEN Coin :		800.00	
ERROR=0 :			1				

환전상 매입률 예시

Koreana Hotel   Date :   .   .   .

〈 미국 달러(US $)의 경우 〉

- 대고객 전신환 매매율(매도율) : 999^{00}(A)

- 대고객 매입률

  - 현찰 ─ 지폐 : 966^{67}(B)
  - ─ 주화 : 950^{68}
  - 여행자수표(T/C) : 973^{38}(D)

이상(ABCD)이 거래 외환은행에 문의하여야 할 사항이다.

가. 환전상 취급수수료 = (A) × 1/100 = 9.99(E)

　(환전상 취급수수료는 (A)의 1/100 이내이어야 하므로 소수점 두 자리 미만은 절사한다.)

나. 환전상 매입률

  - 현찰 ─ 지폐 : (B)－(E)
      = 956^{68}(F)
  - ─ 주화 : (C)－(E)
      = 940^{69}(G)
  - 여행자수표 : (D)－(E) = 963^{39}(H)

이상(FGH)을 환전상에서 산출하여 환전창구에서 게시한다.

(4) 환율의 구조

① 기준 환율

외국환 매매율의 하근이 되는 환율로서 원화의 IMF에 해당하는 개념을 말하며, 국무회의 심의를 거쳐 대통령의 승인을 얻은 후 기획재정부장관이 정하며 현재 1원으로 되어 있고 환율의 평가절상한계를 규정한다.

② 외국환 매매율

외국환 매매율

외국은행 간 매매율	외국환은행과의 매매율을 말한다.
한국은행 집중률	국제금융시장에서 형성된 국제통화 시세변동을 반영하는 복수통화군을 말하며 집중기준율과 집중매매율로 구분되며, 국제연합군 국제금융기구의 출자 등 정부와 거래 시 사용된다.
대고객 매매율	외국환은행이 고객과 외국환거래 시 통용되는 율로 당사와 관련된 율이며 한국은행에 매일 고시한다.

(5) 외국환은행 대고객 매매율의 종류

① 전신환 매매율

ⓐ Telegraphic Transfer로 T/T라고 약칭하며 전신으로 송금하는 방법으로 긴급거액 송금 시 이용되며 신속·간결한 점에 반해 전신문의 잘못으로 혼란 또는 송금자의 부담률이 높고 아울러 수수료는 보통(Demand Draft), 우편송금(Mail Drift)과 같은 전신료만 추징한다.

ⓑ 지급 전신문은 서신전보(LT), 보통(Order), 지급(Urgent)의 종류로 고객의 요구에 의하여 송금한다.

ⓒ Less Your Charge : 송금수수료를 수취인이 지급하는 송금분에서 차감하는 것

② 일람출급환·어음 매매율

환어음이 지급은행에 제시되어야 매입이 적용되는 환율로, 즉 운송기간이 경

과되어 자금화가 가능하며 기간에 대한 금리를 전신환 매입환율에서 감한 율이 된다.

(6) 재정기준율(裁定基準率)

① Cross Rate : 기준율에 대상이 되는 통화와 제3국 통화와의 환율을 말하며 ₩과 $는 링크되어 있으므로, $와 파운드 간의 환율은 우리 입장에서 Cross Rate이다.

② 재정률(裁定率) : 기준율과 Cross Rate로부터 산출되는 자국통화와 제3국통화 간의 환율을 말한다.

③ 대고객 이동 통화교환은 재정률을 산출하여 거래성격에 따라 매매하도록 되어 있다.

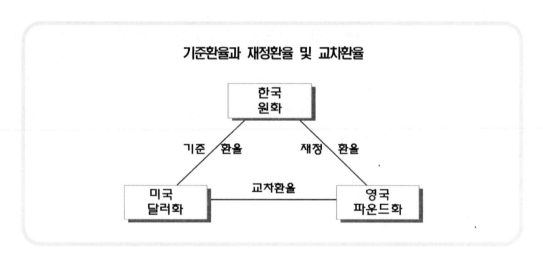

기준환율과 재정환율 및 교차환율

(7) 환가료(Exchange Commission)

은행의 자금 부담에 따른 이자조로 받은 수수료로 우편기간에 대한 금리를 말하며 Cash의 경우 매매 시는 제외되나, 외화예금계정에 입금 시는 T/T 매매율을 적용하고 환가료를 제공한다.

① 산출방법

$$금액 \times 연환가료 \times \frac{표준우편일수(13일) + 어음기간}{360} \times 장부가격$$

② 대체료

외국환을 수취 또는 지급할 때 외국환의 매매를 수반하지 않고 외국환으로 대체
되는 경우의 수수료를 말한다.

(8) 환차손익의 결정

① 호텔 매입 화폐

호텔 Front Chshier에서는 전일 입력된 환율을 기준해서 자동적으로 외화, 환율,
환가액이 산출된다.

② 호텔 매도 화폐(은행 매입 화폐)

호텔 Front Chshier에서는 전일부터 매도 시점까지의 외화에 금일의 은행환율이
입력되면 매도되는 환가액이 산출된다.

③ 손익의 결정

환차익 = 호텔 매입 화폐 < 호텔 매도 화폐

환차손 = 호텔 매입 화폐 > 호텔 매도 화폐

5. 환전상(환전영업자)의 결산업무

환전상(환전영업자)은 환전장부를 비치하고 환전원은 Shift가 끝나면 화폐 종류별 금
액, 건수 및 매입금액 등을 산출하여 외국통화 교환집계표를 작성 외국환매각신청서
및 외국환을 정확히 General Cashier에게 입금시킨다.

이 외국환매각신청서는 한국은행에서 일련번호로 관리통제하기 때문에 결번이 발생
하면 사후 책임추궁을 당하는 중대한 문제이므로 주의하여야 한다.

[표 3-8] 환전장부

Koreana Hotel

환 전 장 부

			매입						매각						시 재 금	
환전일자	환 전 증명서 번 호	외 화 매각인 성 명	통화의 종류						매입률 (원)	지 급 원화 액	통화의 종류					매각률 (원)	매 각 원화액	원 화 시재금	외화 시재금
			US$		￠	￥	기타			US$		￠	￥	기타				
			현금	T/C						현금	T/C							

주 : ① 월말에는 누계를 기입할 것

② 원화시재금은 매일 아침 환전상 보유원화를 기입할 것

③ 외화시재금은 매일 오후 마감 후의 외화를 기입할 것

[표 3-9] 외국 통화교환 집계표

HOTEL
EXCHANGE REPORT

DATE _____

CASHIER_____

DUTY FROM A.M TO A.M
 P.M P.M _____

		AMOUNT	RATE	TOTAL
U.S DOLLAR	T/C $	₩	₩	
	CASH $	₩	₩	
STERLING POUND	T/C £	₩	₩	
	CASH £	₩	₩	
CANADIAN DOLLAR	T/C $	₩	₩	
	CASH $	₩	₩	
YEN	T/C ¥	₩	₩	
	CASH ¥	₩	₩	
DEUTSCHE MARK		₩	₩	
		₩	₩	
FRANCE FRANC		₩	₩	
ITALIAN LIRA		₩	₩	
SWISS FRANC		₩	₩	
		₩	₩	
		₩	₩	
		₩	₩	
		₩	₩	
		₩	₩	
		₩	₩	
		₩	₩	

TOTAL AMOUNT: ₩

KOREANA HOTEL

[표 3-10] 환전영업자 업무현황보고서

업무종류구분코드				작성기준일		
보고서종류				보고주기	분기	
작성기관	지정거래외국환은행(대리보고)					
	소속			직책	성 명	전화번호
작성자	은행	부(점)				
확인자	은행	부(점)				

환전영업자 업무현황보고서

(단위 : U $천)

구분 / 통화 종류별	전분기말 시재금 (A)	외국환 매입 (B)		외국환 매각 (C)		예치액		금분기말 시재금(E) (A+B-C-D)
		대고객 (환전)	대외국환1) 은 행	대고객 (재환전)	대외국환 은 행	분기중 증감(D)	예치 잔액	
US$								
¥								
기타								
합계								
거 주 자								
비거주자								

주 : 1) 보유외화를 외국통화로 교환하는 경우를 제외하고는 지정거래외국환은행으로부터 외국환을 매입할 수 없음
  2) 미 「달러」 이외의 이종통화에 대한 대미 「달러」 환산은 해당분기 말일 현재 외국환중개회사의 장이 고시하는 환산율을 적용

제3절 · 귀중품 보관업무

1. 귀중품 보관 의의

호텔을 찾는 고객 중에는 소지한 물품 중에 귀중품이 있기 마련이며 이 귀중품을 맡길 때에는 Front Cashier로 맡겨진다. 귀중품을 보관할 때에는 반드시 확인하고 보관증을 발행하여야 한다. 만일 고객이 귀중품을 맡기지 않고 호텔 내에서 분실하였을 때에는 책임지지 않는다.

고객이 작성하는 등록카드와 객실 내에는 귀중품 보관 및 주의의 공고를 하고 있다. 즉 고객이 Check-In할 때에는 반드시 등록카드에 성명, 주소, 회사명과 서명 등을 기입하고 나면 하단에는 눈에 잘 뜨이도록 "귀중품은 반드시 Front Cashier에 맡겨 주십시오."라는 내용으로 권유하고 있다.

SAFE - DEPOSIT SERVICE

1. A safe-deposit vault is available at the cashier's desk for the sole use of registered guests or those who are attending banquers being hold at the Hotel.
2. Because of the double-lock system used, the box can only be locked or unlocked by the owner himself, unless box holder is present with users for any change is deposited items.
3. Upon expiration of the agreed-on rental period, the box holder should bring his key to the cashier's desk so the box can be expanded and the deposited items reurned to the box holder.
4. In the event the box holder loses his key for the safe-deposit box, he should notify the Hotel immediately. He will be charged for the actual cost of having a new key made ₩66,000 won.
5. The Hotel does not accept any responsibility for damage or loss to any checked items due to natural calamity or due and other cause beyond the control of the Hotel
   The box holder accepts all responsibility for loss or inconvenience and agrees not to attempt to claim damage from the Hotel.
6. Box holder will be granted access to his safe-deposit box at any time of the day or night.

The Management.

---

2. 귀중품 보관방법

(1) 귀중품 자루를 사용하는 방법

소규모 호텔에서 주로 이용되는 방법으로서 귀중품 자루에 고객의 물건을 넣고 그 것을 Front Cashier의 금고에 맡기면 담당자는 귀중품 자루에 끼워 있는 표지(Tag)를 고 객에게 건네준다. 해당 고객이 돌아와 물건을 돌려받을 때에는 고객이 가지고 있는 표 지와 대조하여 인계하면 된다.

(2) Safety Deposit Box(안전금고)를 사용하는 방법

Safety Deposit Box는 안전금고를 준비해 놓은 호텔에서 이용하는 방법이다. 안전금 고의 사용은 우선 금고기록서에 성명, 주소, 객실번호, 날짜, 서명을 고객이 기입하도록 하고, 동시에 금고기록서용 봉투의 서명란에 취급담당자는 금고열쇠의 번호기입과 서 명을 하고 나서 열쇠를 고객에게 전해 준다.

안전금고 사용이 끝나고 물건을 반환할 때에는 반환한 것을 확실히 하기 위하여 해 당 고객의 서명을 받아 둔다. 혹시 열쇠를 분실할 경우는 안전금고신청서에 명시되어 있는 비용을 고객이 부담해야 된다는 것을 설명해 줄 필요가 있다.

(3) 객실 내 Safety Deposit Box를 사용하는 방법

최근 관광호텔에서는 고객의 귀중품을 보다 안전하게 보관할 수 있도록 객실 내 금 고를 설치해 놓은 것을 볼 수 있다. 이것은 Front Office의 안전금고에 보관할 경우 번거 롭고 복잡한 절차를 해소하기 위한 호텔 측의 배려와 신뢰의 일환이다.

[표 3-11] Safety Deposit Vault Record

SAFETY DEPOSIT VAULT RECORD

Signature _____   Room No _____

Print Name _____   Box No _____

NOTICE TO VAULT CLERK

When a safety deposit box is released, the original signature card
and access slips must be put in this envelope and filed for record

---

[표 3-12] Safety Deposit Box Application

SAFETY DEPOSIT BOX APPLICATION

Date :   Time :

Box No	Guest Print Name	Guest Signature	Room No

Address _____

Clerk _____

[표 3-13] 안전금고 기록서

(인출용)

PLEASE SIGN THIS SLIP FOR ACCESS
TO YOUR SAFETY DEPOSIT BOX

Date :   Time :

Box No	Signature	Room No
	Clerk _____	

(대출용)

안전금고 기록서

Room No.	Guest Print Name	Guest Signature
Date _____ Clerk _____		

제4절 · 회계원의 서비스 자세

1. 회계원의 기본자세

(1) 복장

① 유니폼은 항상 청결하고 외형(단추, 구겨짐)상태는 단정하여야 한다.

② 유니폼 상의 왼쪽 가슴에 명찰이 정상적으로 부착되어야 한다.

③ 스타킹은 연한 살색을 착용하여야 한다.

④ 신발은 슬리퍼 종류를 신지 않는다.

(2) 용모

① 머리모양은 단정하여야 한다.

② 손톱에 매니큐어는 바르지 말고 항상 청결하게 유지하여야 한다.

③ 짙은 화장을 하여서는 안 된다.

④ 반지, 귀걸이, 목걸이, 팔찌 등 고객에게 부담을 주는 액세서리는 부착하지 말고 Locker에 보관한다.

(3) 태도

① 앉은 자세는 반드시 양 무릎을 가지런하게 하여 바르게 앉아야 하며, 다리를 포개서 앉거나 턱을 받치고 앉아서는 안 된다.

② 근무 중에 책, 신문 등을 절대 보아서는 안 된다.

③ 동료들과 사적인 잡담을 하여서는 안 된다.

④ 업무상 대화는 조용히 간략하게 하여야 하며, 사적인 전화는 간결하게 한다.

⑤ 항상 주위를 청결히 정리 정돈하여야 한다.

⑥ 고객용 통로, 화장실, 엘리베이터를 이용하여서는 안 된다.

⑦ 통행 중 고객과 마주쳤을 때 왼편으로 비켜서서 공손하게 목례한다.

⑧ 보행 자세는 가슴과 허리를 위로 하고 손의 위치는 가슴높이로 가볍게 목례하면서 방향을 가리킨다.

⑨ 보행 자세는 가슴과 허리를 펴고 똑바로 자연스럽게 걸어야 하며 Lobby에서 뛰어서는 안 된다.

⑩ 근무 시 고성이나 지나친 몸짓은 삼가하여야 한다.

⑪ 서 있는 자세는 Desk에 기대지 말고 정자세로 서야 하며 양손을 가지런히 앞으로 모아야 한다.

⑫ 영업장 근무 중에는 항상 동료 종업원과 일체감을 형성한다.

2. 고객과의 대화자세

① 고객이 Desk로 향하여 올 경우 의자에서 일어서서 가볍게 목례를 한다.

② 언행은 항상 정중하고 상냥한 어조와 미소 띤 얼굴로 대화에 응하여야 한다.

③ 고객과 대화중에는 눈을 응시하지 말고, 눈을 약간 내려 고객의 목 위치를 주시한다(외국인의 경우는 눈을 마주보고 이야기한다).

④ 고객과 대화 시 타 업무를 겸하여서는 안 된다.

⑤ 고객의 이야기를 끝까지 경청하여야 한다.

⑥ 고객이 불평을 할 때 자신의 의사보다 고객의 불평을 진지하게 듣고 긍정적으로 받아들인 후 진지하게 이해를 시켜야 하며, 어려운 문제가 있으면 고객에게 양해를 구하고 즉시 지배인을 불러 내용을 설명하고, 지배인을 소개한다.

⑦ 고객이 잘못을 인식하고 있더라도 고객의 잘못을 지적하여서는 안 된다.

⑧ 고객으로부터 수납사항 이외의 질문을 받을 경우 관심을 갖고 경청하여 성심성의껏 답변한다.

⑨ 고객이 농담을 할 경우 동조하여서는 안 되며, 고객을 무안하게 하여서도 안 된다.

3. 회계원의 전화응대자세

전화는 고객이나 상대방의 얼굴을 직접 보지 못하고 대화하기 때문에 자칫하면 실수하기 쉽고 오해가 발생할 소지가 많으며 고객과의 전화 한 통이 우리 호텔의 이미지를 결정한다는 점에서 조금도 소홀함이 없어야 한다. 우리 호텔의 친절한 이미지를 향상시킬 수 있도록 전화응대기법을 몸에 익혀야겠다.

(1) 전화의 인식

① 상대방이 보이지 않는 호텔의 창구이며 서비스의 제일선이다.
② 상품판매 및 고객과의 의사전달을 매개하는 필수불가결한 기구이다.
③ 모든 정성을 기울여 부드럽고 명랑한 음성으로 친절히 응대한다.

(2) 전화를 받을 때

① 고객의 전화는 의자에서 일어서서 받는다.
② 가까운 곳에 있는 사람이 두 번째 벨이 울릴 때 왼손으로 수화기를 든다.
③ 수화기를 들면 "감사합니다. ○○○의 ○○○입니다."라고 자신을 밝힌다.
④ 용건을 이야기할 때
 • 금액, 일시, 숫자, 고유명사는 정확히
 • 메모지, 필기구를 항상 준비하며, 메모전달 요청 시는 복창하여 확인한다.
 • 시간을 요하는 경우(내용의뢰, 확인) 고객에게 양해를 구한 후 일단 전화를 끊고 다시 전화를 하도록(또는 전화를 걸도록) 한다.
 • 애매한 답변은 하지 않는다.
⑤ 다른 종업원에게 바꾸어 주어야 할 때
 • 예, 바꾸어 드리겠습니다.
 • 지금 다른 전화를 받고 있으니 기다려 주십시오.
⑥ 바꾸어 줄 사람이 부재중일 때
 • ○○○ 씨는 지금 자리에 없는데 같은 계원을 바꾸어 드려도 좋겠습니까?
 • ○○○ 씨는 지금 자리에 없는데 어디에서 전화왔다고 전해 드릴까요?
⑦ 다른 종업원으로부터 전화를 넘겨받을 때
 • 전화를 바꾸었습니다. ○○○입니다.

⑧ 고객과 대화중 전화가 왔을 때

- 고객에게 "죄송합니다."라고 양해를 구하고 수화기를 든다.
- 통화가 길어질 것 같으면 "지금 고객이 계신 데로 잠시 후 전화 올리겠습니다."

⑨ 통화중 고객이 Bill 계산을 하고자 할 때

- 일단 통화자에게 사정을 설명한 후 "잠시만 기다려 주십시오."라고 양해를 구한다.
- 계산이 끝난 후에는 "기다리게 해서 죄송합니다."라고 한 후 통화를 계속한다.

⑩ 전화가 잘못 걸려 왔을 때

- 잘못 걸렸습니다. ×××입니다.
- 잘못 걸렸습니다. 여기는 Koreana Hotel Coffee Shop입니다.

⑪ Complaint 전화는 진지하게 경청한 후 답변하고 처리 불가능한 사항은 담당자 혹은 지배인에게 인계한다.

⑫ 전화 Bell이 오래 울리도록 방치해서는 안 된다.

⑬ 전화 끝맺기

- 어떠한 경우이든 전화를 먼저 끊어서는 안 된다.
- "감사합니다." 하며 정중히 끝맺음 인사를 한다.
- 수화기를 조용히 내려놓는다.

(3) 전화를 걸 때

① 시간, 장소, 상황을 고려하여 전화를 건다.

② 용건을 구성하여 메모를 한 후 전화를 하여 짧은 통화, 시간, 경비를 절약한다.

③ 전화번호의 확인과 다이얼링

- 연필, 볼펜을 사용하여 다이얼을 돌리지 않는다.

④ 자기신분을 밝힌다.

- 내부통화 : 수고하십니다. ××과 ○○○입니다.
- 외부통화 : 수고하십니다. Koreana Hotel ××과 ○○○입니다.

⑤ 전화를 걸어 바꾸어 달라고 할 때

• 죄송합니다만 ○○○씨를 부탁합니다.

⑥ 상대방이 부재중이라면

• Koreana Hotel ××과 ○○○에게서 전화왔었다고 전해 주십시오.

• 그러면 다시 전화하겠습니다. 감사합니다. 안녕히 계십시오.

⑦ 잠깐만 기다리라고 하면

• 감사합니다(고맙습니다).

⑧ 전화를 잘못 걸었을 때

• 죄송합니다. 잘못 걸었습니다.

⑨ 통화 도중 전화가 끊겼을 때

• 전화를 건 쪽에서 다시 통화 시도

(4) 전화 통화 시 유의사항

① 전문용어, 외국어, 유행어의 사용을 금하고 알기 쉬운 말로 한다.

② 적당한 속도, 차분한 음성, 명료한 발음으로 정중하게 한다.

③ 교양미 있게 상대방의 입장을 생각하면서 냉정함과 친절함을 잃지 않는다.

④ 내용은 간결하고 명확히 예의바르게 한다.

⑤ 목소리는 조용하고 낮은 목소리로 한다.

⑥ 반말 사용을 금하고 경어를 사용한다.

⑦ 근무 중 사적인 전화는 일체 하지 않으며 긴급한 상황일 경우 통화를 간단히 하고 업무적인 전화라도 장시간 요할 때에는 직접 가서 처리하며 업무에 차질이 있어서는 안 된다.

⑧ 교환원에게 구내전화번호 문의 및 구내전화와 연결을 의뢰하지 말고 직접 구내 전화번호부를 사용하여야 한다.

제4장

객실판매 영업회계

제4장

객실판매 영업회계

호텔영업은 연중무휴 24시간 영업이 계속되며 복잡한 수입금관리는 물론 그 발생장소가 다양한 영업장의 수익을 투숙객 원장별로 신속·정확하게 처리해야 하는 것이 객실판매 영업회계의 특성이라고 할 수 있다.

호텔의 투숙객은 서비스가 제공되는 시점에서 곧 현금으로 지급되는 것이 아니고, 객실료와 식음료 및 기타 부대시설 이용에 대한 요금계산서가 호텔 내의 투숙객 외상매출금 계정으로 집계되었다가 Check-Out 시 정산되는 것이 일반적이다.

그러므로 투숙객계정에 기록된 매출은 외상매출금으로써 투숙객이 정산하였을 때 현금화되므로 투숙객에 대한 기록과 관리는 호텔 영업회계에 있어서 매우 중요한 부분을 차지하고 있다.

호텔영업회계의 당일결산 흐름을 객실판매 영업회계를 중심으로 도식화하면 [표 4-1]과 같이 표현할 수 있다.

특히 호텔에서는 다양한 시설, 즉 객실(Room), 레스토랑(Restaurant), 연회(Banquet), 주장(Bar), 나이트클럽(Night Club), 커피숍(Coffee Shop), Bakery, 세탁소(Laundry), 전화(Phone), 사우나(Sauna), 수영장(Swimming Pools) 등 기타의 부대시설이 산재되어 고객이 호텔 내의 각종 영업장을 이용하며 계산서는 즉시 Front Office Cashier로 청구된다. 고객이 언제 호텔을 Check-Out할 지 모르기 때문에 각 영업장에서 청구된 계산서는 가능한 신속히 집계하여 항상 정확하고 완전한 계산서가 고객 출발 전에 확인되고 준비되어야 한다.

그러므로 객실판매 영업회계에 있어 가장 중요한 것은 고객계산의 신속성과 정확성에 있다고 할 수 있다. 왜냐하면 고객이 Front Office Cashier를 통해 Check-Out 후 부과금액(Late Charge)이 발생할 경우 이를 회수하기 위해 청구서가 우송될 때 별도의 회수비용이 필요하며, 오류(Error)가 발생될 때에는 이를 정정하는 데 많은 시간이 소요되고 고객에게도 불편을 주게 되기 때문이다.

[표 4-1] 객실과 식음료판매 회계를 중심으로 한 영업회계

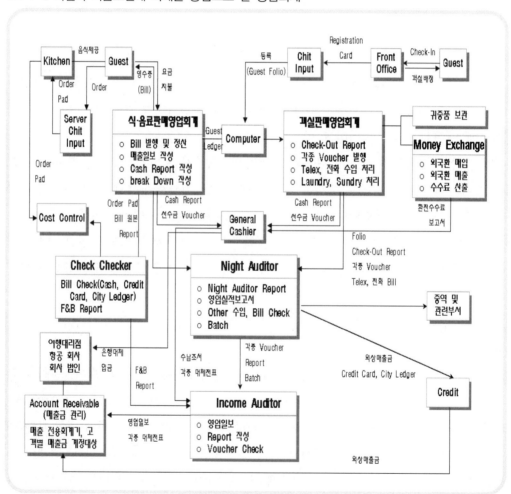

제1절 ◦ 판매 전 영업회계(객실예약)

　판매 전 영업회계란 고객이 호텔과 거래를 맺기 시작하는 객실예약(Room Re-servation)으로부터 Front Office에서 등록하는 시점(Check-In)까지를 말한다.

　예약(Reservation)이란 장차 본 계약을 체결할 것을 약속하는 계약이다. 예약은 일정한 계약을 체결해야 할 채무, 즉 본 계약의 성립에 필요한 의사표시를 해야 할 채무를 발생하게 하는 계약이므로 그 자체는 언제나 채권계약이다. 그러나 본 계약이 불능·불법한 내용의 것이어서 무효인 때는 그 예약도 무효이다.

　호텔객실 예약은 객실사용을 약속하는 계약으로 호텔의 객실제품은 타 제품과는 달리 예약을 거치지 않고는 거의 판매가 불가능하다. 왜냐하면 일반제품의 경우 대개가 직접 그 제품을 보고 거래가 성립되지만, 호텔의 제품 중 객실의 경우에는 신용과 편리한 시설, 훌륭한 인적 서비스 등을 바탕으로 예약에 의해 판매되기 때문이다. 그러므로 호텔의 객실예약은 고객과 호텔 사이에 이루어지는 중요한 첫 번째 접촉이며 거래의 예비단계라고 할 수 있다.

　예약은 호텔을 찾아오는 고객들의 인원을 효율적으로 조절하여 수입을 극대화시키는 일이며, 고객이 호텔에 도착하자마자 객실에 대한 보장을 확신시키는 일이다. 그러므로 호텔에서는 최대의 수익을 올리기 위해서는 객실판매에 많은 관심을 기울여 고객에게 최대의 만족감을 고취시켜야 할 것이다.

　호텔의 예약부서는 객실을 배정하고 고객에 대한 개인기록표를 작성하는 업무를 주로 하고 있지만, 모든 호텔예약부서의 목표는 동일하다고 할 수 있다. 따라서 객실판매 영업회계와 관련된 고객의 순환과정을 고객 서비스 및 회계과정과 연계하여 살펴보면 다음과 같이 설명할 수 있다.

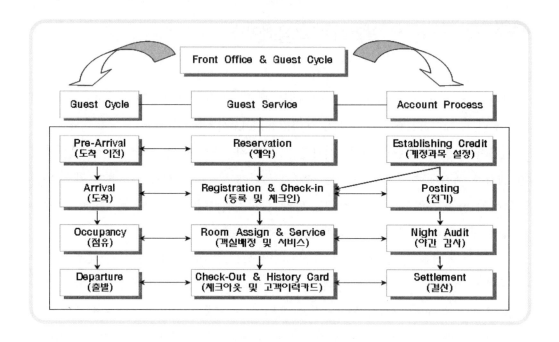

1. Reservation Clerk(예약종업원)의 필수사항

(1) 제품분석(Product Analysis)

　제품분석은 종업원 자신이 근무하고 있는 호텔객실의 형태, 침대구조뿐만 아니라 객실의 규모, 위치, 객실의 비품, 실내장식, 요금 등에 관하여 정확하고도 새로운 사항을 파악하고 있어야 되며 수시로 순회할 필요가 있다. 특히 수리를 마친 객실에 대해서는 반드시 돌아보고 확실한 파악을 해두어야 언제든지 고객으로부터 자신 있게 예약을 받을 수 있다. 그 외에도 호텔에 대한 전반적인 각종 영업안내 및 시설 등에 관한 질문을 받았을 때 주저 없이 응답할 수 있도록 자신의 호텔에 관한 제반 Information을 숙지하고 있어야 한다.

(2) 경쟁자 제품분석(Competitor Product Analysis)

　경쟁자 제품분석은 현재 국내의 호텔기업 시장도 보다 우수한 고객유치를 위해 비슷한 규모, 시설 및 서비스를 갖춘 호텔들 간에 치열한 경쟁관계에 놓여 있다. 따라서 고객 스스로가 제품의 우월을 판단할 수 있도록 경쟁 호텔의 객실 및 부대시설의 내용에 관해서도 숙지하고 있다가 만약에 고객이 다른 호텔객실과 비교해서 말할 때는 장단점을 설명할 줄 알아야 될 것이다. 특히 경쟁 호텔에 비해 자사 호텔의 장점을 부각시킬 수 있는 자료를 숙지하여야 한다.

(3) 일반 관광에 관한 정보

고객의 여행스케줄이 정해지면 최초로 신경을 써야 할 것이 객실예약이므로 예약접수 과정에서 고객이 일반 관광에 관해 문의할 경우에는 호텔에 관한 정보는 말할 것도 없고 정치, 경제, 사회, 문화에 걸쳐 다음과 같은 다양한 정보를 제공할 수 있는 능력이 있어야만 한다.

첫째, 도시 및 지역사회에 관한 정보(인구, 상공회의소, 학교, 병원, 은행, 교회 등)

둘째, 인근지역에 관한 정보(주변관광지, 명소, 소요시간, 도로사정, 교통수단 등)

셋째, 국가에 관련된 소개(정치, 경제, 사회, 문화, 교육, 관습 등)

(4) 객실예약 취급상의 일반원칙

첫째, 고객이 요청한 예약은 현관책임자(Front Office Manager) 혹은 예약취급 책임자(Reservation Manager)에 의하여 수락 또는 거부되어야 한다.

둘째, 수락 또는 거부의 결정은 반드시 예약 신청자에게 통보하여야 한다.

셋째, 예약책임자에 의하여 결정되어 고객에게 통지된 확약 상태를 Reservation Clerk은 객실을 직접 판매하는 Front Office의 Room Clerk에게 정확하게 전달하여야 한다.

넷째, 다음 사항의 수행을 위하여 예약취급과 기록유지가 제도화되어야 한다. 그러기 위해서는 이미 접수된 예약을 조정하고 오차를 최소화해야 하며, 모든 예약 요청에 대하여 최대한의 적절한 객실 확보가 중요하며, 초과예약(Over-Booking)의 조정에 제도적 절차의 마련이 필요하다.

2. 객실예약 신청경로(Route of Reservation Request)

객실예약의 신청접수는 최종적으로 Reservation Dept.에서 집계하고 통제된다. 따라서 객실예약의 신청경로를 살펴보면 첫째, 고객 자신이 직접 예약하는 경우(Direct Booking), 둘째, 여행사를 통하는 예약하는 경우(Travel Agent), 셋째, 회사의 여행사업부를 통하여 예약하는 경우(Company Travel Department), 넷째, 호텔 판매 대리점을 통하여 예약하는 경우(Hotel Representative), 다섯째, 항공사를 통하여 예약하는 경우(Airline Company), 여섯째, 여객 선박회사를 통하여 예약하는 경우(Steamship Company), 일곱째, 렌터카 회사를 통하여 예약하는 경우(Car Rental Agency) 등이 있다. 따라서 이와 같은 신청경로를 통한 당일 이전의 모든 예약의 접수는 예약부서에서 통제되고 있지만 당일예약(Today's Reservation, Daily Pick-Up Guest) 및 Walk-In Guest의 예약접수는 Front Office에서 관리되고 통제된다.

다음은 호텔 객실예약의 순환과정을 [표 4-2]와 같이 도식화 할 수 있다.

[표 4-2] 객실예약의 순환도표

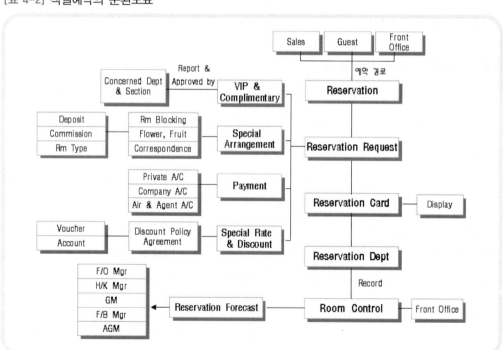

3. 객실예약의 접수

객실예약접수란 호텔에 있어서 고객의 주문에 의한 객실을 비롯하여 제반 상품을 판매하기 위한 제약행위이며 이로써 고객은 숙박기간 내에 이에 준하여 머무르게 된다. 예약의 접수는 신속, 정확, 간단하여야 한다.

[표 4-3] Room Forecasting

Koreana Hotel

ROOM FORECASTING

Start Date : 2008-07-24-2008-08-02   Printed date : Jul 24 2008 01:41

Date / Day 08.07.24 - 08.08.02	24/Thu Rooms	25/Fri Rooms	26/Sat Rooms	27/Sun Rooms	28/Mon Rooms	29/Tue Rooms	30/Wed Rooms	31/Thu Rooms	01/Fri Rooms	02/Sat Rooms	Total Rooms
Total Rooms	337	337	337	337	337	337	337	337	337	337	
Out of Order	-	-	-	-	-	-	-	-	-	-	
House Use	-	-	-	-	-	-	-	-	-	-	
Available for Sale	337	337	337	337	337	337	337	337	337	337	
Stay Over F.I.T	185	178	161	146	147	173	167	151	144	147	
Group	104	82	178	186	76	78	86	67	75	109	
Total	289	260	339	332	223	251	253	218	219	256	
Exp. Arr F.I.T	59	66	41	74	61	60	55	54	43	29	
Group	34	144	49	30	29	43	40	35	91	57	
Total	93	210	90	104	90	103	95	89	134	86	
Exp. Dep F.I.T	66	83	56	73	35	66	71	61	40	76	
Group	56	48	41	140	27	35	59	27	57	25	
Total	122	131	97	213	62	101	130	88	97	101	
Exp.Sold Room	260	339	332	223	251	253	218	218	256	241	2,592
Exp. Occ(%)	77.2	100.6	98.5	66.2	74.5	75.1	64.7	65.0	76.0	71.5	76.9
Room Revenue	23,211,506	25,725,133	23,992,037	19,131,614	21,751,861	21,103,389	18,070,559	16,775,838	20,354,662	17,354,390	207,470,989
Avg Room Rate	89,275	75,885	72,265	85,792	86,661	83,413	82,892	76,602	79,510	72,010	80,043

Room Type Segment	Rms	Ava	Rms	Ava	Rms	Ava	Rms	Ava	Rms	Ava	Rms	Ava	Rms	Ava	Rms	Ava	Rms	Ava	Rms	Ava
STD (26)	15	11	9	17	7	19	6	20	20	6	24	2	34	-8	30	-4	27	-1	14	12
STT (42)	13	29	15	27	4	38	12	30	11	31	7	35	5	37	8	34	11	31	5	37
SPT (109)	59	50	39	70	32	77	25	84	45	64	37	72	29	80	39	70	48	61	35	74
BZD (29)	23	6	17	12	24	5	9	20	15	14	19	10	14	15	8	21	10	19	10	19
BZT (58)	43	15	30	28	29	29	16	42	10	48	9	49	4	54	4	54	6	52	5	53
EFQ (30)	6	24	8	22	6	24	2	28	6	24	7	23	7	23	-	30	1	29	-	-
EFT (32)	5	27	5	27	3	29	2	30	2	30	2	30	1	31	1	31	1	31	1	31
EFK (5)	3	2	1	4	-	5	1	4	1	4	-	5	2	3	-	5	-	5	-	5
RVS (2)	-	2	-	2	-	2	-	2	-	2	-	2	-	2	-	2	-	2	-	2
IPS (1)	-	1	-	1	-	1	-	1	-	1	-	1	-	1	-	1	-	-	-	-
OND (3)	-	3	-	3	-	3	1	2	1	2	1	2	-	3	-	3	1	2	-	3

Market Segment	Rms	(%)	Rms	(%)	Rms	(%)	Rms	(%)	Rms	(%)	Rms	(%)	Rms	(%)	Rms	(%)	Rms	(%)	Rms	(%)
Travel-GROUP	82	31.5	178	52.5	186	56.0	76	34.1	78	31.1	86	34.0	67	30.7	75	34.2	109	42.6	141	58.5
Travel-Individual	63	24.2	60	17.7	72	21.7	71	31.8	81	32.3	72	28.5	72	33.0	78	35.6	77	30.1	52	21.6
Corporate Group	-	-	-	-	-	-	-	-	-	-	-	-	-	-	-	-	-	-	-	-
Corporate Individu	89	34.2	78	23.0	57	17.2	45	20.2	50	19.9	56	22.1	41	18.8	33	15.1	30	11.7	19	7.9
Family Margic(V.I.	-	-	-	-	-	-	-	-	1	0.4	-	-	-	-	-	-	-	-	-	-
Government Group	-	-	-	-	-	-	15	6.7	17	6.8	18	7.1	18	8.3	12	5.5	8	3.1	-	-
Government Individ	-	-	-	-	-	-	-	-	1	0.4	-	-	-	-	-	-	-	-	-	-
Global Distributio	23	8.8	20	5.9	15	4.5	13	5.8	22	8.8	18	7.1	19	8.7	20	9.1	27	10.5	25	10.4
Web-Internet	3	1.2	3	0.9	2	0.6	2	0.9	2	0.8	3	1.2	1	0.5	-	-	4	1.6	4	1.7
Airline Total	-	-	-	-	-	-	-	-	-	-	-	-	-	-	-	-	-	-	-	-
Airport Tele Guide	-	-	-	-	-	-	-	-	-	-	-	-	-	-	1	0.5	1	0.4	-	-
Embassy Group	-	-	-	-	-	-	-	-	-	-	-	-	-	-	-	-	-	-	-	-
Embassy Individual	-	-	-	-	-	-	-	-	-	-	-	-	-	-	-	-	-	-	-	-
Religious Group	-	-	-	-	-	-	-	-	-	-	-	-	-	-	-	-	-	-	-	-
Religious Individu	-	-	-	-	-	-	-	-	-	-	-	-	-	-	-	-	-	-	-	-

Source Segment	Rms	(%)	Rms	(%)	Rms	(%)	Rms	(%)	Rms	(%)	Rms	(%)	Rms	(%)	Rms	(%)	Rms	(%)	Rms	(%)
Airlines	-	-	-	-	-	-	-	-	-	-	-	-	-	-	-	-	-	-	-	-
Walk-In Guest	4	1.5	1	0.3	-	-	-	-	-	-	-	-	-	-	-	-	-	-	-	-
Employee Referral	-	-	-	-	-	-	-	-	-	-	-	-	-	-	-	-	-	-	-	-
Advertising	-	-	-	-	-	-	-	-	-	-	-	-	-	-	-	-	-	-	-	-
Call in	169	65.0	256	75.5	245	73.8	139	62.3	143	57.0	163	64.4	126	57.8	121	55.3	148	57.8	160	66.4
E-Mail	4	1.5	3	0.9	2	0.6	2	0.9	2	0.8	2	0.8	-	-	-	-	4	1.6	4	1.7
Hotel Fax	83	31.9	79	23.3	85	25.6	82	36.8	106	42.2	88	34.8	92	42.2	98	44.7	104	40.6	77	32.0
Internet	-	-	-	-	-	-	-	-	-	-	-	-	-	-	-	-	-	-	-	-
In House Booking	-	-	-	-	-	-	-	-	-	-	-	-	-	-	-	-	-	-	-	-
Hotel Sales Office	-	-	-	-	-	-	-	-	-	-	-	-	-	-	-	-	-	-	-	-
Phone-Travel Agent	-	-	-	-	-	-	-	-	-	-	-	-	-	-	-	-	-	-	-	-

여기에 더욱 중요한 것은 예약담당자가 예약카드에 해당고객이 호텔에 머무르는 동안에 만족할 수 있도록 하는 정확한 접수에 의한 내용을 기록하여야 한다는 것이다.

호텔에는 각양각색의 고객들이 사고방식과 여행형태, 국적이 다른 고객들이라 예약카드의 기재사항은 일률적이며 간단한 방식으로 처리되어지나 까다로운 고객이나 VIP, 신혼여행객이나 축하하여야 할 고객, 또한 특별한 주문(Request) 서비스를 원하는 사람 등 여러 고객들이 있기 때문에 의외로 고객에 따라 많은 정보를 통하여 필요한 기록이 보강되어야 한다.

고객으로부터 객실예약 신청을 받았을 때 우선 Arrival Date 및 Departure Date, Type of Room을 물어 Control Board Reservation Forecast를 한 후 제공 가능 여부를 확인한다.

객실예약이 불가능할 경우에는 고객이 불쾌감을 느끼지 않도록 친절하게 예약을 받을 수 없는 상황을 설명하고, 예약이 가능할 경우 다음과 같은 순서로 예약양식을 작성한다.

[표 4-4] Forecasting Report

7-Days Forecasting

Forecasting Snapshot Report

Booking Date: Sunday, September 1, 2002
Starting Date: 9/8/2002
Ending Date: 9/14/2002

As of 9/1/2002, Reservations Booked for following Dates

	Forecasted Arrivals	Forecasted Departures	Forecasted Stayovers	Forecasted Rooms Occ	Forecasted Revneue	Forecasted Avg. Rate	Forecasted Occ %
Sunday, September 08, 2002	19	22	68	87	$7,594.00	$87.29	62%
Monday, September 09, 2002	16	7	80	96	$8,089.00	$84.26	69%
Tuesday, September 10, 2002	4	5	91	95	$8,523.00	$89.72	68%
Wednesday, September 11, 2002	5	6	89	94	$8,523.00	$90.67	67%
Thursday, September 12, 2002	10	41	53	63	$2,768.00	$43.94	45%
Friday, September 13, 2002	4	4	59	63	$2,768.00	$43.94	45%
Saturday, September 14, 2002	16	12	51	67	$2,768.00	$41.31	48%
Reservations Booked on: Sunday, September 1, 2002	74	97	491	565	$41,033.00	$72.62	58%

① 투숙자명과 인원수 및 국적

② 도착예정일 및 도착시간

③ 투숙객이 이용하는 교통수단명

④ 출발예정일

⑤ 희망객실의 종류와 객실 수

⑥ 객실요금

⑦ 예약자명, 회사명, 연락처(전화·주소)

⑧ 지급방법(Guest pay, Company pay, Travel Agent pay, Air Line pay 등)

⑨ 외국인의 경우 여권번호(내국인의 경우 주민등록번호)

4. 신용카드(Credit Card) 보증예약(Guaranteed Reservation)

객실예약부서에 전화로 예약을 한 후 투숙하지 않더라도 고객에게 위약금(Cancellation Charge)을 요구하지 않을 뿐만 아니라, 예약에 대한 보장도 해주지 않는 등의 불합리한 예약관행을 개선하기 위해 신용카드를 사용해 예약을 하되, 이를 지키지 않을 경우에는 위약금을 물도록 하는 지침이 마련되어 1994년 7월 1일부터 전국의 특2등급 이상 호텔에서 신용카드 예약제도가 실시되고 있다.

따라서 신용카드를 사용해 예약을 해 놓고도 투숙하지 않을 경우에는 최고 객실요금의 80%까지 위약금을 지급하게 되며, 또 신용카드로 예약보장을 받아 놓고 이를 지키지 못한 호텔은 동급의 다른 호텔에 객실을 제공하여 주고 객실요금의 200%를 고객에게 지급하여야 한다.

고객이 예약을 하고 호텔에 나타나지 않는 경우로는 두 가지를 생각해 볼 수 있다.

첫째, 고객의 사정에 의해서 호텔에 연락을 취하고 나타나지 않는 경우(CXL),

둘째, 아무런 연락 없이 호텔에 나타나지 않는 경우(No-Show)가 있다. 이와 같이 신용카드 예약고객이 Cancel or No-Show로 인하여 해약을 할 경우 이 지침에 따르면 FIT 예약고객이 하루 전에 해약할 경우 객실요금의 20%를 지불하여야 하고, 숙박당일 오후 6시 이전에 해약할 경우에는 숙박요금의 50%를 지급, 오후 6시 이후의 해약을 포함해 투숙하지 않을 경우(No-Show)에는 숙박요금의 80%를 각각 지급해야 한다.

또 15인 이상 단체고객(Group)의 경우도 2일 전에 해약할 경우에는 숙박요금의 10%를 지급하여야 하며, 하루 전 해약은 숙박요금의 20%를 지급, 숙박 당일 해약은 숙박요금의 30%를 지급, 2박 예약의 경우는 40%를 각각 위약금으로 지급해야 한다.

[표 4-5] Hotel Guarantee Booking Form

CANTONFAIR Canton Fair Travel	**Hotel Guarantee Booking Form** 展途商務					
BookingID			Tel: +86-20- 38771554 Fax: +86-20-38771577 Email: rsvn@cantonfair.tv			
Hotel Name				**Country**		
Guest Name	**Check-in Date**	**Check-out Date**	**No. of Guest**	**No. of Room**	**Room Type**	**Price /night(RMB)**
Special Request						
Credit Card Information						
Card Type				**Expiry Date**		
Credit Card No.						
Card Owner Name						
Declaration	All credit card details will never be exposed to anyone else except the hotel					
Guarantee Booking Agreement						
I understand and agree that during Canton Fair period (between 14th-30th in April & October), one night room fee penalty will be billed to my card for any no show, cancellation or amendment thats notified less than 14 days before arrival date.						
Credit Card Hold's Signature						

Note: In order to make a successful guarantee booking, please fax this form and your Credit Card copy (front and back) to this number: +86-20-38771577 , please make sure the card numbers, card owner name, expiry date and the signature in the credit card copy are clear, If the copy is not clear enough, please scan or take a digital photo of the Credit Card (Front and Back) and email to us: rsvn@cantonfair.tv

[표 4-6] Cancelation & No Show Policy

5. 예약보장제도

호텔예약부서에서는 고객에게 예약을 확실하게 보장시켜 주기 위해서 보장될 예약
의 유형에 따라 다음과 같은 내용을 고객으로부터 받지 않으면 안 된다.

첫째, 고객의 신용카드 회사이름, 카드번호, 만료일자를 확인하고 카드 신용조회를
통해 카드가 유효한지를 확인하여야 한다. 최근에는 자동시스템에 의해 호텔 자체 내
에서 즉시 확인할 수 있으며 이러한 조회는 컴퓨터에 의해서도 바로 식별할 수 있다.

둘째, 호텔에서 요구하는 날짜 이전에 고객의 예약을 보장받기 위해서 사전에 예약
금(Deposit)을 입금시키도록 한다. 이때 주의하여야 할 것은 예약금이 정확한 날짜와 정확
한 액수로 입금되었는지 확인하여 그렇지 못할 경우에는 예약이 취소될 수 있다. 이 예약
금을 다른 말로 선수금이라고도 부르는데, 이는 호텔기업이 객실이나 식음료를 판매하기
로 약정하고 거래대금의 일부를 미리 받는 경우에 나타나는 채무이다. 이러한 선수금은
계약에 따른 일반적 상거래의 이행을 보다 확실히 하기 위해 미리 받는 금액이다.

선수금 수령 시는 선수금계정의 대변에 기입하고 추후 객실이나 식음료를 제공한
시점에서 선수금계정의 차변과 매출계정의 대변에 기입하여 선수금을 소멸시킨다.

[표 4-7] Advance Deposit Voucher

ADVANCE DEPOSIT RECORD

Guest. Name	Date of Stay
Agent/Others	
Address	Deposit ₩ $
City & State	Payment ₩ $
	☐ Check ☐ Cash ☐ Coupon
Rec'd by Date	Date of Check/Coupon
	Check/Coupon No.

* Advance Deposit Record는 고객용, 예약실 보관용, 영업회계용, 경리부용 4매

셋째, 호텔과 상호 거래관계가 있는 여행사나 일반회사에서는 상호 거래를 위한 은행계좌가 필요하기 때문에 원활하게 업무협조가 이루어지기 위해서 호텔 측에서는 계좌번호를 알려준다.

넷째, 고객이 호텔에 투숙하기 위해서 전표(Voucher)를 갖고 오는 경우가 많다. 이때 Front Office 직원은 전표에 의해 예약된 날짜에 맞추어서 고객이 Check-In을 했는지 확인하고 기간이 지난 경우에는 무효처리할 수 있다. 따라서 Front Office 종업원은 항상 신경을 써서 모든 기록내용을 상세히 확인하여 고객과 호텔 측에 마찰이 발생하지 않도록 노력해야 한다. 위에서 설명한 내용을 확인한 뒤에 호텔에서는 고객에게 소위 말하는 "예약보장보호"를 제공하여 줄 수가 있다. 자동화된 시스템에서는 이러한 예약이 보장된 번호가 컴퓨터 시스템에 저장되어 일종의 참고자료로써 활용된다. 일단 예약을 고객에게 보장시켜 주고 난 뒤에 예약종업원은 비로소 고객과 실질적으로 계약이 되었다고 확신을 가질 수가 있다. 이 경우 현명한 고객은 예약이 언제까지 유효한 지를 인

지하고 있어야 한다.

만약 고객이 사전에 통보 없이 스스로 예약을 취소했다면 그에 상응하는 위약금을 물어야 하고, 사전에 예치된 금액이 소멸될 수도 있다. 또한 사전에 통보하였다 하더라도 호텔 측에서는 고객과의 상호 약정된 규약에 따라 그에 상응하는 조치를 취할 수가 있다.

[표 4-8] Hotel Reservation Voucher

예약 보증으로 고객이 호텔 이용 시 Voucher 처리의 실례를 살펴보면 첫째, [표 4-8]은 Hotel Reservation Voucher로 상기 Voucher는 Travel Agent에서 발행하여 1매는 고객에게 주어 호텔 Front Office에 도착 시 제시하도록 되어 있다. 이 Voucher는 보통 2매를 호텔에 보내는데, 예약실에서 이 전표를 접수하게 되면 Voucher Record Book에 기록한 후 1매를 예약카드와 함께 Front Office로 넘겨주면 Front Office에서는 고객이 제시한 전표와 확인 대조한 후 고객으로부터 Voucher를 인수받아 예약실에서 넘어온 전표와 함께 Front Office Cashier로 넘긴다. Front Office Cashier에서는 고객의 등록카드와 함께 Folio Box에 보관하고, 고객의 계정에 기록한다.

둘째, Hotel Reservation Voucher에 Agent Payment가 되어 있지 않을 경우는 단지 예약 확인서에 불과하므로 Commission 처리와 동일하게 처리하면 된다. 즉 고객이 호텔에 도착하여 Check-In 시 객실을 제공해 주고 전표(Voucher)에 기재된 요금을 고객이 지급하게 된다. 아울러 호텔에서는 예약을 한 여행사나 대리점에게 계약된 Commission을 지급하면 된다. [표 4-9]는 Commission Report의 예이다.

[표 4-9] Commission Report

ASI BEACH HOTEL

123 Main Street, Tracy, California, 24232, USA

Phone: (209) 830 - 1484; Fax: (209) 830 - 0059; E-mail: info@anandsystems.com; URL: www.anandsystems.com

Business Source Commission Report For All Sources From 10/1/2004 To 10/13/2004

Agent	Room	Guest Name	Checkin Date	Checkout Date	Rent	Occu. Tax	Other Charges	Amount Paid	Commi. Amt.
Dream Lands	111	BROWN CAROL	10/05/2004	10/11/2004	420.00	7.00	107.10	534.10	26.70
				Total					26.70
Expedia	118	VAM CHRIS	10/05/2004	10/11/2004	180.00	0.00	87.10	336.00	26.71
				Total					26.71
George Expedia	108	MORRIS TIM	10/04/2004	10/09/2004	103.00	0.00	30.00	133.00	6.65
				Total					6.65
World Tours	200	MCNEILL RONDELL	10/03/2004	10/17/2004	770.00	0.00	42.10	150.00	40.60
				Total					40.60
Grand Total :									100.67

제2절 ⟶ 판매시점 영업회계(Check-In)

판매시점 영업회계란 고객이 호텔에 도착하여 투숙에 따른 등록카드를 기록하여 접수한 후 지정된 객실로 안내되고, Guest Folio(고객원장)가 개설되는 Check-In을 말한다.

Front Office의 Room Clerk은 예약사무원(Reservation Clerk)으로부터 전일 업무 마감 후 투숙예정인 고객의 예약카드를 인수받는다. 고객의 성명을 알파벳 순으로 분류하여 모든 준비를 갖추고 있다가 고객이 도착하면 예약유무를 묻고 예약된 고객에게 예약내용을 확인시킨 후, 등록카드(Registration Card)를 작성케 한 후 지정된 객실로 안내한다. 고객이 신속한 수속을 할 수 있도록 하기 위하여 예약된 고객의 등록카드는 서명할 부분만 남겨 놓고 미리 작성하여 둘 필요가 있다.

[표 4-10] Registration Card Form

이와 같이 Front Office의 Room Clerk이 객실배정(Room Assignment)을 미리 하는 목적은 개개의 예약에 대해서 객실을 할당하는 것이며, 당일 예약된 고객이 도착하기 이전에 객실을 준비하여 도착 시 객실배정에 따른 시간을 단축시킴으로써 효율적인 업무를 수행함에 있다.

Front Office의 Room Clerk이 Room Assignment의 방법을 살펴보면 첫째, 예약된 고객의 객실타입 선정 및 확인, 둘째, 예약카드에 객실번호 기입, 셋째, 객실청소가 완전히 끝나지 않은 경우에 객실을 사전에 배정할 때는 예약카드의 객실번호란에 "미정비(未整備)"로 표시하고 컴퓨터를 이용하여 객실정비부서에 Push to Clean 신호를 보낸다. 가능하면 오전 중 Housekeeping의 Room Maid가 객실을 청소하러 갈 때 요청하면 좋다.

Front Office의 Room Clerk이 Room Assignment의 순서를 살펴보면 첫째, Room Block이 되어 있는 예약, 둘째, VIP의 객실예약, 셋째, 단체고객(Group), 넷째, 일찍 도착하는 고객(Early Arrival Guest), 다섯째, 호텔을 자주 이용하여 Front Office의 Room Clerk이 사전에 고객의 객실이용 타입을 인지하고 있는 경우, 여섯째, 기타 고객이 사전에 전화를 하거나 예약 시에 원하는 경우 순으로 객실배정에 임한다.

[표 4-11] Block Room Report

ASI Beach Hotel

123 Main Street, Tracy, California, 24232, United States
Phone: (209) 830 - 1484; Fax: (209) 830 - 0593; E-mail: info@anandsystems.com

Block Room Report For : 18/03/2003

Block Room	Reason
11	Maintainance
15	Recarpeting Work Under Progress
3	Electricity Work Under Progress
MS1	Guest of the Manager

Printed Date : **27/03/03**
Printed By : **Admin**

예약 없이 투숙하는 고객(Walk-In Guest)은 객실 사정이 허락되면 체재기간, 객실요금 및 지급방법 등을 확인한 후 Front Office에서 등록카드를 고객이 직접 기입하도록 하여 통상적으로 1박 객실요금의 1.5~2배의 선수금(Advance Money)을 받거나 신용카드(Credit)를 Imprint하여 서명하도록 한다. 신용카드를 Imprint하였을 경우 Approval Code(승인번호)를 받아 Black List(거래중지자 명단)의 유무를 확인할 필요가 있다. 단체(Group) 투숙 시에는 안내원(Guide)으로부터 고객명단과 인솔자(Tour Leader)의 등록카드를 받고 객실번호, 객실 종류, 단체식사 유무와 식사의 종류, 객실료 및 조식요금의 지급조건을 확인한다.

[표 4-12] Actual Arrival List

Actual Arrival List

Koreana HotelCur_   Date : 2008-07-23

Rm_ty	Guest Name	Country	Std_Rate	ARR_Date	DC	Act_Rate	Dep_Date	#Gst	Vip	Folio#	Clk
STT	KARIYAZAKI SATOM	JPN	172,000	2008-07-23	66	60,000	2008-07-26	2		0355978	PK
STT	YAMAMURO FUJIMI	JPN	172,000	2008-07-23	66	60,000	2008-07-25	1		0357098	SH
STT	TAKAHASHI SUSUMU	JPN	172,000	2008-07-23	66	60,000	2008-07-26	1		0360453	SH
EFQ	KANEKO HIROSHI	JPN	350,000	2008-07-23	52	170,000	2008-07-27	1	V	0359267	SH
EFQ	USA YOSHIO	JPN	350,000	2008-07-23	52	170,000	2008-07-25	1	V	0360569	SH
BZT	이 원 태	KOR	285,000	2008-07-23	48	150.000	2008-07-24	1		0354740	SPK
BZT	MOON IN HEE	USA	285,000	2008-07-23	48	150.000	2008-07-26	2		0359706	PK
BZT	LEE HYEON TAE	JPN	285,000	2008-07-23	48	150.000	2008-07-27	2	V	0358184	PK
EFK	CHIBA SHINICHI	JPN	350,000	2008-07-23	52	170,000	2008-07-27	2	V	0360365	PK
EFK	KODAIRA YUKO	JPN	350,000	2008-07-23	52	170,000	2008-07-27	2		0357098	PK
EFK	KOBAYASHI MASAYO	JPN	350,000	2008-07-23	52	170,000	2008-07-26	2		0358185	PK
EFK	SUGIMOTO MIROKI	JPN	350,000	2008-07-23	52	170,000	2008-07-25	1		0360572	SH

이상과 같이 작성된 등록카드는 호텔 측에서 고객에게 요금을 청구하는 자료로써 사용되며, 일단 고객이 등록카드 위에 등록사항을 전부 기재하였다 할지라도 Front Office의 Room Clerk은 다시 한 번 고객의 등록카드를 확인하여 고객의 정확한 이름, 주소, 전화번호, 예상출발날짜와 함께 일행으로 온 고객 인원수, 객실요금 지급방법 등을 상세히 적어 호텔 측에서 정보의 자료와 요금청구 시에 사용되도록 한다.

[표 4-13] Front Office Flow Chart

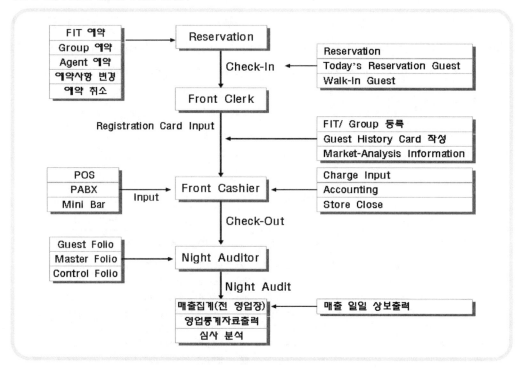

1. 고객원장(Guest Folio)의 개요

고객이 Check-In과 동시에 호텔에서는 고객원장(Guest Folio, 고객의 계산서, Guest Bill)이 만들어진다. 고객원장에는 고객이 Check-Out할 때까지 호텔에서 체류하는 동안에 고객에 의하여 발생되는 요금을 기록하는 것이라고 설명할 수가 있다.

고객원장에 기재되는 정보는 수작업에 의해 만들어진 원장과 호텔전용회계기(NCR42) 또는 컴퓨터에 의해 만들어진 원장 등이 있으며, 원장기입에 대한 형태와 방법에 있어서 서로 다르다고 할 수 있다. [표 4-14]의 Guest Folio는 수작업에 의해 만들어진 고객회계 시스템이다. 이 수작업에 의한 고객의 원장(Hand Written Guest Folio)은 채권·채무의 증감 발생액을 가감형식으로 1란에 거래발생 순서에 따라 단식부기의 양식을 채택하고 있음을 알 수 있다.

[표 4-14] Hand Written Guest Folio Form

Guest Folio(Hand Written)

Name _____   Acct. No. _____
Room _____ Rate _____   Arrival Date _____

DATE										
Balance Fwd.										
Room										
Sales Tax										
Restaurant										
Bar										
Local										
Long Distance										
Telegrams										
Landry-Valet										
Cash Disburse										
Transfer										
TOTAL										
Less : Cash										
: Allowances										
: Transfer										
Carried Fwd.										

61/1, 1-Ga, Taepyung-Ro, Choong-Ku, Seoul, Korea
Tel : (02)2171-7000
(주)코리아나호텔
사업자등록번호 : 104-81-25812
주소 : 서울특별시 중구 태평로 1가 61/1   Customer Signature _____
대표이사 : 방 용 훈

[표 4-15]와 [표 4-16]은 컴퓨터용(Computer Account System)과 Posting의 시스템(Hotel Machine System)에 의한 방법으로 복식부기 양식이 사용되고 있다. 이 원장에서는 각각 차변(Dr. Debit, Charge)란과 대변(Cr. Credit)란에 구분기장하고 차변-대변 잔액(Balance)을 표시해가는 복식부기 양식을 채택하고 있으므로 그에 대한 용법을 익혀 두지 않으면 안 된다.

수작업에 의해 기입한 원장이나 기계에 의해 전기된 원장은 "원장함(Guest Folios Holder, Folios Box)"에 등록카드와 함께 보관되어 있다. Hotel Machine에 의해 만들어진 고객원장(Folio)은 호텔의 필요에 따라 5~6부분으로 구성되어 있다. 이러한 것들은 Front Office Clerk에 의해 기록된 정보 랙(Room Rack)으로 사용된다. 원장의 한쪽 페이지는 고객에 대한 사본이며, 이는 고객에 대한 요금청구서나 혹은 고객이 호텔에 숙박하는 동안에 회계에 대한 기록의 역할을 하며 호텔에서 보관하고 있는 것이다.

고객이 호텔을 Check-Out할 때에는 Front Office Cashier는 고객에게 원장사본을 제공해 주고 호텔에서는 번호 순으로 만들어 원본을 보관한다.

그러나 컴퓨터화된 시스템 아래에서는 종이로 된 원장이 그렇게 많이 필요하지 않으며 비교적 단순하게 업무가 이루어질 수 있다.

만약에 어떤 고객이 예약을 했을 경우 Front Office의 Room Clerk은 이미 등록카드에 대해서 입력된 정보에 의해 객실번호와 요금을 입력시킬 수가 있다. 요금이나 신용거래는 고객이 Check-Out할 때까지 컴퓨터에 저장되어 있게 된다.

고객이 호텔을 Check-Out하고자 할 때에는 지급해야 할 내역, 즉 고객에게 부과되는 요금이 원장에서 인쇄된다. 원장이 마감되기 전에 이미 고객정산방법(Cash, Credit Card, City Ledger, 기타)이 컴퓨터에 입력되어 있다. 모든 Check-Out 원장은 나중에 목록화되어 정산방법에 의해 계산이 이루어진다. 고객원장은 일률적으로 컴퓨터 기록에 의해 이체되거나 디스크 저장장치에 수록된다.

[표 4-15] Hotel Machine Guest Folio Form

[표 4-16] 전산화된 고객원장

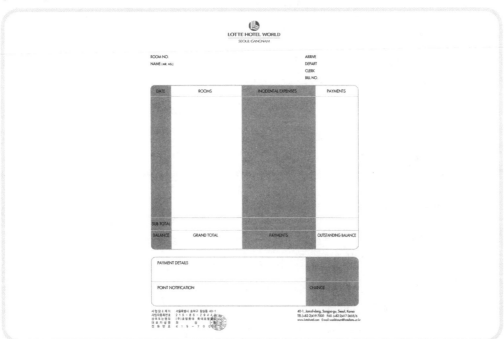

2. 고객원장(Guest Folio)의 형식

호텔에서 고객에게 제공하는 고객원장(Guest Folio)은 세금계산서의 역할을 하게 된다.

세금계산서(Tax Invoice)는 사업자가 재화 또는 용역을 공급하는 때에 부가가치세를 거래징수하고 이를 증명하기 위하여 공급받는 자에게 교부하는 세금영수증이다. 부가가치세법은 납세의무자로 등록한 사업자가 재화 또는 용역을 공급하는 때에는 거래 시기(공급 시기)에 부가가치세법 제16조의 법정사항을 기재한 세금계산서를 공급받는 자에게 교부하여야 한다고 규정하고 있다.

따라서 이 세금계산서에는 사업자가 재화 또는 용역을 공급하는데 작성·교부하는 부가가치세법 시행규칙에 의한 계산서로서 호텔에서 발행하는 고객원장에 기재해야 될 사항을 살펴보면 다음과 같다.

고객원장에 기재되어야 할 사항

① 일련번호 : 자동 부여된다.

② 객실번호(Room No.)

③ 도착일시(Arrival Date)

④ 국적(Nationality)

⑤ 지급조건(Payment Type)

⑥ 단가와 수량

⑦ 성명(Name)

⑧ 인원수(Persons)

⑨ 출발일(Departure Date)

⑩ 여권번호(Passport No.)

⑪ 공급품목

⑫ 객실요금(Room Rate)

3. 고객원장(Guest Folio)의 기입원리

고객원장에 작성되는 기입원리를 보면 수작업에 의해 계산되는 단식부기(Single Bookkeeping : 즉 일정한 원리나 원칙이 없이 상식적으로 현금이나 재화의 증감변화를 기록계산하는 방법) 기입방식과 호텔 회계기(NCR)의 회계시스템과 Computer에 의한 회계시스템에 의해 계산되는 복식부기(Double Entry Bookkeeping : 즉 일정한 원리·원칙에 따라 재산의 증감변화를 조직적으로 기록계산하는 방법) 기입방식으로 생각해 볼 수 있는데, 호텔의 객실판매영업회계를 이해하려면 호텔 회계기(NCR)의 회계시스템에 의해서 행해지고 있는 복식부기방식을 이해할 필요가 있다.

아울러 고객원장에는 매출발생의 순서에 따라 채권·채무의 증감을 복식부기의 원리에 따라 차변(Dr, Debit)란과 대변(Cr, Credit)란에 구분하여 기장하게 된다. 그러나 Computer System에서는 1란 식으로 되어 있어 차변(+)과 대변(−)이 동시에 자동적으로 기록되는 형태로 되어 있다.

고객이 호텔을 Check-Out한 후 고객원장에는 대·차변 균등원칙(Principle of Equilibrium)에 따라 항상 잔액은 Zero이어야 하며, 대·차변 기입거래 발생은 다음과 같다.

(1) 차변(Dr, Debit) 기입거래

① 매출(객실수익, 식음료수익, 부대시설 수익, 기타 수익)의 발생

첫째, 객실수익은 투숙객의 객실요금으로서 수익 중 가장 큰 비중을 차지하고 있으며, 단기체재고객과 장기체재고객으로 나누어 매출집계를 한다.

둘째, 식음료수익은 투숙객이 호텔의 식음료 영업장을 이용하고 발생시킨 요금을 Guest Ledger로 결제한 경우, POS Line을 통해 Front Office의 Guest Folio에 전기된 매출이다.

셋째, 호텔 객실을 이용하고 있는 고객이 기타 부대시설을 이용하고 발생한 요금 중 Guest Ledger로 결제하여 POS Line을 통해 Front Office의 Guest Folio에 전기된 매출이다.

넷째, 호텔 객실을 이용하고 있는 고객의 전화요금, 팩시밀리, 인터넷, Mini Bar, Tele-Movie, MISC 및 세탁요금 중 Guest Ledger로 처리되어 Front Office의 Guest Folio에 전기된 매출이다.

② 봉사료(Service Charge)[3] 및 부가가치세(VAT : Value Added Tax)의 부과

첫째, 고객에게 상품(객실, 식·음료, 기타 부대시설 및 기타 수익)을 판매함에 있어서 서비스에 대한 대가로 단가(@)의 10%를 부과하지만, 종업원의 직접적인 서비스 행위가 제공되지 않는 부문의 매출은 Service Charge가 부과되지 않는다. 즉 예를 들면, Mini Bar 요금, 세탁요금, Tele-Movie 요금, 식음료 영업장에서 서비스를 제공 받지 않고 Take-Out하였을 경우 등이다.

둘째, 부가가치세(Value Added Tax)는 단가(@)에 10%의 Service Charge를 부가한 것을 공급가액이라고 하는데, 이 공급가액에 10%를 부과한 금액을 부가가치세라 부른다. 그러나 외국관광객 유치 일환으로 "한국 방문의 해"로 지정될 경우 한시적으로 외국인들에게 객실 및 식료 요금의 단가(@) 항목의 부가가치세를 면세하여 주고 있다. 단 식료 요금을 Guest Ledger로 결제하지 않고 Cash 및 Credit Card로 직접 계산하였을 경우에는 면세혜택을 받지 못한다.

셋째, 국내 외교부장관이 발급해 준 외교관 면세카드 소지자(No-Tax Card)는 관광호텔에서 제공하는 모든 항목의 단가(@)에 대해 부가가치세를 면세 받고 있다. 단 본인이 직접 결제하지 않을 경우에는 면세 혜택을 받지 못한다.

③ 고객에게 입체금(Paid-Out)의 대출

호텔을 이용하고 있는 투숙객이 여러 가지 사정에 의하여 현금이 필요할 때 Front Office Cashier가 일정금액을 차용해 주는 경우가 있는데, 이때 해당 고객의 원장에 전기하는 계정을 말한다.

현금을 차용해 줄 경우에는 호텔이 정한 규정의 범위에서 Paid Out Voucher를 기재하고 고객의 서명을 받은 후 처리한다.

④ 타인의 매출을 자신의 Guest Folio로 이체 받는 경우

갑의 부담금을 을이 담당하므로 그 부담금을 을에게 부과하는 것으로 1102호 고객이 1103

---

3) 최근 관광호텔의 Service Charge 부과는 4~5성급 이하 호텔에서는 부과하고 있지 않으며 4~5성급 호텔에서도 웨스틴조선호텔, 호텔신라, 그랜드하얏트호텔, 밀레니엄 서울 힐튼, 호텔롯데, 더플라자호텔, 인터컨티넨탈(그랜드/코엑스)호텔, JW메리어트호텔, 리츠칼튼호텔, 임페리얼팰리스호텔 등 일부 호텔에서만 부과하고 있다.

호 객실요금을 이체 받는 경우를 말한다. 이 경우 Front Office의 Clerk은 1102호 고객으로 하여금 지급확약서에 서명을 받아 Guest Folio가 보관되어 있는 Folio Box에 철하여 둔다.

[표 4-17] 지급확약서

지급확약서 날짜 _____	PAYMENT AGREEMENT Date _____
OOO 호텔 귀하 현재 귀 호텔 _____호실에 투숙중인 _____씨의 숙박비용은 본인이 지급할 것을 서약하며, 위의 금액을 본인의 계산서에 이체해 주시기 바랍니다. 또한 숙박중이라도 귀 호텔의 중간지급요청이 있을 때에는 본인이 지급할 것을 서약합니다. 성명 _____ 객실번호 _____	Messengers Seoul Hilton International I hereby agree to settle the entire account of _____ of room _____ in your hotel and authorize you transfer the said account to my bill. I further agree to make an interim settlement of my account including the said one at your request even though I and/ or the above guest(s) am/ are still staying with you. _____ _____ Name and Signature Room No.

⑤ 고객이 Check-Out 시 선수금 및 예치금(Advance Money, Deposit) 잔액을 환급

첫째, 고객이 호텔 예약 시 맡긴 선수금 중 Check-Out 시 잔액을 돌려받을 경우, 돌려받는 금액만큼 원장의 차변에 전기하는 계정이다.

둘째, 고객이 호텔에 Check-In 시 맡긴 현금의 잔액을 Check-Out 시 돌려줄 경우 해당고객의 원장에 전기하는 계정이다.

⑥ 입체금(Paid-Out)을 신용카드로 결제 시 수수료를 부과

고객이 호텔 이용 시 Paid-Out 계정으로 차용한 금액을 Check-Out 시 Credit Card로 돌려줄 경우 호텔에서는 MISC 항목으로 일정금액의 수수료를 부과하여 해당고객의 원장에 전기하는 계정이다.

⑦ 잡수입(Miscellaneous, Sundry)

잡수입은 특정한 계정과목이 없는 경우에 처리하는 계정으로 기물파손 변상비, 객실 열쇠 및 안전금고 열쇠 분실비 등의 금액을 이 계정에 처리한다.

⑧ 기타 - 대변정정을 위한 차변기입

Transfer(이월)는 수익발생과는 무관한 것으로 이미 발생한 금액을 다른 원장으로 이동시킬 때 사용하며, 지급고객의 변경, 지급품목의 변경, 잘못된 전기(Posting) 등이 있을 때 이용한다.

(2) 대변(Cr, Credit) 기입거래

① 선수금 및 예치금(Advance Money, Deposit)의 PAID

첫째, 선수금은 선급이나 예약금을 미리 지급한 경우에 처리하는 계정이다.

둘째, 예치금은 Walk-In Guest 및 예약이 불분명한 고객들에게 Check-In 시 받는 금액의 경우에 처리하는 계정이다.

② 부과한 각종 요금을 현금으로 지급 받다.

투숙고객이 Check-Out할 때 대금의 지급을 화폐(Cash, T/C) 및 수표로 결재할 경우 사용하는 계정으로 수표를 취급할 때에는 수표취급요령과 호텔의 규정에 따라 주의하여 처리하여야 한다.

③ Check-Out 시 부과요금을 외상 또는 신용카드로 결제 받다.

첫째, 후불, 즉 외상매출(City Ledger)은 개인·기업체·여행사·항공사 등의 후불로 구분되며, 사전에 여신계약을 한 경우나 Credit Manager의 승인이 있을 경우에 이 계정에 처리한다.

둘째, 신용카드(Credit Card)는 고객신용의 일종으로 대금지급을 현금과 수표를 대신하여 결재하는 수단으로 통용되는 제3의 통화라고 할 수 있다.

셋째, 직원후불(Employee Ledger)로 대변에 기재된 항목은 내달 급여에서 소멸된다.

④ 갑의 부담금이 타인에게 부과되어 소멸

갑의 부담금을 을이 담당하므로 그 부담금을 을에게 부과하는 것으로 갑의 부담금은 소멸되는 경우이다. 즉, 1102호 고객이 1103호 객실요금을 이체 받는 경우 1103호는 객실요금이 소멸되는 것을 말한다.

⑤ 부과한 각종 요금을 접대비 대체, 에누리, 대손충당금으로 처리한다.

[표 4-18] 대손충담금 처리의 예(Bed Debts)

Main Street Hotel
123, Main Street, California, 12345, United States
Phone: 2095551212; Fax: 2095551212

Amount Paid Detail

Guest Name : STEVAN THOMAS

Date	Payment By	Card No.	Amount
05/05/2003	Cash		50.00
05/05/2003	Visa		160.00
05/05/2003	Bad Debts		4.00
Total :			**214.00**

Printed Date : **05/06/2003**
Printed By : **Admin**

⑥ 기타 - 차변정정을 위한 대변기입(Correction, Allowance)

호텔의 모든 수입은 1일 마감체계(당일결산)로 처리되는데, Allowance는 마감이 완료된 수입의 잘못된 금액을 조정할 경우에 사용하는 계정으로 매출조정전표(Allowance Voucher)를 작성하여 사용한다.

[표 4-19] Guest Folio 계정 기입원리

(차 변 : Dr)	(대 변 : Cr)
자산의 증가	부채의 증가
Ⅰ. 객실 매출 1) 객실요금 단가(@) 2) 봉사료(Service Charge) 3) 부가가치세(VAT) Ⅱ. 식음료 및 기타 부대시설 매출 1) 식음료 요금(F&B Guest Ledger) 2) 전화요금(Telephone Charge) 3) Mini Bar Charge 4) Laundry Charge 5) Tele-Movie Charge 6) MISC, Sundry 7) 기타 부대시설 매출(Other Guest Charge) Ⅲ. 입체금(Paid-Out) 부채의 감소 Ⅰ. 환불금(Refund) 1) Advance Deposit의 환불(Refund) 2) Paid-Out(Credit Card Commission)	Ⅰ. 선수금 1) Advance Deposit 자산의 감소 Ⅰ. Paid 1) Cash Paid 2) Credit Card 3) City Ledger 4) Employee Ledger Ⅱ. 외상매출금 취소 1) Void 2) Correction 손실의 발생 Ⅰ. 매출액 차감조정(Allowance)

4. 전표(Voucher)의 발행

고객원장(Guest Folio)상의 수정사항이 발생되는 경우는 전표(Voucher)에 의거 부서장(Manager)의 결재를 얻어서 집행하고 사후관리의 근거로 삼는다.

(1) Allowance : 전일 매출액 사후 조정(Rebate)

Allowance 계정은 판매시점에서 발견되지 못하고 그 이후 조정의 요금에서 조건의 변경 등으로 인하여 수익의 과대징수나 할인 등이 발견되었을 때 조정하는 계정이며, 호텔 판매촉진이나 접대 등으로 인한 과거의 수익도 이 계정으로 대체된다.

만일 당일 매출계정에서 적용된다면 당일 매출 발생분의 정확한 계상이 안 될 뿐만 아니라 소급매출조정의 의미를 상실하게 되는 것이다. 그러므로 Allowance(Rebate)는 조정해야 할 날짜의 매출분에 반영시켜야 하며, 이에 따른 객관적 증빙자료와 승인자의 확인 및 정확한 처리방법인가를 판단하고 객실번호, 성명, 금액조정에 대한 설명 등을 점검하여야 하며, 매출채권이 감소된다는 점에서 특히 주의를 요하는 항목이다. Allowance 계정의 예를 들어 보면

① 오류나 실수에 의한 과세대상

첫째, 누계액의 오류, 둘째, 예약된 요금 적용의 오류, 셋째, 실제 투숙한 숙박기간보다 초과하여 계상한 경우, 넷째, Double Posting한 경우, 다섯째, 계산 지급방법과 관련한 정보를 잘못 인식함으로써 발생한 계상금액으로 예를 들면 Voucher 금액 등, 여섯째, 기타 오류로 인한 과세대상으로 예를 들면, Mini Bar 사용에 관한 고객의 항의, Tele-Movie 지불 건에 대한 고객의 항의, 객실시설물의 하자 등

② 잘못 받아들여진 정보에 의한 요금계상

첫째, Free Coupon으로 식사를 하였는데, 계산서(Restaurant Bill)에 Guest Ledger로 계상한 경우, 둘째, Non-Sleep Room에 객실요금을 계상한 경우, 셋째, 접대고객임에도 불구하고 계산서에 요금을 계상한 경우, 넷째, 단체고객 중 일부고객이 지정된 영업장에서 식사를 하지 않고 타 영업장에서 식사를 하였을 경우에 발생한 요금이 단체고객의 식사요금보다 과대 계상되어 처리되었을 경우, 다섯째, 부서 간의 연락착오로 응당 계

상하지 않아야 할 금액을 계상한 경우

③ Allowance 처리

전일 매출액 사후조정 계정(Allowance Voucher)의 조정금액이 적을 경우는 담당자가 처리하고 객실요금 및 식음료요금의 경우에 있어서 조정금액이 많을 경우에는 부서장에게 보고하여 처리한다. 이때 처리한 후에는 반드시 그 사유를 경리부서에 통보해 주어야 한다.

[표 4-20] Allowance Voucher

(2) Paid-Out : 입체금

Paid-Out 계정은 현금 회수의 역기능 성질을 가진 거래계정으로 매출발생부문에 적용하여 매출부문의 합계인 Balance의 증가를 가져오고 현금회수부문의 감소를 일으키는 계정이다.

① 고객에게 서비스 차원에서 대출하는 입체금

이 경우는 직접적인 판매행위로 발생하는 매상이 아니라 호텔에서 고객을 위한 대고객 서비스 차원에서 일어날 수 있는 현금 일시대여에 대한 처리계정으로 대여에 대한 계상은 고객의 Account에 Paid-Out으로 부가하여 차변항목에 나타나고, 고객이 Check-Out 시 Front Office에서 수납 받게 되는 것이다.

Paid-Out은 현금대여가 되는 관계로 이를 효율적으로 관리 및 통제하기 위해서는 호텔의 회계제도나 규정에 의해 대여한도액을 설정한다든지, 대여금의 용도를 규정하고 운영하여야 한다.

　Paid-Out의 발생항목을 살펴보면 연초대금, 신문대금, 진료비, 택시비, 마사지 비용, 이·미용실비, 우편 및 전보비용, 전화비, 복사비용, 연회운영에 대한 부대비용, 위급한 상황으로 병원을 방문할 시, 기타 고객이 일시적으로 요구하는 경우에 한정한다.

　현금대여 후 고객이 Check-Out 시 Credit Card로 계산을 할 경우, 호텔 측에서는 일정한 비율의 Card Commission을 Credit Card 회사에 지급하여야 하므로 일정금액 이상에 대한 Paid-Out 발생 시에는 일정비율의 Commission을 고객에게 부가하여 이를 잡수입(Miscellaneous, Misc)으로 매상을 잡고 Credit Card 청구 시 Credit Card 회사에 지급하는 Commission과 대체하기도 한다.

　② Advance Payment에 대한 환급 시

　고객이 호텔에 Check-In 시, 또는 중간지불로 인해 일정금액을 미리 지급하는 경우 Guest Account(고객 계정) 대변(Credit) 항목(-)에 나타난 금액에 대하여 Check-Out 시 현금으로 환급해 주어야 한다.

　이 경우 Paid-Out으로 처리하여 Paid-Out Voucher를 발행하고 객실번호, 고객서명, 금액, 간단한 설명을 기재하여 승인자의 승인을 득하고 고객의 서명도 반드시 확인되어야 한다.

[표 4-21] Paid-Out & Refund Voucher

019314 PAID OUT VOUCHER				LOTTE HOTEL WORLD SEOUL·GANGNAM OUTLET:
DATE	ROOM NO.	SERVER NO.	BILL NO.	VOUCHER NO.
EXPLANATION				AMOUNT
			TOTAL	
GUEST NAME:			CONFIRMED BY:	
SIGNA TURE:			PREPARED BY:	

ORIGINAL

[표 4-22] Refund Report

ASI BEACH HOTEL
123 Main Street, Tracy, California, 24232, USA
Phone: (209) 830 - 1484; Fax: (209) 830 - 0059; E-mail: info@anandsystems.com; URL: www.anandsystems.com

Refund Report for October, 2004

Desk Clerk	Date	Room	Guest Name	Payment Type	Bill Amount	Refund
Admin	10/09/2004	126	JOSEPH WILLIAM	Check	83.92	75.00
	10/10/2004	120	KIM JERRY	Cash	525.30	50.00
	10/10/2004	121	DANNY ROSE	Check	497.12	60.00
Amanda	10/03/2004	106	CAROL ANN GOODGE	Cash	308.10	15.00
	10/03/2004	106	CAROL ANN GOODGE	Cash	308.10	5.00
Total :					1722.54	205.00

(3) Late Charge : 이연계정(After Departure)

고객이 호텔 Front Office에서 Check-Out 정산을 마친 후 식음료 영업장 및 기타 부대 시설에서 Front Cashier로 전송되는 계산서(Restaurant Bill)를 Late Charge라고 한다.

① 이연계정의 발생원인

첫째, 고객이 Check-Out 후에 식음료 및 기타 부대시설 영업장에서 Guest Ledger로 서명한 경우에 해당된다.

둘째, 고객이 Check-Out 전에 식음료 및 기타 부대시설 영업장에서 Guest Ledger로 서명하였으나, Restaurant 및 해당 영업장 Cashier가 입력을 못한 경우 또는 다른 고객의 Guest Ledger로 잘못 입력한 경우에 해당된다.

② 이연계정의 처리방법

첫째, 고객이 Check-Out 시 신용카드로 수납한 경우, 추가 청구하여 고객에게 편지 를 발송하거나 연락을 취한다.

둘째, City Ledger(외상매출금)로 처리된 경우 예약처와 협의하여 추가 청구한다.

셋째, 고객이 Cash로 수납한 경우 예약처와 협의하여 회수할 수 있도록 하며, 회수 불능 시에는 원인을 분석하여 호텔의 규정에 따라 처리한다.

(4) Miscellaneous : 잡수입(MISC, Sundry)

호텔에서 발생되는 잡수입(MISC)계정은 주 상품이 아닌 부대 상품판매 시 금일 수입금이 아닌 전일 마감된 수입을 추가로 부과할 때, 임시계정으로 대체할 때, 발생빈도가 적거나 금액이 적을 때, 특별행사를 위한 Ticket 판매대금 및 Member Fee 등에 사용하는 계정이다.

잡수입계정의 예를 들어보면,

첫째, 고객이 호텔 Check-Out 시 받아가지 않은 거스름 돈

둘째, 고객이 호텔 객실 내 기물파손에 대한 변상비용(Reimbursement Charge)

셋째, 객실열쇠 분실에 대한 변상비용 및 안전금고 열쇠 분실에 변상비용

넷째, 객실에 식사가 포함된 쿠폰고객이 객실만 사용할 경우 남은 식사금액

다섯째, Massage Charge(안마비), Deposit Money(예치금) 잔금, Member Fee(특별회원 가입비), Paid Out Commission, 기타 Over Charge

여섯째, 호텔 외부업자로부터 공급된 품목(꽃, 현수막, 사진, 비디오, 밴드 등의 엔터테이너 등) 등이 있다.

[표 4-23] Miscellaneous Voucher

⬤ HOTEL LOTTE WORLD CHAMSHIL SEOUL KOREA	206282	
MISCELLANEOUS VOUCHER	DATE	
NAME OF GUEST	ROOM NO.	
GUEST SIGNATURE	PREPARED BY:	
	APPROVED BY:	

(5) Correction : 당일 매출액 조정(Adjustment)

호텔에서 당일 영업 중에 발생하는 오류를 정정하거나 수정하고자 할 때 조정하는 것을 Correction이라 한다. 이는 주로 Front Cashier, Lay-Out Cashier 및 Night Auditor에 의한 수정조치 활동이라 할 수 있다.

Correction이 발생하는 경우를 살펴보면 다음과 같다.

첫째, 객실 내에서 고객이 식·음료를 Room Service에 주문하였는데, Room Service의 Order Taker가 실수로 잘못 주문을 받아 배달된 음식이 되돌아왔을 경우에 해당된다.

둘째, 객실 고객이 귀중품 보관함 Key를 분실하여 Front Office에서 손해배상을 청구, 잡수입으로 처리하였으나 나중에 Key가 발견되어 해당금액을 되돌려 주었을 경우에 해당된다.

셋째, 기타 정당한 사유에 의한 매상이 취소되었을 경우에 해당된다.

[표 4-24] Adjustment Voucher

Adjustment Voucher

SEOUL PLAZA HOTEL   No.

Date		Room Number		Guest Name	

	Original Rate	Date	Amount	DISCOUNT	
				%	Amount
Reason :					
Check In - Out	~		Folio No.		

_____   _____
Front Clerk   Front Office Manager

제3절 · 호텔 객실요금의 종류

호텔의 객실요금은 공표요금, 특별요금, 추가요금으로 크게 분류할 수 있으며, 또 이들과 관계되는 몇 가지 기타 요금제도들이 있다.

1. 공표요금

Hotel Room Tariff(1)

Effec. 2016. 11. 01

RM TYPE	TYPE DESCRIPTION	N.O.R	Before	RATE	FL.	(PY.)	(㎡)	BED SIZE
NODZ	SUPERIOR DOUBLE(B)	38	25	380,000	09-26	8.2	26.9	1,600 X 2,000
NHDZ	DELUXE DOUBLE	36	0	380,000	24-26	9.9	32.8	1,600 X 2,000
NOTZ	SUPERIOR TWIN	112	94	380,000	09-26	8.6-8.9	28.5	1,200 X 2,000 X 2
NHTZ	DELUXE TWIN	75	89	380,000	14-26	9.9	32.8	1,200 X 2,000 X 2
NHFZ	DELUXE TWIN(FAMILY)	91	92	380,000	09-23	9.5	31.5	1,600 X 2,000 1,200 X 2,000
NPDZ	PREMIER DOUBLE	6	4	430,000	19-31	12.5	41.3	2,000 X 2,080
NPTZ	PREMIERE TWIN	4	5	430,000	17-23	12.5	41.3	1,200 X 2,000 X 2
NPBZ	PREMIER ONDOL	6	6	430,000	10-16	12.5	41.3	1,700 X 2,000 & 이불 1채
NCTZ	CHARACTER TWIN	8	8	400,000	07-08	8.6-8.9	28.5	1,200 X 2,000 X 2
NCTE	CHARACTER TWIN WORLD VIEW	4	4	430,000	07-08	8.6-8.9	28.5	1,200 X 2,000 X 2
NCFZ	CHARACTER FAMILY TWIN	2	2	400,000	07-08	9.5	31.5	1,600 X 2,000 1,200 X 2,000
NCFK	CHARACTER GYMBOREE FAMILY TWIN	8	8	400,000	07-08	9.5	31.5	1,600 X 2,000 1,200 X 2,000
NCFE	CHARACTER FAMILY TWIN WORLD VIEW	5	5	430,000	07-08	9.5	31.5	1,600 X 2,000 1,200 X 2,000
VHFZ	CLUB FOOR DELUXE FAMILY TWIN	1	0	430,000	30	9.5	31.5	1,600 X 2,000 1,200 X 2,000
VHDZ	CLUB FLOOR DELUXE DOUBLE	49	98	430,000	27-29	9.7	32.1	1,700 X 2,000
VHTZ	CLUB FLOOR DELUXE TWIN	14	18	430,000	27-29	9.7	32.1	1,200 X 2,000 X2
VPDZ	CLUB FLOOR PREMIER DOUBLE	4	6	480,000	27-30	12.5	41.3	2,000 X 2,080
VPTZ	CLUB FLOOR PREMIER TWIN	1	0	480,000	31	12.5	41.3	1,200 X 2,000 X2
	NORMAL ROOM TOTAL	**464**	**464**					
SCFZ	CHARACTER CORNER SUITE TWIN	2	2	500,000	07-08	16.7	55.1	1,600 X 2,000 1,200 X 2,000
SCFE	CHARACTER CORNER SUITE TWIN WORLD VIEW	1	1	530,000	07-08	16.7	55.1	1,600 X 2,000 1,200 X 2,000
SDOZ	ONDOL SUITE	1	1	500,000	09	16.7	55.1	이불 2채
V2DZ	CLUB SUPERIOR SUITE DOUBLE	8	8	800,000	30-31	18.6	61.5	2,000 X 2,080
V2TZ	CLUB SUPERIOR SUITE TWIN	4	4	800,000	30-31	18.6	61.5	1,200 X 2,050X2
VTDZ	CLUB DELUXE SUITE	1	1	3,000,000	30	27.2	89.8	2,000 X 2,080
VFDZ	CLUB PRESIDENTIAL SUITE	1	1	4,500,000	31	38.1	126	2,000 X 2,080 2,000 X 2,080
	SUITE ROOM TOTAL	**18**	**18**					
	ROOM TOTAL	**482**	**482**					

흡연층: 10층 (그외 모든 객실은 금연층)
장애자용 객실:#1601 #1801

* EB: 50,000(900X1870), * DO (CLUB) 50,000
* 캐릭터 객실 SLIDING BED(800X1980)
샤워부스+욕조: UD,UT,UP,UR 그외 객실은 욕조만

Hotel Room Tariff(2)

ROOM 1	3 Single Beds	(if 3 Sharing)	£75.00
		(if 2 Sharing)	£50.00
		(if 1 Sharing)	£35.00
ROOM 2	1 Double Bed	(If 2 Sharing)	£55.00
	1 Single Bed	(If 3 Sharing)	£75.00
		(If 1 person)	£35.00
ROOM 3	1 Double Bed	(If 4 sharing)	£80.00
	2 Single Beds	(If 3 sharing)	£75.00
		(If 2 sharing)	£55.00
ROOM 4	Four Poster Double		£65.00
ROOM 5	1 Single		£35.00
ROOM 6	1 Double		£55.00
ROOM 7	1 Double		£55.00
ROOM 8	1 Double		£55.00
ROOM 9	1 Single		£35.00
ROOM 11	1 Double		£55.00

(all rooms en-suite and rates inc breakfast)

	High season**	Low season
En-suite double		
1 night only	£30.00	£27.00
2 nights	£28.00	£26.00
3 or more nights	£27.00	£25.00
Twin [shared bathroom]		
1 night only	£27.00	£25.00
2 nights	£26.00	£24.00
3 or more nights	£25.00	£23.00
Double [shared bathroom]		
1 night only	£27.00	£25.00
2 nights	£26.00	£24.00
3 or more nights	£25.00	£23.00

Current Room Tariff (from April 2007)

Rooms with en-suite facilities

Double Occupancy	£97.00
Single Occupancy	£60.00
Extra Sofa Bed	£16.00
Elm (Smaller Double)	£81.00

Rooms with shared facilities

Double Occupancy	£71.00
Single Occupancy	£42.00

Four Poster Rooms with en-suite facilities

Double Occupancy	£120.00
Single Occupancy	£64.00
Extra Sofa Bed	£16.00

All the above prices include full English breakfast and V.A.T.

Accommodation

Rooms	Tariff
	from
Single	£50.00
Double	£60.00
Family (2 adults & 1 child)	£80.00

Prices inclusive of VAT and Continental Breakfast

All Rooms are En-suite

Almond Tree Hotel B&B

공표요금이란 호텔기업이 객실요금을 설정하여 이를 담당 행정기관에 공식적인 신고절차를 마치고 호텔에서 공시하는 기본요금을 말한다.

공표요금은 Full Charge or Full Rate로 할인되지 않은 정상적인 요금인 정찰가격을 말하는 것이다. 객실요금이 명시된 호텔의 브로슈어(Brochure)[4]를 Tariff 또는 Room Tariff라 부르는데, 이 Tariff[5]는 원래 미국에서 수입품에 부과시키는 관세율표로 사용되던 것이 발전되어 현재는 철도의 운임표, 호텔의 요금표로 사용되고 있는 것이다.

「관광사업법」 제26조는 공표요금을 신고하고 공시하도록 규정하고 있다.

2. 특별요금

특별요금제도는 객실요금을 무료로 제공하거나 공표된 요금에서 할인해주는 요금제도를 의미하는 것이다. 객실요금을 징수하지 않는 객실 무료제공 제도로는 두 가지 유형이 있는데 첫째는 Complimentary이며, 또 다른 하나는 Special Use인 것이다. Complimentary는 단어 자체가 무료라는 뜻이므로 설명의 여지가 없겠지만 Special Use Room도 역시 요금을 징수하지 않고 무료로 제공되는 객실이다.

그리고 객실할인요금(Room Discount Rate)에서 싱글할인요금(Single Discount Rate), 비수기요금(Off-Season Rate), 커머셜요금(Commercial Rate), 단체할인요금(Group Discount Rate) 등이 있다.

(1) Complimentary : 무료

Complimentary는 무료(無料)라는 뜻으로 편의상 컴프(Comp.)라는 약자로 사용되고 있으며 호텔에서 특별히 접대해야 할 고객이나 호텔의 판매촉진을 목적으로 초청한 고객에 대하여 요금을 징수하지 않는 것을 말한다. 이에 해당되는 고객은 호텔에 이익을 주었던 사람, 이익을 주고 있는 사람, 앞으로 이익을 줄 사람 등인데, 구체적으로 말하

---

4) Brochure : 가제본한 책, 소책자, (업무 안내 등의) 팸플릿
5) Tariff : ① 관세, 관세표, 세율표
   ② (철도, 전신 등의) 운임[요금]표, (호텔, 식당 등의) 요금표. 〈미 구어〉 계산서, 요금

면 행사 및 세미나 유치자, 거래회사나 여행사의 임원 및 간부, 고객을 인솔하기 위한 사전 답사자 등이 속한다.

또한 무료라는 Complimentary는 거래 여행사의 계약에 의해 컴프가 제공되는데 예를 들면 15+1이라 하여 한 단체가 16의 객실을 사용할 경우 15개의 객실은 요금을 부과하고 1개의 객실은 무료로 처리되는 것이다. 만약 한 단체가 32개의 객실을 사용한다면 15+1의 계약에 의해 30개의 객실에 대해서는 요금이 부과되고 2개의 객실은 무료로 처리되지만, 31개의 객실을 사용한다면 30개의 객실은 계산되고 1개의 객실에 대해서만 무료로 처리될 수밖에 없다.

객실만 무료로 제공할 경우는 Complimentary on Room(혹은 Comp. on Room), 식사만 무료인 경우는 Complimentary on Food(혹은 Comp. on Food)라 표현하고, 객실요금과 식사요금이 전부 무료인 경우는 Complimentary on Room & Food(Comp. on Room & Food)라고 표현할 수 있다.

[표 4-25] Complimentary & House Use Report

Complimentary & House Use

Cur_Date : 2008-07-23   Printed Date : Jul 24 2008

Room No	Name	First Name	Company Name	Travel Agent	Date of Arrival	Date of Departure	Adults	Child	Rate Code	Comp/Hu
1523	MYUNGHUN	CHA	SAMSUNG		07/23/08	07/24/08	1	0	COMP	0
1526	KAKATA	KAZUO			07/23/08	07/24/08	1	0	COMP	0
1720	DOI	SADAHARU		ETS	07/23/08	07/24/08	1	0	COMP	0
1809	KIM	GUM OK		ETS	07/23/08	07/24/08	1	0	COMP	0
1912	MIWA	KAZUKI		A-JU	07/23/08	07/24/08	1	0	COMP	0
2007	CHAN	CHING		ANT	07/23/08	07/24/08	1	0	COMP	0
2009	VO	HIEU THIEN		ANT	07/23/08	07/24/08	1	0	COMP	0
2026	KANG	HAE WOON	HTL EMP		07/23/08	07/24/08	2		HU	0
Total							16	0		

KOREANA HOTEL

(2) Special Use : S/U

Special Use라고 하는 말뜻을 그대로 해석하면 『특별히 사용한다』는 뜻이 되겠지만 사실상의 의미는 특별히 사용된다는 의미보다는 당연히 사용되는 객실로 해석하는 것이 옳을 것이다. Special Use는 일반적으로 S/U라는 약자로 간단하게 사용되고 있는데 자칫 잘못하면 Complimentary와 Special Use를 혼동하여 사용하기 쉽다. 그러나 Special Use는 전술한 Complimentary와는 달리 각종의 행사 및 세미나를 주관하는 실무담당자나 행사의 진행요원, 단체를 안내하는 여행사의 가이드, 혹은 단체를 위해 수행하는 여행사의 종업원 등에게 무료로 제공되는 객실을 말한다.

(3) 할인요금(Discount Rate)

① Single Discount Rate

호텔의 객실요금은 원칙적으로 투숙객 각자에 대한 요금계산이 아니라 객실에 대한 요금계산방법을 택하고 있다. 따라서 숙박 인원수에 따라 요금을 청구하는 것이 아니라 객실요금은 정찰가격을 부과하는 것이다.

Single Discount Rate는 고객의 Single Room 예약을 확약하였으나 고객이 호텔에 도착하였을 때 호텔 측의 사정으로 약속한 Single Room을 제공하지 못할 경우가 있다. 이때 호텔 측은 고객에게 Single Room보다 가격이 높은 Double 또는 Twin Room 등을 제공하고 객실요금은 고객이 예약한 Single Room Rate를 적용하는 경우를 Single Discount Rate라고 한다.

② Off-Season Discount Rate

호텔은 연중무휴 영업기간을 성수기(On Season)와 비수기(Off Season)로 나누어 성수기, 비수기에 따라 객실 판매 전략을 다르게 적용하고 있다.

Off-Season Discount Rate는 비수기에 적용하는 요금으로 호텔의 이용률이 낮은 계절에 한하여 공표요금에서 할인해 주는 요금을 말한다. 이러한 요금제도는 경쟁업체 간 과당경쟁을 유발시킬 수도 있기 때문에 공정거래를 위한 특별한 지도 단속이 요구되고 있다.

③ Commercial Discount Rate

특정한 거래처와의 계약에 의해 일정한 요금으로 할인해 주는 요금제도로서 상용호텔이나 도심지호텔의 경우 Commercial Rate의 비율이 점점 증가하고 있다. 거래처의 실적에 따라 10~30%의 할인을 해주거나 대기업이 경영하는 호텔들이 계열기업이나 방계회사에 대해서 이 제도를 적용하고 있다. 주로 FIT[Foreigner Independent(Individual) Tour]를 위한 요금으로서 개인고객 전체의 매출에서 차지하는 비중이 매우 크다고 할 수 있다.

④ Group Discount Rate

국내·외 여행사의 단체관광객이나 공공단체에서 개최하는 컨벤션, 세미나 등의 단체행사에 대하여 특별히 할인되는 요금을 말한다.

이들 단체에게는 객실가격이나 객실의 형태에 관계없이 균일요금제도라고 할 수 있는 표준객실요금이 적용되는 것으로서 이러한 요금을 균일요금(Flat Rate)[6]이라고 한다.

[표 4-26] Application for Room Discount Form

APPLICATION FOR ROOM DISCOUNT

LOTTE HOTEL   Date :

Name : _____
Title : _____
Firm : _____

	In(월 일)	Out(월 일)	Room No. :
			Rm Rate :

Regular Rate :   Dis.   %
Adjusted :   ₩ ($)
Rate :
Reason : _____
Requested By :

Remark :

---

6) Run of the House Rate : 단체용으로 설정된 호텔 객실요금 방식으로 Suite Room을 제외한 모든 객실에 있어서 단체투숙을 위한 최소요금과 최대요금 사이에 평균요금으로 결정하는 협정가격. 객실지정은 일반적으로 최저 이용 가능한 객실을 기준으로 한다.

단체할인요금은 연간 계약에 의해 적용되는 경우는 거래 여행사와 호텔 사이에 1년 단위로 계약을 체결하고 계약기간 동안 호텔은 할인된 객실요금을 여행사에 적용하고, 여행사는 계약기간 동안 그 호텔의 객실을 Main으로 사용하는 경우이다.

3. 추가요금

(1) Hold Room Charge

Hold Room Charge는 두 가지 의미로 사용되고 있는데, 첫째, 숙박하고 있는 고객이 단기간의 여행을 떠나면서 짐을 호텔 객실에 남겨두고 가는 경우를 말한다. 이때 그 객실은 고객이 계속해서 사용하는 것이 되므로 객실요금은 고객의 청구서에 계산되고, Service Charge와 VAT도 가산된다. 같은 의미로 Keep Room Charge라고도 한다.

둘째, 고객이 객실을 예약하고 호텔에 도착하지 않았을 때 그 객실을 타인에게 판매하지 않고 보류시킨 경우에 해당된다. 이런 경우 호텔 예약종업원과 고객과의 지불보증예약인 Guaranteed Reservation을 하였을 경우에 해당된다고 할 수 있다.

(2) Cancellation(CXL) Charge : 취소요금

Cancellation(CXL) Charge란 예약신청자가 어떤 사정에 의해 당일 혹은 하루 전에 취소해 올 경우 호텔에서는 취소요금을 징수하게 된다. 이러한 규정은 호텔마다 차이가 있겠으나 대부분 호텔의 숙박약관에서 정하고 있다.

[표 4-27] Cancelled Reservation List

ASI BEACH HOTEL
123 Main Street, Tracy, California, 24232, USA
Phone: (209) 830 - 1484; Fax: (209) 830 - 0059; E-mail: info@anandsystems.com; URL: www.anandsystems.com

Cancelled Reservation List 10/1/2004 - 10/13/2004

Cancel Date	Room	Res. ID	Guest Name	Res. Date	Check-In	Check-Out	Amt Paid
10/01/04	154	86	STERNLICHT NATHAN	09/27/04	10/02/04	10/03/04	0.00
10/02/04	234	165	KINDLE RANCE	09/28/04	10/01/04	10/03/04	0.00
10/02/04	128	52	HARRISON KAREN	09/26/04	10/01/04	10/04/04	0.00
10/02/04	118	53	HARRISON KAREN	09/26/04	10/01/04	10/04/04	0.00
10/02/04	261	204	MERRITT LINDA	10/01/04	10/01/04	10/02/04	0.00
10/02/04	262	205	ZIMMERMAN FELICIA	10/01/04	10/01/04	10/02/04	0.00
10/02/04	263	206	BURKE JESSE	10/01/04	10/02/04	10/02/04	0.00
10/03/04	161	209	SOTER PAUL	10/01/04	10/02/04	10/03/04	0.00
10/05/04	209	64	WHALL STEPHANIE	09/26/04	10/05/04	10/08/04	0.00

(3) Over Charge : 초과요금

초과요금이란 호텔이 정하고 있는 퇴숙시간(Check Out Time : 정오)을 넘겨 객실을 사용할 때는 시간을 기준으로 요금이 부과되는데, 호텔의 경영방침에 의하거나 또는 특별한 고객에게는 초과요금을 부과하지 않는 경우도 있다.

그 예를 살펴보면,

첫째, 고객이 15시경에 Check-Out할 경우, 호텔은 고객이 사용하고 있는 객실요금의 $\frac{1}{3}$을 추가 지급받는다.

둘째, 고객이 18시경에 Check-Out할 경우, 호텔이 고객이 사용하고 있는 객실요금의 $\frac{1}{2}$을 추가 지급받는다.

셋째, 고객이 18시 이후에 Check-Out하고자 할 경우, 호텔은 고객이 사용하고 있는 객실요금의 Full Charge를 지급받는다.

[표 4-28] Late Check-Out Charge Form

Late Check-Out Charge

Koreana Hotel   Date :

To : Front Office Cashier
From : Front Office
Rm No. :
☑Mr, ☐Mrs, Miss :
Will Check Out at _____ with _____ %
Extra Charge.

Chief Rm Clerk : _____
Approved By : _____
<u>CC : H/K Mgr, Bell Desk</u>

(4) Part Day Use Charge(분할요금) : Day Use

분할요금이란 낮 시간만 객실을 이용하고자 하는 고객에게 부과시키는 요금인데, 일반적으로 오후 6시 이전까지만 Day Use 판매가 실시된다. 오후 6시 이후까지 사용하고자 할 경우에는 Full Charge가 적용된다.

4. 기타 요금제도

(1) Optional Rate(미결정 요금 : Opt-R)

Optional이란 『마음대로의, 임의의』라는 뜻으로, Optional Rate란 고객이 호텔에 예약하는 시점에서 호텔의 내부사정으로 정확한 요금을 결정할 수 없을 때 사용하는 용어이다. 예를 들어 호텔을 예약하고자 하는 고객이 예약담당종업원의 권한을 벗어난 할인을 요구할 시 예약종업원은 본인이 적용할 수 있는 범위 내의 요금을 적용하고 차후 Manager와 상의하여 결정한 후 적정 요금을 통보하는 것으로 이 때 사용하는 용어이다.

(2) Family Plan(가족요금)

Family Plan이란 부모와 함께 동행을 한 13세 미만의 어린이에게 필요할 시 Extra Bed[7]를 추가로 넣어주되 추가요금(Extra Charge)을 징수하지는 않는 제도이다.

(3) Hospitality Room

Hospitality란 『환대, 친절히 접대함, 〈방 등이〉 접대용의, 응접용의』의 뜻으로 호텔에서는 특별한 목적으로 잠시 객실을 사용하고자 할 경우에 사용된다.

예를 들어 우리나라 호텔의 경우 Check-Out Time을 정오로 규정하고 있는데 단체고객이 비행기 시간 때문에 정오를 넘겨 객실에서 나가고자 할 경우 1객실에 짐을 보관하는 경우 주로 적용된다. 따라서 추가요금은 징수하지 않는다.

---

7) Extra Bed : 객실에 정원 이상을 숙박시킬 때 임시로 설치하는 침대로 보통 접이식의 이동하기 편리한 Rollaway Bed를 말한다. 특급호텔의 경우 4~5만 원 정도의 요금을 부과하고 있다. 또한 Service Charge와 VAT는 별도로 부과된다.

한 번 더 확인

(4) House Use Room

House Use Room이란 임원의 객실로 사용하거나 호텔 내 사무실이 부족하여 객실을 사무실로 사용하는 경우, 또는 침구류 등을 저장하는 Linen Room, 객실비품을 저장하는 Store Room을 의미한다. 호텔 자체에서 사용하기 때문에 객실요금은 징수하지 않는다.

(5) Up-Grade(Up-Grading)

Up-Grading이란 호텔에서 고객이 예약한 객실제공을 이행하지 못할 경우에 예약한 객실보다 가격이 높은 객실을 제공하되, 객실요금은 당초 예약했던 요금을 적용하는 것을 말한다.

그러나 1박 이상을 머물고자 하는 고객이 Up-Grading된 객실을 계속 사용하고자 할 경우에 Front Office의 Room Clerk은 Room Change 기록대장에 기록하여 익일 Rate Change를 적용해야 한다.

(6) Down-Grade(Down-Grading)

Down-Grading이란 고객이 예약했던 객실을 호텔의 사정에 의해서 제공하지 못하였을 경우, 고객에게 충분한 양해를 구한 다음 가격이 저렴한 객실을 제공하는 것을 말한다. 이때 Front Office Room Clerk은 Rate Change가 함께 적용되는 것을 잊어서는 안 된다.

(7) Supplementary Correction

미드나이트 차지(Midnight Charge), 취소요금(Cancellation Charge) 추가요금(Over Charge), 분할요금(Part Day Use) 등이 발생할 경우 고객원장 및 관련보고서에 새로 발생한 금액을 추가하여 수정하는 업무를 말한다. 예를 들면, 호텔의 회계업무가 마감된 자정 이후에 도착한 고객이 있어서 미드나이트 차지가 발생하였다면 다음날에는 추가된 전일분의 발생금액을 계산서와 Report에 추가로 기록하여 전체매출액을 조정시키는 작업을 서플리맨터리 컬렉션이라고 한다.

5. 식사관계에 의한 요금제도

일반적으로 호텔의 객실요금에는 식사요금이 별도로 표시되고 있다. 그러나 호텔주변의 식사시설 등이 부족한 관광지의 경우에는 식사대를 객실요금에 포함시켜 일괄적으로 지불받고 있는 요금제도를 채택하고 있는 호텔도 있다.

(1) European Plan(유럽식 요금제도 : EP)

유럽식 요금(European Plan)제도란 객실과 식사요금을 별도로 계산하고 있는 호텔요금제도로 우리나라에서도 사용되고 있는 제도이다.

(2) American Plan(미국식 요금제도 : AP)

미국식 요금(American Plan)제도는 객실요금에 조식, 중식, 석식의 3식대가 포함되어 일괄적으로 호텔요금을 지급하는 제도이다. 즉 1박 3식의 요금제도를 의미하며 Full Pension 이라고 한다. 이러한 요금제도는 일반적으로 휴양지호텔과 Flotel에서 주로 적용한다.

American Breakfast

Beverage	Juice, Milk, Cocoa, Coffee or Tea
Cereal(곡물류) & Porridge(죽)	Cereal, Con flakes, Rice Crispiese(쌀을 주재료로 만든 시리얼), Oat Meal, Wheat Meal

Eggs		
	Fried Eggs	Straight Up – 계란 노른자가 신선한 정도
		Sunny Side Up – 계란 노른자의 표면이 약간 익을 정도
		Turn Over – Sunny Side Up 상태에서 뒤집어 약간 익힌다.
		Over Easy – Turn Over 상태에서 충분히 익힌다.
		Basted – 처음부터 조리용 버터의 양을 2~3배 넣고 조리한 Over Easy
		Shirred – 버터를 충분히 바른 접시나 Cocotte(옹기그릇)에 계란을 넣고 오븐 속에서 간접열로 익힌다.
	Poached Eggs – 식초를 약간 첨가한 끓는 물에 계란을 깨서 넣고 3~4분간 익혀 반숙을 만든 다음 밑에 Melba Toast를 깔고 그 위에 올려놓아 수분을 흡수시킨 계란요리	
	Scrambled Eggs – 계란을 깨서 잘 젓고, 프라이팬에 버터를 넣고 휘저으며 적당히 익힌다. 물론 우유, 소금, 후추 및 기타 조미료 포함	
	Boiled Eggs – Soft boiled & Hard Boiled(몇 분 삶을지 고객에게 문의)	
Omelette (오믈렛)	계란을 깨서 풀어 섞어 휘젓는다. 이것에 우유를 넣고 프라이팬을 뜨겁게 달구어 버터를 깔고 계란을 부어 구석으로 익혀가면서 접는다. 계란만을 사용했을 때는 Plain Omelette	
Cake	Pan Cake, Waffle, French Toast, Hot Cake 등	
Bread & Rolls	Croissant, Brioche(브리오시 : 빵의 일종), Sweet Roll, Danish Pastry, Muffin 등	

그러나 American Plan은 엄격한 식사시간, 메뉴선택의 제한성 및 고객의 요금에 대한 압박감 때문에 환영을 받지 못하면서 최근에는 약간 변형된 형태의 요금방식이 생겨나고 있다. 즉 Modified American Plan(수정 미국식 요금제도 : 1박 2식의 요금제도로서 객실요금에 조식 외 중식 또는 석식을 선택할 수 있는 요금제도)으로 Semi Pension, Half Pension, Demi Pension이라고도 한다.

(3) Continental Plan(대륙식 요금제도 : CP)

Continental Plan(대륙식 요금)이란 객실요금에 아침 식사요금만을 포함하여 지급하는 호텔요금으로 유럽지역에서 많이 채택되고 있다.

호텔의 입장에서는 원가가 그리 비싸지 않은 Continental Breakfast를 객실요금에 포함시킴으로써 고객에게 큰 부담을 주지 않으면서 조식만큼은 호텔 내에서 식사하도록 유도하여 매출액을 증진시킬 수 있는 제도이다.

(4) Dual Plan(복식요금제도 : DP)

Dual Plan(복식요금)이란 미국식과 유럽식을 혼합하여 채택하고 있는 호텔경영방식으로 고객이 유럽식을 원하면 유럽식으로, 미국식을 원하면 미국식으로 자유롭게 선택할 수 있도록 운영되고 있는 호텔의 요금제도이다.

제4절 호텔 객실가격 결정방법

호텔기업의 목표달성을 위한 중요한 요소의 하나는 어떻게 적절한 객실가격을 책정하는가 하는 것이다. 물론 경제이론상 수요곡선과 공급곡선이 일치되는 점에서 가격이 결정되는 자동조절 가격제도가 이상적이고 합리적이라 할 수 있겠으나 개별 호텔경영자들이 이러한 가격을 결정한다는 것은 많은 제약요소들을 내포하고 있다.

호텔 객실가격의 특성을 살펴보면 첫째, 호텔객실은 판매시간이 제한되어 있는 비재고성의 상품이기 때문에 호텔에서 제시하는 공표요금의 적용이 용이하지 않고 할인요금의 적용이 일반적이어서 성질상 구매시점에 따라 가격차이가 크게 나타난다.

둘째, 고객은 객실품질의 척도를 가격보다는 가치에 많이 의존하게 된다. 이 점은 무형재가 유형재와는 달리 상품구매원가의 계산이 명쾌하지 않아 원가와 가격의 유리현상이 발생한다.

셋째, 객실가격은 비교적 가격차별화(Price Discrimination)가 용이하므로 이를 통해 이익을 증가시킬 가능성이 크다. 서비스가격은 고객의 지불가능성, 구매시기, 신분, 구매활동 등에 따라 가격을 달리하여도 가격저항이 약하다.

넷째, 서비스가격은 수요와 관련하여 베블런 효과(Veblen Effect : 가격이 오르는 데도 일부 계층의 과시욕이나 허영심 등으로 인해 수요가 줄어들지 않는 현상[8])가 발생한다. 전통적 경제이론은 가격의 증가는 수요의 감소효과를 동반하지만 서비스는 부분적으로 가격증가가 수요증가를 유발하는 특성을 지니고 있다. 이는 서비스 상품이 세분화된 시장별로 가격영향력이 제조업보다 균일하지 않기 때문에 발생한다.

다섯째, 재무적 특성 중 서비스 산업 중 일부 초기 고정자산과 투자비율이 높은 호텔기업은 비용(Cost)-조업도(Volume)-이익(Profit)의 관계에서 비용구조조정의 영역이 국한되어 있어 손익분기점(Break-Even Point)과 한계이익 폭의 조정은 가격수준의 변화에 의존할 가능성이 높고 판매량 중심의 수요지향적 가격특성을 표출하고 있다.

또한 호텔의 객실가격 산정 시 고려하여야 할 요인으로는 첫째, 투자된 자본, 둘째,

---

8) Veblen Effect : 베블런 효과는 상류층 소비자들에 의해 이루어지는 소비 행태로 가격이 오르는 데도 수요가 줄어들지 않고 오히려 증가하는 현상으로 예를 들어 값비싼 귀금속류나 고가의 가전제품, 고급자동차 등은 경제상황이 악화되어도 수요가 줄어들지 않는 경향이 있다. 이는 꼭 필요해서 구입하는 경우도 있지만, 단지 자신의 부를 과시하거나 허영심을 채우기 위해 구입하는 사람들이 많기 때문이다. 더욱이 과시욕이나 허영심을 채우기 위해 고가의 물품을 구입하는 사람들의 경우, 값이 오르면 오를수록 수요가 증가하고, 값이 떨어지면 누구나 손쉽게 구입할 수 있다는 이유로 구매를 하지 않는 경향이 있다. 무조건 타인의 소비 성향을 좇아한다는 뜻에서 소비편승효과라고도 한다. 이런 점에서 다수의 소비자가 구매하는 제품을 꺼리는 소비현상으로, 남들이 구입하기 어려운 값비싼 상품을 보면 오히려 사고 싶어하는 속물근성에서 유래한 속물효과[백로효과(Snob Effect) : 특정 상품에 대한 소비가 증가하면 그에 대한 수요가 줄어드는 소비현상]와 비슷하다.

인건비, 셋째, 간접비, 넷째, 경쟁호텔의 가격 고려 등이 있다.

문헌에 따른 호텔기업의 객실요금 가격결정방법은 비공식적 접근방법(Informal Approach)과 회계학적 접근방법(Accounting Approach)으로 구분할 수 있다.

1. 비공식 가격결정(Informal Approach)

(1) 직관적 가격결정방법(Intuition Pricing Method)

직관적 가격결정방법(Intuition Pricing Method)은 많은 호텔에서 이용하고 있는 방법으로 깊은 판단이나 무리를 하지 않고 감각적으로 이러한 가격이면 공평하면서도 적정한 가격이 될 것이라는 직관에 의해 결정되는 방식이다.

이 방법은 어떠한 적정가격이 일정한 비용과 이익을 창출할 수 있을 것이라는 예측에 의해 결정된다. 그러므로 이러한 방법을 이용하여 객실의 가격을 결정할 경우 총경비는 물론 만족할 만한 기대이익을 창출해 내지 못하는 경우가 많은 것이다.

(2) 경쟁가격결정방법(Competitive Pricing Method)

경쟁가격결정방법(Competitive Pricing Method)이란 단순한 가격결정방법으로 동일한 시장의 동일한 상품에 대해서 객실요금을 경쟁호텔과 동일한 수준으로 결정하는 방법이다.

만일 경쟁호텔이 제공하는 상품과 서비스가 자사 호텔과 동일한 수준이라면 이러한 요금제도는 만족할 만한 이익을 창출해 낼 수 있을 것이다. 현재 외국에서는 브랜드에 따라서 같은 수준의 호텔이라도 가격이 다른 경우도 있지만 호텔 전반에 걸친 객실가격과 식음료 가격결정에 채택되어 이용되고 있다.

(3) 시험적 가격결정방법(Trial and Error Pricing Method)

시험적 가격결정방법(Trial and Error Pricing Method)은 일정한 시험기간(Testing Period)을 정해 놓고 그 기간에 시험적 판매활동을 하는 것이다. 적정가격을 도출해 내기 위하여 계속적인 시험적 판매활동을 하면서 가격을 올리거나 내리는 조정작업을 하게 된다. 그러나 적정한 수준의 가격이 형성되는 기간은 단기에 이루어져야 되며, 이런 가격형성이 정착되면 고객의 반응은 일정한 기간 동안 계속된다는 이론이다.

(4) 선두기업 가격결정방법(Follow Leader Pricing Method)

선두기업 가격결정방법(Follow Leader Pricing Method)은 가격구조나 가격변화가 동종 호텔업계의 선두기업에 의해 형성될 때 다른 호텔기업들은 선두기업이 결정한 가격을 따르는 방법으로 전술한 경쟁가격결정방법과 비슷한 방법이라고 할 수 있다.

(5) 심리학적 가격결정방법(Psychological Pricing Method)

심리학적 가격결정방법(Psychological Pricing Method)은 한정되어 있거나 희소가치가 있는 시설과 서비스에 대해 호텔의 경영진이 의식적으로 가격을 결정하는 방법이다. 가령 이름난 휴양지에 경쟁호텔이 없는 유일한 휴양지 호텔의 경우 또는 제한된 회원자격을 가진 클럽, 즉 회원제 서비스업 부문에서 이용될 수 있는 방법이다.

Aston House(쉐라톤워커힐호텔)

최고의 시설, 서비스, 운영을 최우선 가치로 하는 "Aston House" 최고급 사교공간으로 Prestige, Customized, Privacy를 절대 존중합니다.

세계 최고의 인테리어 전문회사인 Wilson & Associates가 디자인한 애스톤 하우스는 1,163평의 넓은 대지 위에 430평 규모로 지어진 대저택으로 넓게 트인 가든과 한강을 한눈에 조망할 수 있는 최고의 시설과 전망을 자랑합니다. 건물 양쪽에 첨탑과 테라코타 타일로 이루어진 지붕, 따뜻한 옐로우톤의 외벽 등은 아름다운 자연과 함께 어우러져 이국적인 분위기를 연출합니다.
- Room Rate : ₩15,000,000
※ 상기 객실 요금에는 10%의 봉사료와 10%의 세금이 가산됩니다.

Aston House란

애스톤 하우스는 VIP Mansion(1988년 건축)을 2000년 9월부터 12월까지 전면 개보수공사를 하여 새로운 콘셉트와 Policy로 운영되고 있다.

Aston의 단어 본래의 의미는 경이로움, 놀라움이다. 즉 "너무나 훌륭하다"라는 뜻으로 풀이되며, Aston House는 영국 버밍엄 지방의 애스톤에 자리한 17세기 제임스왕 시대의 유명한 맨션인 Aston Hall에서 비롯된 이름이다.

쟈코뱅 스타일의 대표적 건축물로 역사적 가치가 높고 화려함과 고급스러움의 대명사인 애스톤 홀에서 시작된 Aston House는 클래식함과 심플함이 조화를 이룬 완벽한 공간의 미를 창조하였다.

2. 회계학적 가격결정(Accounting Approach)

(1) 호워드 가격결정방법(Horwath Method)

Horwath 방법은 1930년대 호워드 앤드 호워드(Horwath and Horwath) 호텔회계법인에 의해 이용된 객실요금 결정방법으로 제일 처음 적용된 호텔이 미국 시카고의 파머 하우스(Palmer House)이다. 그 이후 대부분의 호텔들이 이 방법을 이용하였으며, 우리나라에서는 국제관광회사가 설립되기 이전에 반도호텔과 조선호텔에서 이 방법을 채택하여 사용되었다. 이 방법은 객실 당 건축비에 따른 요금결정방법이라 할 수 있는 것으로 객실 당 총건축비의 1,000분의 1이 평균객실료(Average Room Rate)가 된다는 이론이다.

예를 들어 요즘 특급호텔의 경우, 객실 당 총공사비가 1억 원이 소요된다고 가정할 때 객실 당 평균객실요금은 100,000원이 된다는 결론이다.

이 이론은 오래 전에 설정되어 1960년대 말까지 적용되었으나, 현대의 호텔경영에 있어서는 운영경비(Operating Cost)와 재무적 측면(Financial Term)이 반영되지 않았기 때문에 오늘날 이 방법을 채택하는 호텔은 거의 사라져가고 있다.

(2) 로이 휴버트 가격결정방법(Roy Hubbart Method)

로이 휴버트 공식(Roy Hubbart Formula)은 1960년대 후반에 미국호텔 · 모텔협회

(American Hotel & Motel Association)에서 채택한 방법으로 1970년대 후반에 우리나라의 호텔에서도 채택하기에 이르렀다. 이 방법은 목표이익을 미리 설정하고 이 설정된 목표이익을 달성할 수 있는 객실매출원가, 기타부문이익, 영업비 및 자본을 추정하여 평균객실요금을 산출하는 방법인 것이다.

다시 말하면 이 휴버트(Hubbart) 방식은 호텔의 사업예산을 역산하여 평균객실요금을 산출하는 것이라고 할 수 있다. 또한 이 휴버트 방식은 비공식적인 가격결정과 객실당 투자액의 1,000분의 1이라는 호워드 방식보다는 향상된 방법으로 현재 대부분의 호텔경영자들이 이 방법을 합리적이며 타당성이 있다고 인정하고 있다. 그러나 로이 휴버트 방식은 몇 가지 문제점과 이에 대한 보안점이 있는데 그 내용은 다음과 같다.

첫째, 휴버트(Hubbart) 공식은 예상객실 점유율과 희망투자 회수율이 어디까지나 추정이므로 이 추정수준을 구체적으로 책정해야만 된다.

둘째, 이 공식은 객실부문뿐만 아니라 식음료와 기타 이익 발생부문에 대한 공헌액(Contribution)이 포함되지 않았으나 이들 부문에 대해서 공헌이익법(Contribution Margin Approach)이 다루어져야 한다.

셋째, 이 공식은 Package Tour나 단체요금·행사요금 같은 것에도 적용되어야 한다.

넷째, 이 공식은 호텔에서 객실과 식음료가 관련되는 판매믹스(Sales Mix)에 대한 가격결정 문제를 해결해야만 한다.

우리나라에서 실시되고 있는 호텔의 객실요금정책은 앞에서 설명한 바와 같이 평균객실요금이 산정되면 이 평균객실료를 근거로 객실의 유형에 따라 스위트·더블·트윈룸 등의 가격을 산정하여 시행하고, 이를 공표요금이라 하며 우리나라는 1실에 1인이든 2인이든 관계없이 동일금액을 고객으로부터 지불하게 하는 단일요금(Unit Rate) 제도를 실시하고 있다.

1970년대 후반까지는 우리나라 호텔도 외국 호텔과 같이 투숙객수에 따라 Single Occupancy, Double Occupancy에 의해 가격이 결정되었으나 현재에 이르러서는 일률적으로 객실 당 가격이 적용되어 운영되고 있다.

① 객실요금 산출을 위한 기본조건(K호텔의 경우)

Koreana Hotel

구 분		내 용
객실수		300실
최초 건립 시 건축비용		100억 7천만원(토지, 건물, 가구, 비품 포함)
영업준비금		1억원
은행차입금		55억 5천만원(연 11%)
자기자본		20억 5천만원
투자이익 목표(목표수익률)		15%
예상객실점유율		75%
판매객실수		300실 × 365일 × 0.75 = 82,125실
법인세율		40%
추가비용의 산정	재산세	185,000,000원 – 고정비용(USAH)
	보험료	35,000,000원 – 고정비용(USAH)
	지급임차료	210,000,000원 – 고정비용(USAH)
	일반관리비	378,000,000원 – 미배분 영업비용
	마케팅비	140,000,000원 – 미배분 영업비용
	시설부문비	140,000,000원 – 미배분 영업비용
	에너지비	210,000,000원 – 미배분 영업비용
기타부문의 손익	식음료, 전화	105,000,000원
	임대 및 기타수입	35,000,000원
객실부문 직접비	판매객실당	9,000원

② 객실요금 산출의 사례

구 분	산 출 내 역	금 액
목표이익(자기자본 × 목표수익률)	20억 5천만원 × 0.15	307,500,000
세금전 목표이익[목표이익 ÷ (1 − 법인세율)]	307,500,000/(1 − 0.4)	512,500,000ⓐ
이자비용(음행차입금 × 이자율)	5,550,000,000원 × 0.12	666,000,000ⓑ
세금전 목표이익과 이자(ⓐ + ⓑ)	512,500,000 + 666,000,000	1,178,500,000
고정비용(재산세 + 보험료 + 지급 임차료)		430,000,000
세금전 고정매출		1,608,500,000
미배분 영업비용		888,000,000
요구되는 목표매출		2,496,500,000
객실부문을 제외한 부문별 손익 식음료, 전화 임대 및 기타수입		140,000,000 (105,000,000) (35,000,000)
요구되는 객실부문의 수입		2,356,500,000
객실부문 직접경비	82,125실 × 9,000원	739,125,000
객실부문 목표매출액		3,095,625,000
평균객실료	3,095,625,000원 ÷ 82,125	56,541

③ 평균객실요금에서의 Single Room과 Double Room의 가격결정

Single Room 판매수 · (S) + Double Room 판매수 · (S + Y) = 평균객실료 · (판매객실수)

S = Single Room 가격

Y = Single Room과 Double Room의 가격 차이

S + Y = Double Room 가격

2인 사용률(Double Occupancy)이 40%, 가격 차이를 8,000원으로 하는 경우

1일 Double Room 판매수 = 2인 사용률 × 객실수 × 객실점유율

  = 0.4 × 300 × 0.75

  = 90실

1일 Single Room 판매수 = 225실 − 90실 = 135실

  135(S) + 90(S + 8,000원) = 56,541원 × 225실

  135(S) + 90(S) + 720,000원 = 12,721,725원

  225(S) = 12,001,725원(12,721,725원 − 720,000원)

  S = 53,341원

Single Room(S) 가격 --- 53,341원

Double Room(D) 가격은 53,341원 + 8,000원 ------------------------- 61,341원

2인 사용률(Double Occupancy)이 40%, 가격 차이를 15%로 하는 경우

135(S) + 90(S) · (1.15) = 56,541원 × 225실

135(S) + 103(S) = 12,721,725원

  238(S) = 12,721,725원

  Single(S) = 53,453원

Single Room(S) 가격 --- 53,453원

Double Room(D) 가격은 53,453원 + 8,000원 ------------------------- 61,453원

3. 객실요금의 계산 기록

객실요금의 부과는 객실단가(a)와 봉사료(Service Charge), 즉 공급가액에 대한 부가가치세(VAT)가 가산된 판매가액이 부과된다. 객실요금의 단가는 Room Tariff에 나타나 있듯이 협정된 요금으로 예약 시나 Check-In 시점에서 고객과 협의된 요금으로 할인이 적용될 경우에는 할인금액만큼 차감된 금액이다.

① 공급가액	② 부가가치세	판매가액(① + ②)
객실단가(@) + 봉사료(10%)	공급가액의 10%	내국인
ex) ₩200,000 + ₩20,000	₩22,000	₩242,000
객실단가(@) + 봉사료(10%)	봉사료의 10%	외교관 면세카드 소지자
ex) ₩200,000 + ₩20,000	₩2,000	₩222,000
객실단가(@) + 봉사료(10%)	봉사료의 10%	외국인("한국 방문의 해"로 지정)
ex) ₩200,000 + ₩20,000	₩2,000	₩222,000

또한 Front Office의 Night Clerk에 의해서 전체 객실에 대한 호실별로 Room Revenue를 점검(Check)하고, Room Revenue Report 상에 문제가 없으면 야간감사(Night Audit)를 하는 야간감사자(Night Auditor)에게 통보하고, 야간감사자는 전산에 의거하여 자동적으로 매출을 부과(Posting)한다.

[표 4-29] 각 층 매상 집계(Each Floor Room Count)

KOREANA HOTEL

Date : _____

Room No.	TYPE	NALTY	PERSONS		ROOM RATE		REMARKS
			M	F	REGULAR	SOLD	
2001	SC	J	1		20,000	20,000	
2002	SC				20,000		HOUSE USE
2003	SC	A	1		20,000	20,000	
2004	SC		1		20,000		COMP
2005	TB	A	1	1	40,000	32,000	K.T.B. 20%
2107	SB				25,000		VACANT
2108	SB	B		1	25,000	25,000	
2109	SC				20,000		OUT OF ORDER
2200	SC	F			20,000	20,000	(PART) 10,000
TOTAL	20 ROOM	SOLD ROOM 12	15	7	6,500,000	3,050,000	(PART) 10,000

실제의 매상 Room Rate 를 기입

여행사 Discount

Extra Charge 기입

 Front Office의 Night Clerk에 의한 객실판매현황(House Count Sheet) 작성을 토대로 객실의 영업일보 및 각종 자료를 산출해 낼 수 있다. 객실판매현황에 대한 예를 들어 설명하면 [표 4-29, 30, 31]과 같다.

[표 4-30] 호텔 전체의 객실매상 집계(Total House Count)

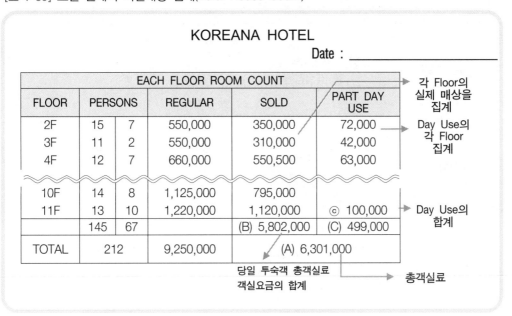

KOREANA HOTEL					
Date :					

EACH FLOOR ROOM COUNT					각 Floor의 실제 매상을 집계
FLOOR	PERSONS		REGULAR	SOLD	PART DAY USE
2F	15	7	550,000	350,000	72,000
3F	11	2	550,000	310,000	42,000
4F	12	7	660,000	550,500	63,000
10F	14	8	1,125,000	795,000	
11F	13	10	1,220,000	1,120,000	ⓒ 100,000
	145	67		(B) 5,802,000	(C) 499,000
TOTAL	212		9,250,000	(A) 6,301,000	

각 Floor의 실제 매상을 집계 → Day Use의 각 Floor 집계 → Day Use의 합계

당일 투숙객 총객실료 객실요금의 합계 → 총객실료

[표 4-31] 객실매상 집계(Total Room Count)의 자료로 된 분석

KOREANA HOTEL		
Date :		

	REGULAR	AMOUNT
매상 객실수(NO OF GUEST ROOM SOLD)	185	130 ROOMS
숙박객수(NUMBER OF GUEST)	295	( ) PERSONS
객실수입합계(TOTAL ROOM EARNING)	₩ ( )	₩ ( )
TOTAL ROOM EARNING / TOTAL REGULAR ROOM RATE		( ) %
객실사용률(OCCUPANCY PERCENTAGE)		( ) %
2인용실 사용률(DOUBLE OCCUPANCY PERCENTAGE)		( ) %
일 객실당 평균객실료(AVERAGE ROOM RATE)		₩ ( )
숙박객 일인평균객실료(AVERAGE GUEST RATE)		₩ ( )

① 객실사용률 $= \dfrac{\text{당일 사용 객실수}}{\text{총 객실수}} = \dfrac{\text{당일 사용 객실수}}{\text{당일 사용 가능객실수}}$

$= \dfrac{(\text{장기} + \text{단기})\text{체재객} + \text{Comp.} + \text{Day Use}}{\text{총 객실수} - (\text{Out of Order} + \text{House Use})} \times 100$

$= \dfrac{130}{185} \times 100 = 70.3\%$

---

② 정원가동률 $= \dfrac{\text{당일 객실숙박객수}}{\text{총 객실정원}} \times 100$

$= \dfrac{212}{295} \times 100 = 71.9\%$

---

③ 객실매출액률 $= \dfrac{\text{당일 객실매출액}}{\text{객실 총 매출액}} \times 100$

$= \dfrac{6,301,000}{9,250,000} \times 100 = 68.1\%$

---

④ 객실당 평균객실료 $= \dfrac{\text{객실매출액}}{\text{고객이 사용한 총 객실수}}$

$= \dfrac{6,301,000}{130} = 48,469\text{원}$

---

⑤ 숙박객 1인 평균객실료 $= \dfrac{\text{당일의 매출액}}{\text{객실 이용객 총수}}$

$= \dfrac{6,301,000}{212} = 29,721.6\text{원}$

---

⑥ 2인 사용률 $= \dfrac{\text{숙박객수} - \text{객실수}(\text{장기} + \text{단기})}{(\text{장기} + \text{단기})\text{객실수}} \times 100$

$= \dfrac{212 - 130}{130} \times 100 = 63.1\%$

4. 객실판매 예상 공식

[표 4-32]는 Koreana Hotel의 Occupancy History의 내역을 설명한 것이다.

[표 4-32] Occupancy History of the Koreana Hotel

Occupancy History of the Koreana Hotel
First Week of September

Day	Date	Guests	Room Arrivals	Room Walk-In	Room Reservations	Room No-Shows
Mon	9/1	118	70	13	63	6
Tues	9/2	145	55	15	48	8
Wed	9/3	176	68	16	56	4
Thurs	9/4	117	53	22	48	17
Fri	9/5	75	35	8	35	8
Sat	9/6	86	28	6	26	4
Sun	9/7	49	17	10	12	5
Total		766	326	90	288	52

Occupied Rooms	Overstay Rooms	Understay Rooms	Room Check-Outs
90	6	0	30
115	10	3	30
120	12	6	63
95	3	18	78
50	7	0	80
58	6	3	20
30	3	3	45
558	47	33	346

일단 예상할 수 있는 객실 사용에 관한 정보가 취합되면 예상판매 객실수를 결정할 수 있는 공식을 이용할 수 있다. 이 같은 공식은 다음과 같다.

Number of Rooms Available for Sale

	Total Number of Guest Rooms
-	Number of Out-of Order Rooms(OOO)
-	Number of Room Stayovers(SO)
-	Number of Room Reservations(R)
+	Number of Room Reservations × Percentage of No-Shows(NS)
+	Number of Room Understays(US)
-	Number of Room Overstays(OS)
	Number of Rooms Available for Sale

Number of Rooms Available for Sale

	Total Number of Guest Rooms(전체 객실의 수)		120
-	Number of Out-of Order Rooms(고장으로 판매 불가능한 객실)	-	3
-	Number of Room Stayovers(체제하는 고객)	-	55
-	Number of Room Reservations(예약된 고객)	-	42
+	Number of Room Reservations × Percentage of No-Shows	+	8
+	Number of Room Understays(초기 퇴숙자)	+	6
-	Number of Room Overstays(투숙 연기자)	-	15
	Number of Rooms Available for Sale		19

Percentage of No-Shows	$= \dfrac{\text{Number of Room No-Shows(No-Show의 수)}}{\text{Number of Room Reservation(예약된 고객의 수)}}$
	$= \dfrac{52}{288} = .1806$ or 18.06% of Reserved Rooms

Percentage of Walk-Ins	$= \dfrac{\text{Number of Room Walk-Ins(Walk-Ins의 수)}}{\text{Total Number of Room Arrivals(예약된 고객의 수)}}$
	$= \dfrac{90}{326} = .2761$ or 27.61% of Rooms Arrivals

Percentage of Overstays	$= \dfrac{\text{Number of Overstay Rooms(연장 객실의 수)}}{\text{Number of Expected Check-Outs(전체 예상 퇴숙 인원 수)}}$
	$= \dfrac{47}{346 - 33 + 47} = .1306$ or 13.06% of Expected Check-Outs

Percentage of Understays	$= \dfrac{\text{Number of Undererstay Rooms(조기 퇴숙 객실 수)}}{\text{Number of Expected Check-Outs(전체 예상 퇴숙 인원 수)}}$
	$= \dfrac{33}{346 - 33 + 47} = .0917$ or 9.17% of Expected Check-Outs

[표 4-33] 영업일보

영 업 일 보
2008년 07월 23일 (수요일)

Cur Date : 2008-07-23
Unit : 1000 WON
Printed date : Jul 24 2008 01:43

DEPARTMENT	TODAY FOOD	TODAY BEVE	TODAY OTHER	TODAY TOTAL	M.T.D FOOD	M.T.D BEVE	M.T.D OTHER	M.T.D TOTAL	M.T.D BUDGET	M.T.D (%)	Y.T.D FOOD	Y.T.D BEVE	Y.T.D OTHER	Y.T.D TOTAL	Y.T.D BUDGET	Y.T.D (%)
ROOM REVENUE	0	0	23,628	23,628	0	0	557,351	557,351	561,459	99.3	0	0	5,151,362	5,151,362	5,327,209	96.7
MINI BAR	0	0	258	258	0	0	6,531	6,531	7,225	90.4	0	0	63,873	63,873	62,422	102.3
EF LOUNGE	0	0	0	0	0	0	50	50	0	0.0	0	20	431	451	0	0.0
Sub Total	0	0	23,886	23,886	0	0	563,932	563,932	568,685	0.0	0	20	5,215,667	5,215,687	5,389,632	0.0
Sold Rooms				291				6,568	6,570	100.0				57,274	57,570	99.5
Occupancy(%)				86.4				84.8		0.0				84.6		0.0
BANQUET	1,369	0	1,049	2,418	29,697	1,425	1,946	33,068	31,903	103.7	340,185	25,955	35,605	401,746	390,903	102.8
ROOM SERVICE	42	73	0	42	1,717	74	0	1,791	2,782	64.4	24,725	584	0	25,310	23,582	107.3
COFFEE SHOP	1,181	0	80	1,255	21,719	1,162	50	22,932	28,193	81.3	235,411	10,647	230	246,289	250,593	98.3
SNACK DANUBE	2,667	0	0	2,747	52,062	418	1,439	53,920	52,677	102.4	479,245	7,845	8,965	496,055	537,577	92.3
EF F&B	0	0	0	0	0	0	0	0	0	0	0	0	0	0	0	0
Sub Total	5,260	73	1,129	6,463	105,196	3,080	3,435	111,712	115,556	0.0	1,079,568	45,033	44,800	1,169,402	1,202,656	0.0
F&B Covers				922				20,932	0	0.0				190,442	0	0.0
Avg. Rate				26				27		0.0				28		0.0
TELE MOVIE	0	0	36	36	0	0	630	630	0	0.0	0	0	7,308	7,308	0	0.0
PARKING LOT	0	0	202	202	0	0	4,293	4,293	0	0.0	0	0	63,578	63,578	0	0.0
LAUNDRY	0	0	112	112	0	0	1,964	1,964	2,245	87.5	0	0	16,574	16,574	16,810	98.6
INTERNET & PC	0	0	4	4	0	0	242	242	0	0.0	0	0	1,374	1,374	0	0.0
FAX	0	0	6	6	0	0	50	50	0	0.0	0	0	493	493	0	0.0
XEROX	0	0	0	0	0	0	46	46	0	0.0	0	0	453	453	0	0.0
TELEPHONE	0	0	256	256	0	0	3,282	3,282	0	0.0	0	0	34,412	34,412	0	0.0
INTERNET ROOM	0	0	208	208	0	0	4,334	4,334	0	0.0	0	0	41,725	41,725	0	0.0
Sub Total	0	0	826	826	0	0	14,844	14,844	2,245	0.0	0	0	165,921	165,921	16,810	0.0
Grand Total	5,260	73	25,841	31,176	105,196	3,080	582,211	690,489	686,487	0.0	1,079,568	45,053	5,426,388	6,551,010	6,609,099	0.0

[표 4-34] 매출분석보고서

Cur Date : 2008-07-23

매출분석보고서
2008년 07월 23일 (수요일)

Unit : 1000 WON / 객수 / 실수
Printed date : Jul 24 2008 01:43

구분	객실	매출	단가	객실	당월매출	단가	당월목표매출	달성율	전년당월매출	증감율	각실	금년누계매출	단가	금년목표매출	달성율	전년매출	증감율
ROOM REVENUE	291	23,628	81	6,568	557,351	84	561,459	99.3	525,782	106.0	57,274	5,151,362	89	5,327,209	96.7	4,643,078	110.9
MINI BAR	47	258	5	1,123	6,531	5	7,225	90.4	7,057	92.5	10,522	63,873	6	82,422	102.3	60,650	105.3
EF LOUNGE	0	0			50	16					22	451	20				0.0
Sub Total	338	23,886	70	7,694	563,932	73	568,685	99.2	532,849	105.8	67,818	5,215,687	76	5,389,632	96.8	4,703,728	110.9
BANQUET	1	2,418	2,418	664	33,068	49	31,903	103.7	23,810	138.9	7,204	401,746	55	390,903	102.8	342,034	117.5
ROOM SERVICE	2	42	21	83	1,791	21	2,782	64.4	2,432	73.7	1,038	25,310	24	23,582	107.3	22,864	110.7
COFFEE SHOP	75	1,255	16	1,867	22,932	12	28,193	81.3	27,716	82.7	20,750	246,289	11	250,593	98.3	246,529	99.9
SNACK DANUBE	112	2,747	24	3,382	53,920	15	52,677	102.4	55,830	95.6	31,978	496,055	15	537,577	92.3	525,842	94.3
EF F&B	0	0	0	0	0	0	0	0.0	2	0.0	0	0	0	2	0.0	2	0.0
Sub Total	190	6,463	34	5,996	111,712	18	115,556	96.7	109,791	101.7	60,970	1,169,402	19	1,202,656	97.2	1,137,273	102.8
TELE MOVIE	4	36	9	101	630	6	0	0.0	999	63.1	1,171	7,308	6	0	0.0	8,721	83.8
PARKING LOT	1	202	202	23	4,233	186	0	0.0	4,896	87.7	204	63,578	311	0	0.0	65,313	97.3
LAUNDRY	10	112	11	143	1,964	13	2,245	87.5	1,932	101.7	1,152	16,574	14	16,810	98.6	16,076	103.1
INTERNET & PC	2	4	2	43	242	5	0	0.0	342	70.7	319	1,374	4	0	0.0	2,469	55.7
FAX	1	6	6	16	50	3	0	0.0	42	117.0	125	493	4	0	0.0	574	86.0
XEROX	0	0	0	12	46	3	0	0.0	159	29.3	101	453	4	0	0.0	691	65.6
TELEPHONE	70	256	3	1,211	3,282	2	0	0.0	4,069	80.7	13,102	34,412	2	0	0.0	39,360	87.4
INTERNET ROOM	24	208	8	607	4,334	7	0	0.0	6,257	69.3	5,639	41,725	7	0	0.0	55,064	75.8
Sub Total	112	826	7	2,156	14,844	6	2,245	661.0	18,699	79.4	21,813	165,921	7	16,810	987.0	188,272	88.1
Grand Total	640	31,176	48	15,846	690,489	43	686,487	100.6	661,340	104.4	150,601	6,551,010	43	6,609,089	99.1	6,029,273	108.7

판매 후 영업회계란 호텔과 고객의 거래가 끝마무리되는 과정인 Check-Out을 말한다. Check-Out은 투숙고객이 퇴실하고 숙박료를 정산하는 수속절차이다.

야간감사자(Night Auditor)는 컴퓨터를 이용한 Expected Departure Guest List를 작성하여 Front Office의 Front Clerk과 Front Cashier, House Keeping 부서에 배부하여 당일 Check-Out 예정고객에 대한 Check-Out 준비를 하도록 한다.

[표 4-35] Expected Departure List

Expected Departure List

Cur_Date : 2008-07-28

Rm_ty	Guest Name	Country	Std_Rate	ARR_Date	DC	Act_Rate	Dep_Date	#Gst	Vip	Folio#	Clk
STT	KARIYAZAKI SATOM	JPN	172,000	2008-07-23	66	60,000	2008-07-28	2		0355978	PK
STT	YAMAMURO FUJIMI	JPN	172,000	2008-07-24	66	60,000	2008-07-28	1		0357098	SH
STT	TAKAHASHI SUSUMU	JPN	172,000	2008-07-23	66	60,000	2008-07-28	1		0360453	SH
EFQ	KANEKO HIROSHI	JPN	350,000	2008-07-22	52	170,000	2008-07-28	1		0359267	SH
EFQ	USA YOSHIO	JPN	350,000	2008-07-23	52	170,000	2008-07-28	1		0360569	SH
BZT	이 원 봉	KOR	285,000	2008-07-22	48	150,000	2008-07-28	1		0354740	SPK
BZT	MOON IN HEE	USA	285,000	2008-07-25	48	150,000	2008-07-28	2		0359706	PK
BZT	LEE HYEON TAE	JPN	285,000	2008-07-26	48	150,000	2008-07-28	2	V	0358184	PK
EFK	CHIBA SHINICHI	JPN	350,000	2008-07-27	52	170,000	2008-07-28	2	V	0360365	PK
EFK	KODAIRA YUKO	JPN	350,000	2008-07-24	52	170,000	2008-07-28	2		0357098	PK
EFK	KOBAYASHI MASAYO	JPN	350,000	2008-07-25	52	170,000	2008-07-28	2		0358185	PK
EFK	SUGIMOTO MIROKI	JPN	350,000	2008-07-22	52	170,000	2008-07-28	1		0360572	SH

Koreana Hotel

1. Check-Out 예비절차

① 고객이 Front Office의 수납창구에 접근할 때에 고객을 맞이하는 태도를 취한다. 즉 시선과 태도로써 Check-Out을 시킬 준비가 되어 있음을 나타낸다.

② Front Office Desk에 근접하면 Good Morning Sir. 등 해당 국가의 인사말로 경쾌하게 인사한다. 그러나 현재 호텔근무자들은 자사 호텔을 이용하는 고객들이 자국의 인사말 정도는 알고 있기 때문에 자국어로 인사하는 경우도 많다.

"Good morning, Sir. May I help you?"

③ 고객이 Room Key를 제시하면 Room Key를 받아 Room No.를 확인하고 Check-Out 여부를 확인한다.

"May I have your room number, please?"

"Would you like to check out now?"

④ 고객원장 파일보관함(Guest Folio Holder)에서 모든 자료를 꺼내서 Front Office Desk에 놓고 등록카드를 보고, 컴퓨터의 CRT(Cathode-Ray Tube : 브라운관)를 보면서 고객의 이름을 호칭하여 맞는지 확인한다.

"Are you Mr Kim?"

⑤ 컴퓨터의 CRT(Cathode-Ray Tube : 브라운관)를 확인하여 Mini Bar 요금, 조식요금을 확인하고, 누락되었으면 사용여부를 확인하고 Mini Bar 요금의 경우는 자진신고에 의해서 Billing하여 입력한다. 또한 조식요금의 경우는 해당 영업장에 연락해서 신속히 처리하도록 조치한다.

"Have you taken anything from the refrigerator?"

2. Check-Out 본 절차

① Check-Out하고자 하는 고객의 Guest Folio를 컴퓨터의 CRT(Cathode-Ray Tube : 브라운관)를 통하여 확인하고 해당국가의 화폐로 숙박요금을 알린다.

"Your bill comes to $200.15, Sir."

② 고객이 어떤 방법에 의해 지급할 것인지 지급방법을 확인한다.

"How would you like to pay your bill, Sir?"

③ 지급방법에 따라 Guest Folio를 생산한다.

④ Guest Folio를 고객에게 제시하면서 예약조건대로 되었는지, 타인의 Bill이 잘못 입력되었는지 등의 여부를 확인하기 위해서 Sign을 받는다.

"Would you check your balance please?"

⑤ 고객이 원하는 지급방법에 따라 회수한다.

"You gave me ＄200, sir." "You gave me American Express, sir."

[표 4-36] Check-Out 시 업무

<table>
<tr><th colspan="3" align="center">Check-Out 시 업무</th></tr>
<tr><td colspan="2">KOREANA HOTEL</td><td>Date :</td></tr>
<tr><th colspan="2"></th><th align="center">설명</th></tr>
<tr><td colspan="2" align="center">업무 준비</td><td>ⓐ Crt(Cathode-Ray Tube) 및 Imprinter 일자 확인(당일 일자로 확인 조정) ⓑ 장표류 확인 ⓒ 소액권 준비</td></tr>
<tr><td colspan="2" align="center">고객 영접</td><td>ⓐ 인사(15도로 정중하게 맞이한다)</td></tr>
<tr><td rowspan="6">숙

박

객</td><td>1. Room Key 확인 및 회수</td><td>ⓐ Room Key로서 Rm/No. 확인(Crt에서 고객 성명 확인)
ⓑ Check-Out 여부 확인</td></tr>
<tr><td>2. 요금 청구</td><td>ⓐ 당일 호텔 내 영업장 Bill의 입력 여부(오늘 Rm/Sign하신 Bill) 확인한다. ⓑ 정확한 요금을 고객에게 알려 드린다.</td></tr>
<tr><td>3. 지급방법 확인</td><td>ⓐ 본인지급   ⓑ 전액 타인지급
ⓒ 일부 타인지급(현금, 신용카드를 확인, 지급처, 지급인의 확인 및 서명을 받는다. 지급조건 재확인)</td></tr>
<tr><td>4. 현금수납</td><td>ⓐ 국내화폐, 외국화폐 등(고객 앞에서 확인)
ⓑ 거스름돈 및 영수증 교부</td></tr>
<tr><td>5. 신용카드 수납</td><td>ⓐ 매출전표   ⓑ 신용카드 확인
ⓒ 매출전표금의 표기   ⓓ 고객서명 의뢰
ⓔ 영수증 및 Card 교부</td></tr>
<tr><td>6. City Ledger 수납</td><td>ⓐ 지급처 확인 ⓑ Guest Folio에 서명(고객, 지급인의 성명, 회사명, 연락처, 서명을 받는다)</td></tr>
<tr><td colspan="2" align="center">고객 전송</td><td>인사(45도로 정중하게 전송한다)</td></tr>
<tr><td colspan="2" align="center">등록카드 및 Rm/Key를 Front Desk로 이송</td><td>ⓐ Reg. Card & Rm/Key를 통하여 Room Rack 제거
ⓑ Guest History Card 작성</td></tr>
</table>

⑥ 영수증을 봉투에 가지런히 담아 Cash Tray에 놓고 거스름돈을 그 위에 놓아 두 손으로 담아드린다. "Your change is $30.10."

Group Check-Out의 경우

첫째, Group Check-Out 절차는 FIT(개인 고객)와 동일하나 안내원(Guide)에 의해서 고객을 Front Cashier Desk로 안내하도록 한다.

둘째, FIT와 동일한 절차에 의해서 개인 Bill(Guest Folio)을 회수하고, 최종적으로 Group 지급분(Master Folio)의 숙박비를 사인하도록 한다.

셋째, Check-Out하고자 하는 Group의 Guest Folio와 Master Folio를 생산한다.

넷째, Guest Folio를 통해 Check-Out하고자 하는 개인 Bill을 회수한다.

다섯째, Master Folio는 Group의 담당자로부터 정산 받는다.

---

3. Check-Out 마감절차

① 고객의 짐에 대하여 묻고 필요에 따라 Bell Man을 불러 Baggage Down Service 등을 제공한다.

"Where is your luggage?"

② 숙박요금의 계산이 끝나고 영수증을 건네주면서 바른 자세로 정중하게 인사를 하여 떠나는 고객에게 호텔의 좋은 이미지(Image)를 심어 주도록 한다.

"Thank you very much, I hope to see you again."

"Have a nice trip Mr. Huh."

③ 등록카드의 Guest History란에 고객의 요청사항, 신용카드번호 등을 충실하게 기재하여 사후 고객의 요구에 충분히 대응할 수 있도록 한다.

4. Express Check-Out(익스프레스 체크아웃) 절차

대부분의 호텔은 고객이 Front Office에서 줄을 서서 기다리지 않고 비교적 빠른 시간

안에 Check-Out을 할 수 있는 Express Check-Out Service를 제공한다. 고객의 Check-In 시 양식과 서명에 따라 Check-Out 당일 새벽에 모든 고객 계좌 결산이 이루어지며, 이는 객실의 출입구 아래로 투입된다.

[표 4-37] Express Check-Out

** EXPRESS CHECK-OUT **

CHECK-OUT TIME IS 11:00 AM
LATE CHECK OUT WILL INCUR A CHARGE

GUEST NAME: CHENGLING HSIEH   ROOM #: _____

SIGNATURE: _____   CHECK OUT DATE: _____
                                    APPROX. TIME: _____

LOCAL, TOLL-FREE, CALLING CARD, AND COLLECT CALLS INCUR A $1.25 CHARGE
FOR THE FIRST 30 MINUTES, EACH ADDITIONAL MINUTE AFTER 30 IS ASSESSED 20¢.

TO AVOID LONG CHECK OUT LINES, PLEASE FILL OUT THIS EXPRESS CHECK OUT FORM AND DEPOSIT WITH ROOM KEYS AT THE FRONT DESK OR CALL THE EXPRESS CHECK OUT HOTLINE AT EXTENSION 73349. A COPY OF YOUR FOLIO WILL BE MAILED TO YOU AT THE ADDRESS ON THE ACCOUNT OR FAXED TO THE NUMBER INDICATED BELOW.

FAX # ( ) _____

3645 Las Vegas Blvd. South Las Vegas NV 89109
FOR RESERVATIONS CALL 1-800-634-3434
702-967-4111

Thank You for Choosing Bally's Las Vegas

BALLY'S
LAS VEGAS
Signature: _____
HSIEH, CHENGLING

Arrival Date   Departure Date   Pymt. Method
12/12/07   12/13/07   FMC
Room No: (1) BB 1486

BALLY'S
LAS VEGAS
Signature: _____
HSIEH, CHENGLING

Arrival Date   Departure Date   Pymt. Method
12/12/07   12/13/07   FMC
Room No: (1) BB 1486

고객이 내역서를 확인한 후 이의가 없으면 그대로 체크아웃과정이 끝난 것으로 간주되고, 만약 이의 발생 시 Front Office로 통보하도록 한다.

최근에는 객실 내에서 Check-Out을 하도록 "Video Check-Out"시스템을 이용하여 고객이 최대한 시간을 절약하고 불편함이 없도록 더욱 개선되고 있는 중이다.

KOREANA HOTEL
INSTANT CHECK-OUT

만일 고객께서 Six Continents Club이나 Priority Club Rewards 회원이신 경우, 체크인하실 때 신용카드 내용을 입력하여 두시면 추가적인 절차 없이 객실에서 편안하게 체크아웃하실 수 있습니다.

객실 전화기로 ○○○을 누르고 체크아웃 예정 시간을 말씀해 주시면 시간 내에 청구서를 준비하겠습니다.

○○○ Manager _____
We know what it takes.

IN A HURRY?
Try our In Room
Video Check-Out

For those guests providing a credit card number at check-in, checking-out can be as easy as turning on the TV.

Simply press menu on your remote control to review your billing and then follow the steps to check-out.

A copy of your bill will be prepared automatically and ready for pick-up at our Video Check-out stand displayed at the front desk.

KOREANA HOTEL

객실판매영업회계의
요금징수방법

제5장

객실판매영업회계의 요금징수방법

일반적으로 호텔에서의 거래는 상품 또는 서비스를 대상으로 하여 호텔과 여행사, 호텔과 항공사, 호텔과 회사 및 호텔과 고객 사이에서 이루어지는 매매행위이다.

호텔객실상품 거래는 여러 종류의 조건하에 이루어지는데, 이들 조건을 거래조건이라고 한다. 거래조건에는 거래되는 상품의 종류·품질·수량·가격, 인도 장소 및 시기, 대금 지불방법 등이 포함된다. 이런 조건들은 문서(거래계약서 등) 또는 구두로, 거래 당사자 간의 합의하에 결정된다. 보통 거래를 하는 상대를 거래처라고 하며, 이 거래처와의 관계를 거래관계에 있다고 말한다.

호텔에서 거래가 형성되는 것은 고객이 호텔을 이용하고자 다양한 Channel을 통하여 예약을 하게 되는데, 이와 같이 예약을 하는 시점부터 예비적 거래가 이루어지고 있다고 볼 수 있다.

최초로 고객과 호텔의 거래가 발생되는 시점은 Check-In을 하는 시점에서 고객원장(Guest Folio)이 개설되고, 개설된 원장에 Check-Out을 하기 전까지 호텔에서 이용하는 각종 부과요금이 전표를 통해서 고객계정에 부과된다. 부과된 요금은 고객이 Front Office를 통해 Check-Out이 되면서 정산된 부과금을 회수하는 과정, 이것이 일반적인 요금지급방법이라 할 수 있다.

그러나 고객의 요금지급방법은 예약을 하는 시점에서 지급하고자 하는 방법이 개인지급, 신용카드, 일반회사, 여행사, 항공사 지급 등 다양한 형태로 결정이 되어진다. 아울러 회사, 여행사, 항공사 등의 City Ledger 지급일 경우에는 Credit Manager에 의해서 여신한도가 설정되는데, 각 호텔에서는 호텔의 규정에 의해 처리하고 있다.

호텔에서 고객으로부터 요금을 징수하는 방법은 일반적으로 다음과 같이 3단계로 이루어지고 있는데

첫째, 고객계정이 개설되기 전 요금징수방법

둘째, High Balance Check을 통한 중간지불의 요금징수방법

셋째, Check-Out 시 요금징수방법이다.

제1절 ‣ 고객계정이 개설되기 전 요금징수방법

1. 선수금(Advanced Money)

선수금은 영업활동의 대상이 되는 객실상품을 판매하기 전에 거래대금의 일부 또는 전부를 미리 받는 것으로서 이것은 발생 후 상당기일 경과 후에 판매수익의 실현 여부가 확정되는 일종의 미확정 거래이다.

(1) 예약담당자 요구에 의한 선수금

성수기, 연휴 및 주말, Late Check-In 시 단체예약 등에 주로 예약 선수금을 받고 있으며, 단골고객이나 VIP 또는 신원이 확실한 고객에게는 선수금을 요구하지 않으며, 선수금은 통상 1인분의 숙박료 전액을 징수함을 원칙으로 한다.

(2) 고객요구에 의한 선수금

고객이 객실예약 시 객실지정을 하거나 특별한 형태의 객실을 확약받고자 지불하는 경우와 타인의 객실료를 지불하는 경우가 있다.

(3) 선수금 취급요령

선수금은 계약에 따른 일반적 상거래 이행을 보다 확실히 하기 위해 미리 받는 금액으로 호텔에서는 고객이 선수금을 지불하면 예약담당자는 일반적으로 1조 4매의 영수증을 발행한다. 이 영수증은 고객용, 예약실 보관용, 영업회계용 및 경리부용으로 각각 사용된다.

객실예약의 경우에는 이를 선수금계정으로 입금처리한 후 객실예약카드에 기록하여 둔다. 이 예약카드 및 예약금증서가 Front Office의 Front Cashier로 전달되면 Check-Out 시에 이 예약금만큼 숙박료에서 대체된다.

선수금 수령 시는 선수금계정의 대변에 기입하고 추후 객실이나 식음료를 제공한 시점에서 선수금계정 차변과 매출계정 대변에 기입하여 선수금을 소멸시킨다.

(4) 예약취소 및 선수금 반환요청

예약을 취소하며 선수금 반환을 요구할 때는 도착 1일 전까지는 전액을 반환하며, 당일 취소 시에는 50%의 요금을 반환, 당일이 지난 후 취소 반환 요구 시에는 거절을 원칙으로 한다. 이 때 금액은 경리부에서 기타 수입으로 처리한다.

[표 5-1] Credit Receipt Voucher

LOTTE HOTEL WORLD SEOUL·GANGNAM	080124
CREDIT RECEIPT	DATE
NAME OF GUEST	ROOM NO.

Credited receipt for advance Payment(Room No.   ) Balance will be shown on your bill.

上記 金額을 宿泊料 先受金으로 正히 領收함. (精後는 無效임)

CASHIER'S SIGNATURE

GUEST COPY

2. 예치금(Deposit)

호텔영업 회계에 있어 고객에게 대금을 선납하여 받는 경우는 휴대품이 없는 Walk-In Guest, 당일 Front Office에 예약을 하고 호텔에 투숙하고자 하는 고객(Today's Reservation, Daily Pick-Up Guest) 및 기타 지불이 확약되지 않은 고객에 대해 호텔에서는 Skipper를 방지하기 위하여 미리 선납금(선지급금), 즉 이용요금을 미리 받는 것으로 Advance Payment 또는 Paid-In Advance라고 부른다.

[표 5-2] Doposit & Advance Deposit Ledger Report

DEPOSIT(豫置金)

NAME　　　　　　　　ROOM NO.　　　　　　　　DATE
姓 名 _____　　客室番號 _____　　日 字 _____

AMOUNT
金額 [　　　　　　]

Acknowledgement is made of receipt of amount printed
above this has been credited your account. Thank You!
상기 금액을 충분히 받았습니다. 이 금액은 고객의 계정에 대체(對替) 하겠습니다.

F/O Cashier _____　　　　　Accounting Manager _____

Advance Deposit Ledger

Sorted by Last Name

RESORT
DATA PROCESSING

Guest Name	Res#	Type	Room#	Total Charges	Paid Deposit	Total Bal. Due	Group Mst Bal Due	Group Ldr Bal Due	Guest Bal. Due	Arrival	Nts
Birch/Kenny	305	P4	102	481.50	100.00	381.50	0.00	0.00	381.50	1/5/2000	4
Eastwood/Clint	2	I1		214.00	100.00	114.00	0.00	0.00	114.00	3/23/1998	2
Lithgow/John	306	S2	104	452.62	94.50	358.12	0.00	0.00	358.12	3/4/1998	4
Reeie/Gabriela	295	P4	111	481.52	112.50	369.02	0.00	0.00	369.02	3/2/1998	4
Seles/Monica	278	P4	115	782.65	65.00	717.65	0.00	0.00	717.65	3/1/1998	6
Seymour/Jane	296	P4	702	829.70	738.40	91.30	0.00	0.00	20.30	3/1/1998	7
Short/Martin	279	P4	122	465.45	130.50	334.95	0.00	0.00	334.95	3/1/1998	3
The Colorado Rocki	257	M4	LEADER	0.00	1000.00	-1000.00	0.00	0.00	-1000.00	3/1/1998	4
8 Res with Deposits			**Totals:**	**3707.44**	**2340.90**	**1366.54**	**0.00**	**0.00**	**1295.54**		

고객이 입금 시에는 고객회계(Guest Account)에 즉시 반영되는 부채거래로서 투숙객원장(Guest Folio) 대변(Credit)에 기재하여, 대변 잔액을 나타내고, 고객에게는 입금영수증(Credit Receipt Voucher)을 교부한다. 이 Deposit의 징수방법은 Cash(현금), Check(수표), Credit Card 등이 있으며 Deposit의 징수는 고객관리의 측면에서도 중요하다. 호텔에서 고객에게 지급받는 금액은 사용하고자 하는 객실요금의 1.5배 이상을 예치받고 있다.

제2절 High Balance Check를 통한 중간지급의 요금징수방법

호텔을 이용하는 고객의 요금징수는 특별한 경우를 제외하고는 고객이 호텔을 떠나는 Check-Out 시에 계산하는 것이 일반적인 관례이지만, 장기투숙객의 경우 Check-Out 시에 일괄 수납하게 되면 외상매출금의 과다 발생으로 인한 자금사정의 악화 및 지급불능고객 또는 불량고객에 의한 위험부담률(Risk)이 높게 된다.

따라서 자금의 원활한 운영 및 균형관리를 위해서 Front Office에서는 High Balance Check을 하여 호텔 규정에 따라 고객에게 중간지급을 요구하고 있다.

1. 중간지급제도의 목적

① 자금의 원활한 운영, ② 고객계정(Guest Account)에 대한 Balance의 적정관리, ③ 불량채권 발생의 사전예방, ④ 신속 편리한 수납

2. High Balance 운영방법

(1) 고객형태에 의한 방법

예약고객, 재방문고객, 장기투숙객, VIP 고객을 기간 또는 일정금액에 따라 분류하여 운영한다.

(2) 기간에 의한 방법

1주일 이상 투숙하는 고객에 대하여 Weekly(한 주일에 한 번) 또는 Bi-Weekly(2주일에 한 번), Monthly(한 달에 한 번) 등의 방법으로 청구한다.

(3) 금액에 의한 방법

일정한 금액(호텔규정에 의해 정해진 금액) 이상의 고객들에게는 고객을 판단하여 일정금액 이상이 되었을 경우에 청구한다.

[표 5-3] High Balance List & Report

HIGH BALANCE LIST

Date : _____

Room No.	Name	Amount	Check-out Date	Remarks
Koreana Hotel				

High Balance Report For: 10/13/2004, 12:30 PM

Room	Checkinn Date	Checkout Date	Balance
200	10/03/2004	10/17/2004	662.10
138	09/30/2004	10/12/2004	596.40
266	10/01/2004	10/22/2004	375.31
221	10/03/2004	10/09/2004	364.18
125	10/06/2004	10/11/2004	282.24
115	10/09/2004	10/14/2004	244.32
135	10/06/2004	10/09/2004	201.60
201	10/03/2004	10/17/2004	185.36
222	09/26/2004	10/17/2004	132.10
129	10/09/2004	10/10/2004	96.76
126	10/09/2004	10/10/2004	75.00
159	10/10/2004	10/14/2004	61.08
156	09/30/2004	10/09/2004	51.18
133	10/02/2004	10/10/2004	45.52
155	10/01/2004	10/29/2004	24.50

3. High Balance 처리방법

High Balance 관리는 수납업무에 본질적으로 중요하므로 담당자는 관리상의 특별한 주의 의무를 다해야 한다.

[표 5-4] High Balance 처리방법

High Balance 처리방법

Koreana Hotel   Date :

상황\조치	대상	내국인(해외교포 포함)	외국인
1차	₩××× 이상일 경우	Payment Notice 객실 내 투입 (지급보증 또는 중간지급청구)	좌동
2차	1차 Notice에 대하여 무응답인 경우	상동 (내용: 1차 시와 동일)	좌동
3차	2차 Notice에 대하여 무응답인 경우	투숙객과 전화통화 또는 면담 (내용: 1차 시와 동일)	좌동
4차	3차의 요청에 대하여 미이행 시	High Balance ₩××× 이상인 경우 업장 후불이용불가통보 및 관련부서에 협조의뢰	좌동
5차	4차 조치에 대하여 미이행 시	강제 퇴숙 후 경찰서에 고소	좌동

[표 5-5] 중간지급 청구서

INTERIM BILL
(Final Reminder)

Name _____   Room No._____   Date _____

Dear

As I stated in my earlier Interim Bill Policy Notice and Interim Bill Reminder, guest accounts must be settled every 7 days. Your account has not been so settled and date amounts to ₩

This policy was established to provide accounting control and administration efficiency. I, therefore, ask that you settle your account today to preclude us from having to take alternate of collection to satisfy our auditors.

Please contact me at extension 400 so that we can resolve this matter.

I regret the urgency of this notice and will appreciate your understanding and cooperation.

Respectfully your,
Manager
Income Department

제3절 · Check-Out 시 요금징수방법

　고객이 호텔에 체재하면서 사용한 모든 요금을 결제하는 업무를 말하며 요금지급형태에 따라 현금(Cash) 결제, 신용카드(Credit Card) 결제, 외상매출(City Ledger) 결제 및 기타 결제로 구분할 수 있다. 이 지급의 조건은 예약 시나 등록 시에 결정한 방법에 따른다.

1. 현금(Cash) 결제

　내국통화, 외국통화, 자기앞수표, 여행자수표 등으로 결제하는 것은 현금 결제에 속한다. 이 현금수납은 Check-Out의 경우에는 CRT(Cathode Ray Tube)의 Check-Out 화면에서, 중간지급의 경우는 CRT(Cathode Ray Tube)의 Posting 화면에서 각각 처리한다. 호텔 내에서의 현금 흐름을 살펴보면 다음과 같다.

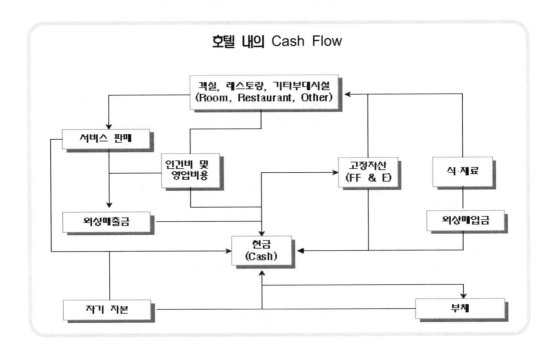

호텔 내의 Cash Flow

(1) 외국통화 수납

외국통화로 지급받을 때에는 호텔환율(외환은행이 고시하는 그날의 환율을 대고객 통화매입률을 적용)을 적용해서 해당 화폐로 환산하여 지급받고 가능한 범위 내에서 해당 화폐로 거스름돈을 내어준다. 그러나 호텔에서 게시하고 있지 않은 외국화폐에 대하여 부득이하게 정산을 받아야 할 경우에는 외환은행이나 외환을 취급하는 은행에 환율을 문의하여 처리하도록 하며 그 취급에 있어 주의하여야 한다.

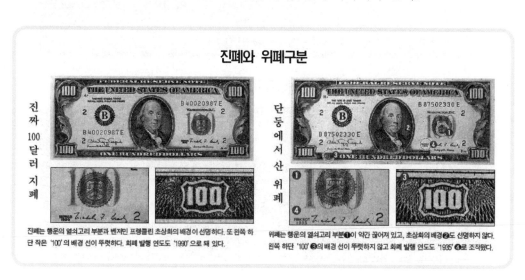

진폐와 위폐구분

(2) 여행자수표(Traveler's Check) 수납

여행자수표(T/C)는 여행자가 자국에서 출국하기 전에 현금을 수표형태로 바꾸어서 교부받는 현금대행수표이다. 고객이 숙박비를 T/C로 수납할 경우에는 외국통화 수납 시와 같이 여행자수표 매입률에 의해서 환산하여 수납한다. 이 여행자수표를 수납할 때에는 수표 앞면에 배서(背書: Endorsement)한 서명(Original Sign)과 그 자리에서 배서한 고객의 서명(Counter Sign)이 동일한가를 대조하여 수납 받는다.

[표 5-6] Traveler's Check

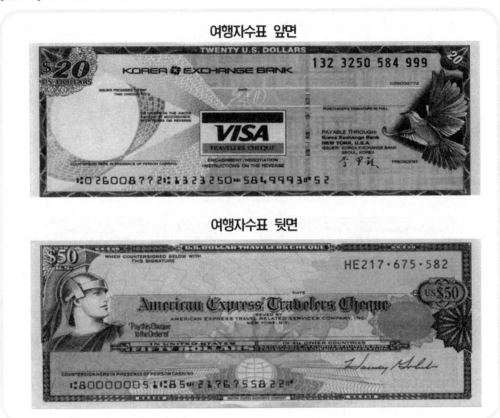

(3) 자기앞수표

일명 보증수표라고 하며 전 은행(외국은행 포함) 및 기타 금융기관(우체국, 농·수·축협)에서 발행한다. 이 수표는 발행은행으로부터 수표금액(액면가)에 상당하는 현금을 예치 후 발행되는 유가증권으로서 상거래 상 분실, 도난 등 불법소지인의 악용을 제재코자 신원확인 및 배서의 의무를 갖는다.

이 자기앞수표는 은행이 발행인과 지급인을 겸해서 현금 대신 유통시키는 유가증권이다.

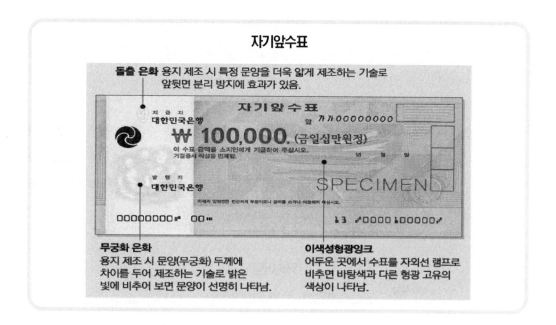

자기앞수표의 취급 시 유의사항을 살펴보면 다음과 같다.

첫째, 호텔 투숙객이 아닌 경우의 단순한 수표교환은 허가하지 않는다.

둘째, 고액 수표는 은행조회를 하여 이상이 없을 경우에만 접수한다(고액 수표가 아닐 경우에도 발행 후 10일이 지난 수표는 조회를 해 보아야 한다).

셋째, 수표 뒷면에는 Stamp를 찍어서 소지자의 성명, 주소, 전화번호, 주민등록번호 및 담당 회계원의 성명을 기재하여야 한다.

넷째, 액면가와 발행은행을 확인하고 서울이나 주변위성도시 및 대전, 청주까지는 추심료를 받지 않으나, 기타 지방 소재 금융기관에서 발행한 수표는 고객으로부터 추심료를 받아야 한다.

(4) 가계수표

가계수표는 은행에서 지급을 보증하고 발행하는 수표로서 자기앞수표와는 달리 액면가가 표시되어 있지 않으며 도난, 분실의 우려가 있어 다용도로 사용되기 때문에 회계원은 다음의 주의를 필요로 한다.

첫째, 발행가는 일반적으로 수표 1장당 발행한도액이 1백만 원을 초과해서는 안 된다. 다만, 사업자등록증이 있는 자는 사전계약에 의하여 1백만 원, 3백만 원, 5백만 원을 한도로 발행할 수 있다. 둘째, 가계수표 앞 란에 발행 액면가, 성명, 주민등록번호, 도장이 날인되어 있는지를 반드시 확인하여야 한다.

셋째, 수표 뒷면에 수표 보증카드 번호와 주소, 전화번호 등 기타 필요한 사항을 배서 받아야 한다. 넷째, 본인 이외의 가계수표는 일체 취급하지 말아야 하며 가능한 대금결제를 위한 액면가만 받고 현금을 교환해 주지 말아야 한다. 다섯째, 보증카드 또는 주민등록증 제시가 불가능한 경우에는 수취 거절하여야 한다.

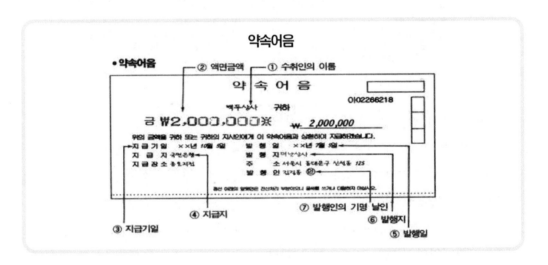

(5) Debit Card : 직불카드

이는 외국에서 흔히 사용되는 형태로서 Debit Card는 신용카드와 마찬가지로 호텔의 이용료를 지급하는데 유용한 도구로 사용된다. 그러나 신용카드와 다른 점은 카드회사처럼 결제일이 따로 없고 발생할 때마다 바로 개인은행구좌에서 해당금액이 차감되거나 호텔의 은행계좌로 대체된다. 신용카드로 이용하게 되면 지급기한을 늦출 수 있다는 장점이 있기는 하지만, 비용이 들게 되므로 Debit Card를 사용하는 고객이 증가하고 있다. 그 취급요령은 신용카드 취급요령과 유사하다.

[표 5-7] Debit Card Form

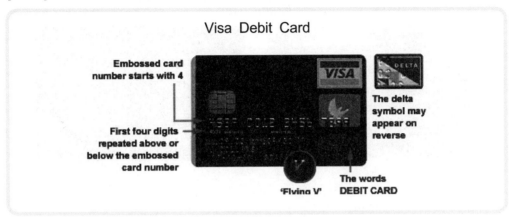

(6) Money Wire System

고객이 여행을 하다 보면 현금이 부족하거나, 아주 긴박한 상황 또는 신용카드 한도 금액이 과도하게 사용되어 결제승인이 나지 않을 경우, 지갑을 분실하는 경우가 발생할 수 있다. 이 때 Front Cashier는 이 제도를 이용하게 된다.

2. 신용카드(Credit Card) 결제

신용카드는 1894년 미국에서 소개된 "Travel Letter System"이 그 시초이다. 이것은 오늘날 신용카드와 같이 신용을 증명하는 확인편지였다. 1920년까지는 "Credit Coin"이 백화점에 통용되다가 후에 석유회사에서 "Courtesy Card"를 발행하였다. 백화점에서는 "Buy Now, Pay Late"라는 캐치프레이즈를 내걸고 매상을 증가시켰던 것이다.

신용카드는 카드발행자(은행, 전문카드회사, 백화점, 호텔 등)가 일정한 자격을 갖춘 자로부터 입회신청을 받아 카드를 발급, 대여해 주고 회원은 이 카드로 필요한 시기에 상품과 용역을 가맹점으로부터 현금 없이 신용으로 구매하면 카드발행자는 가맹점에 그 대금을 선지급하여 주고 회원으로부터 일정한 기일 후에 징수하는 제3의 화폐로서의 신용카드의 보급이 급속히 늘어가고 있다.

Credit Card

[표 5-8] Credit Card의 Flow Chart

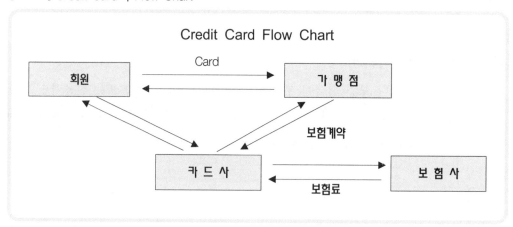

(1) Credit Card의 종류 및 취급절차

1) 종류

① 은행계 카드

국민신용카드(국민은행), BC카드(은행연합회), 환은카드(외환은행), 장은카드(장기신용은행) 등 여러 가지가 있다.

② 외국계 카드

American Express, VISA, Master Charge, Diners Club, JCB, JTB, 일본 신관

③ 전문 카드

　LG카드(LG 신용카드), WINNERS(삼성 신용카드) 은행계 및 전문 카드는 VISA, MASTER 등의 외국카드와 제휴, 외국에서의 사용이 가능하도록 하고 일반카드와 외국사용카드를 구분 발행하고 있기도 하다.

2) 취급절차

첫째, 당사에 계약이 체결되어 있는 카드사의 취급카드 여부를 확인한다.

둘째, 카드 상에 유효기간이 명시되어 있으므로 이 유효기간의 확인에 유의한다.

셋째, 신용카드 조회기에 조회한다.

넷째, 발생된 금액에 대하여 각 카드별 한도금액 초과여부를 확인한다.

다섯째, 서명대조를 반드시 해야 한다(매출전표와 카드).

여섯째, Card와 회원용 매출표, 영수증을 고객에게 교부한다.

　이때 유의하여야 할 것은 카드전표상의 고객영수증이 대부분 가장 마지막 장이 고객에게 주는 영수증이나, American Express Card사에서 발행하는 전표의 경우 고객영수증은 첫 번째 장이 고객영수증이다.

　일곱째, 매출전표에 기입할 수 있는 금액은 신용판매대금에 한하여 현금의 입체는 절대로 불가하다.

[표 5-9] Credit Card Report

Main Street Hotel

123, Main Street, California, 12345, United States
Phone: 2095551212; Fax: 2095551212

Daily Credit Card Collection Report For : 01/06/2003

Room	Payment By	Total
101	Visa	50.00
102	Discover	60.00
103	Master Card	70.00
107	Visa	474.40
704	Visa	151.20
707	Visa	191.00
Total :		5679.40

3. 외상매출금(City Ledger) 결제

호텔에서는 외상매출금계정을 City Ledger라 부른다. 이 City라고 부르게 된 것은 아직 교통이나 소비자신용제도 또는 은행서비스업무가 전국적으로 발달하지 않았던 때에 유래된 제도이다.

외상매출금은 고객이 Check-Out할 때에 현금으로 지급하지 않는 고객원장으로 구성된다. 고객이 Check-In할 때에 Credit Card를 Open시켰거나, 예치금을 주었어도 Check-Out 시에 거래계정이 "0"이 되지 않으면 그 원장은 고객원장으로부터 City Ledger로 이전된다.

(1) 외상매출금 업무처리

① 회계원은 현장에서 고객으로부터 이용대금을 회수하게 되는데, 신용판매(후불) 발생 분은 계산 시에 증빙서류(여행사 전표, 신용카드 매출전표)를 첨부하여 야간감사자에게 송부한다.

② Night Auditor는 회계원으로부터 송부 받은 계산서와 증빙서류에 오류부분을 확인한 후 장기외상매출금을 확정시켜 City Ledger Transfer Report와 함께 여신담당자(Income Auditor)에게 인계한다.

③ 여신담당자는 계정별로 분류하여 외상매출금대장에 기록한 후 거래처별로 청구서를 발송하여 은행 지로 또는 직접 방문하여 회수하게 된다.

④ 회수된 대금은 외상회수집계표에 의하여 은행에 입금되며 입금확인증을 회계부서에 송부한다.

(2) 외상매출금 구성

① Regular(일반계산)－Credit Manager, 대행권이 있는 매니저 및 Restaurant Manager에 의해서 승인된 계산으로 이 계산에는 투숙객 계산과 식음료 계산의 두 종류가 있다.

② Banquet(연회)－연회 행사시 발생된 City Ledger로 호텔과 계약이 체결된 경우.

③ Travel Agent(여행사계정)－여행사를 통해 호텔에 숙박한 Group 혹은 FIT 고객으로 호텔과 여행사와의 여신계약이 체결된 여행사에 한정한다.

④ Air Line(항공사 지급) – 항공사의 승무원, 항공사의 의뢰에 의한 갈아타고 가는 고객(Layover Passenger)들에게 항공사에서 객실료를 부담하는 경우

⑤ 신용카드 지급 – 신용카드회사로 청구된다.

⑥ Employee 계산 – 급여에서 공제한다. 즉 종사원이 호텔영업장을 이용하고 후불로 처리하는 경우의 Bill을 Employee Bill이라 한다. Employee Bill은 City Ledger와 같이 야간감사자에게로 넘어가서 최종적으로 후불담당자에게로 넘어가게 되며 급여정산 시 이 금액만큼 공제되어 급여가 나가게 된다.

신용카드의 지급청구는 신용카드회사와 호텔의 계약관계의 일부로서 청구 즉시 카드회사가 즉시 지급하는 것이 보통이다. 그 밖의 계정도 대부분 30일 이내에 지급되는 것이 보통이나, 어떤 것은 30일 이상이 넘어서 지급되는 것도 있으므로, 만기일이 지난 계정을 추적하는 방법을 사용해야 할 것이다. 가장 많이 쓰는 방법은 만기일 분석이다. 이 분석은 회계부서나 야간감사자에 의해 하게 되는데, 분석표만 보면 만기일이 얼마나 지났는지 금방 알 수 있게끔 작성되어 있다. 물론 호텔마다 고객에게 여러 가지 다른 조건을 부여할 수 있으므로 미수금 회수기간도 다르게 정해질 것이다. 그러면 외상매출금의 청구와 회수까지의 전 업무를 Flow Chart로 나타내 보면 [표 5-10]과 같다.

[표 5-10] 외상매출금 Flow Chart

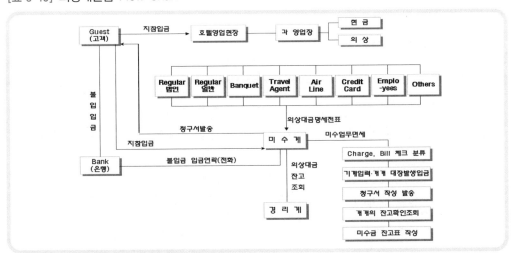

4. 기타 결제

(1) Transfer(이체)

한 고객의 계정에서 다른 고객계정으로의 대체는 Credit Manager나 Assistant Manager 의 승인 또는 상호 위임 없이는 가능하지 않다. Transfer 절차는 다음과 같다.

첫째, 1101호 투숙객인 Mr. Kim이 자신의 계정을 1102호인 Mr. Huh씨에게 옮겨줄 것 을 요청한다. 둘째, Front Office Cashier는 이러한 대체를 승인한다는 표시로 1102호 Mr. Huh씨에게 Front Office로 내려와서 1101호 Mr. Kim씨의 고객원장에 서명하도록 설명한 다. 1102호 Mr. Huh씨가 없을 경우에는 대체하기 전에 Credit Manager나 Assistant Manager를 불러 OK 승인을 받도록 한다. 셋째, 1102호 Mr. Huh씨의 서명을 득하였을 때 Mr. Kim씨의 등록카드는 「1102호 Mr. Huh씨의 계정에 대체」라고 표시한다. Mr. Kim 씨의 고객 Bill의 사본을 Mr. Huh씨의 계정과 함께 보관하고, Check-Out 시 함께 제시한다.

또한 계정이 City Ledger로 처리된다면 Mr. Huh씨의 원장에 첨부하여야 한다.

(2) 방문지급

호텔이용 고객이 관례적으로 외상매출금을 지급하러 오는 호텔에서는 Front Office Cashier가 직접 받는다. 이러한 상황은 고객원장의 대변에 기입하게 되고 매일 회계부 의 영업회계로 넘긴다.

[표 5-11] City Ledger Voucher

City Ledger Voucher

				Terms	
				Tel No	
Memo	DateRef	Charges	Credits	Balance	Previous Balance
1					
2					
3					

61/1, 1-Ga, Taepyung-Ro, Choong-Ku, Seoul, Korea   Tel : (02)2171-7000
㈜코리아나호텔   사업자등록번호 : 104-81-25812
주소 : 서울특별시 중구 태평로 1가 61/1   Signature_____

제**6**장
식음료판매 영업회계

제**6**장

식음료판매 영업회계

제1절 • 식음료판매 영업회계의 개요

호텔 레스토랑이란 "영리 또는 비영리를 목적으로 일정한 장소와 시설을 갖추어 인적 서비스와 물적 서비스를 동반하여 음식물을 제공하고 휴식을 취하는 장소"이며, 식음료판매 영업회계란 호텔의 각 레스토랑에서 식료와 음료를 제조·판매하여 발생되는 수입을 말한다. 식료(Food)는 주방에서 제조하여 판매하는 식품으로서 음식의 종류를 말하며, 음료(Beverage)는 바(Bar) 카운터에서 제조·판매하는 상품으로서 마시는 종류를 판매하여 발생하는 수입을 말한다.

그러나 식음료 수입에 대한 감사업무는 호텔 내부관리에서 가장 어려운 업무 중 하나라 할 수 있다. 따라서 이 식음료 수입의 감사업무는 누차 강조되어 왔으며 수입 감사인의 지위는 내부감사의 입장에서 볼 때 매우 중요하다. 하지만 출고전표, 매입전표, 주문전표, 웨이터 계산서, 영업일보, 현금수입 등 일련의 감사업무를 종래에는 경험과 습관에 의지하는 면이 대부분이었다. 그러나 식음료 판매의 효율적인 판매수익 관리를 위해서는 이 부문에 전문적인 지식, 경험, 기술이 요구되며 영업회계 처리 측면의 제도와 규정이 정립되어야 한다.

1. 식음료판매 회계원의 수납업무

호텔의 식음료판매 회계원은 상품 판매행위에 따라 고객에게 제공되는 물적·인적 서비스의 대가로 지급되는 모든 비용에 대한 회수 및 관리를 주 업무로 하고 있으며, 호텔회계기를 매체로 한 정산업무 및 그에 따른 사후관리 경영에 필요한 기초적 자료 작성 등 일체의 수입 및 매상관리의 업무이다.

매상관리의 일차적 부서로서 수반되는 보조업무를 총괄하면서 영업장에서는 직접 접객하여 업무를 수행하기 때문에 영업과 관리의 양면성을 지닌 다기능적 업무의 성격을 지닌 것도 수납업무의 특색이라 할 수 있다.

수납이라 하면 글자 그대로 "돈을 받는다"라는 단편적 개념이 지배적이나, 전술한 바와 같이 세부적이고도 중요한 업무임을 감안한다면 그 중요성을 쉽게 간과할 수 없고 이런 의미에서 수납업무를 정확하게 이해해서 제반 회계원칙 및 규정에 의한 회계처리를 수행해야 한다.

2. 식음료판매 회계원의 수납자세

① 고객의 레스토랑 영업장 출입 시 항상 일어서서 "어서 오십시오" 혹은 "안녕히 가십시오"라고 인사를 하여야 하며, 업무 진행 중 다른 고객과 시선이 마주쳤을 때 가볍게 미소를 띠며 목례한다.

② 고객이 계산을 하기 위해 Restaurant Bill을 건네주면 "감사합니다"라고 인사한다.

③ Restaurant Bill을 받아 회계기에 등록한 후 "××× 되겠습니다"라고 금액을 말한 후 "어떻게 지급하시겠습니까"라고 지급방법을 묻는다.

④ 고객으로부터 현금을 받았을 때 고객이 금액을 확인할 수 있도록 "××× 받았습니다"라고 말한다.

⑤ 영수증과 거스름돈은 반드시 Cash Tray에 놓아서 두 손으로 정중히 드리며 "거스름돈 ××× 되겠습니다"라고 확인하여 드린다.

⑥ 고객으로부터 Credit Card(신용카드)를 받았을 때 "잠시 기다려 주십시오"라고 이

야기한 후 Card Slip에 Imprint하여 금액을 기록한 후 카드 조회기를 통하여 Credit Card(신용카드)의 이상유무를 확인하고 승인번호를 받은 후 "서명을 하여 주십시오"라고 말한다.

⑦ Credit Card(신용카드)의 이상(분실, 도난, 한도초과) 발견 시 고객에게 정중하게 이야기한 후 다른 카드 또는 다른 지급방법으로 유도한다.

⑧ 고객이 Room Sign을 할 경우 첫째, 고객으로부터 Room Key 또는 Guest I.D Card를 확인하여야 한다. 둘째, Restaurant Bill상에 Room No. 및 Print Name 서명을 받는다. 셋째, 레스토랑 영업장회계기로 Room 조회를 하여 Bill상에 기록된 성명과 일치하는지 확인한 후 해당 Room으로 입력한다(POS Line을 통해 Guest Ledger로 지불된 영수증은 Front Office의 Guest Folio로 이체된다).

⑨ 고객이 후불로 처리하고자 할 경우 Restaurant Cashier는 고객의 신분을 정확히 파악할 수 있는 경우에 한하여 업장 지배인의 허락을 받고 Bill상에 회사명과 전화번호, 지급책임자 및 서명을 받은 후 Charge Information에 기록하고 지배인의 서명을 받는다.

⑩ 고객과의 업무가 종료되면 "감사합니다, 안녕히 가십시오"라고 정중히 인사한다.

3. 식음료판매 회계원 수납업무 기능

(1) 회수기능

각 레스토랑 영업장에서 발생하는 매출의 지급방법을 회수시점을 기준으로 해서 장·단기적 회수기능으로 나눈다.

단기회수기능이란 대고객 매출시점을 말하며, 일차적으로 처리된 사항 중 후불성 회수기능을 장기회수기능이라 말한다.

회수기능의 발휘 정도에 따라 회사경영에 미치는 영향은 큰 것이며, 영업현장에서 직접 회수가 될 때에는 문제가 될 수 없으나, 장기성 여신공제에 대한 회수는 체계적인 관리를 통한 회수노력이 뒷받침되어야 하므로 관리에 역점을 두어야 한다.

(2) 관리기능

관리회계 및 재무회계의 기본적 자료가 될 수 있는 계속적 자료를 제공하여 매출분석 및 이에 따른 경영분석 등이 신속하고 원활히 될 수 있도록 하여 회사이익의 증대를 꾀하는 관리적 기능을 말한다.

(3) 서비스 기능

대고객 접객 서비스로서 수납의 고유직무를 수행하면서 필연적으로 수반되는 대고객 금전적 서비스 기능을 갖는다. 더구나 고객의 정산을 마무리 짓는 곳이니만큼 서비스에 따른 부가가치의 창출 여부를 결정짓는 곳이기도 하다. 이러한 의미에서 수납업무의 중요한 부분으로 서비스 기능이 대두되는 것이다.

4. 식음료판매 회계의 기입원리

레스토랑에서 고객들에게 작성되는 기입원리를 보면 차변(Dr)에 매출의 발생, 대변(Cr)에 회수인 현금과 후불로서 일치되어야 한다. 후불은 성격별로 Guest Ledger, City Ledger, Credit Card, Employee Ledger로 구분된다.

[표 6-1] 식음료판매 회계의 계정

(차 변 : Dr)	(대 변 : Cr)
자산의 증가	**자산의 감소**
Ⅰ. 식료 매출	Ⅰ. Paid
1) 식료요금 단가(Food@)	1) Cash Paid
2) 봉사료(Service Charge)	2) Credit Card
3) 부가가치세(VAT)	3) City Ledger
Ⅱ. 음료 및 기타 매출	4) Guest Ledger
1) 음료요금 단가(Beverage @)	5) Employee Ledger
2) 봉사료(Service Charge)	Ⅱ. 외상매출금 취소
3) 부가가치세(VAT)	1) Void
4) 기타 매출(Other Charge)	2) Correction

① 레스토랑 매출[9]의 발생이란 각 영업장에서 수익이 발생된 총매출액이며, 총매출액은 물품판매단가(식료, 음료, 기타 물품)에 Service Charge(봉사료)와 부가가치세액이 포함된다. 현재의 부가가치법(VAT) 하에서 물품판매가액이란 단가(a)에 봉사료 10%, 이 소계금액(Sub Total)에 VAT 10%를 가산한다. 즉, 예를 들면

Coffee

7,000원	단가(@)	
700원	봉사료(Service Charge)	
7,700원	소계(Sub Total)	→ **공급가액**
770원	부가가치세(VAT)	
8,470원	합계(Grand Total)	→ **판매가액**

② 타인의 매출을 이체 받는 경우와 Transfer도 차변에 기입된다.

③ 현금으로 고객이 지급한 금액(Paid)은 대변에 기입된다.

④ Guest Ledger란 객실숙박고객이 영업장에서 후불로 Sign한 금액으로 레스토랑 기입거래에서는 대변에 기입되나 POS Line을 통해 Front Office의 고객계정(Guest Folio)으로 넘어가면서 차변(Dr)으로 기입된다.

⑤ City Ledger란 객실 숙박고객이 아닌 외래객, 여행사의 후불금액 또는 Credit Card 소지자의 후불금액으로 대변(Cr)에 기입된다.

⑥ 부과한 각종 요금을 접대비 대체, 에누리, 대손처리 등이 대변(Cr)에 기입된다.

제2절 식음료계산서의 발행유형

식음료회계의 주요 업무는 레스토랑에서 고객으로부터 식음료 요금을 수납하는 것이며, 요금을 수납하기 위해서는 계산서의 발행이 있어야 하는데, 발행과정은 호텔의 규모

---

9) 2013년 식품위생법 시행령·시행규칙 개정에 따라 음식점, 커피전문점, 제과점 등 모든 식품접객업소가 최종가격(판매가액)을 메뉴판에 표기하여야 함.

나 특색, 회계기의 종류, 레스토랑의 규모 및 종류, 회계제도에 따라 차이점이 있을 수 있다.

1. Order Pad System

고급레스토랑이나 일반적인 전문레스토랑 혹은 메뉴가 많고 Full Course의 식사가 제공되는 레스토랑에서는 일반적으로 식료의 추가 주문도 있으므로 주문을 직접 Restaurant Bill에 기입하지 않고 고객의 주문을 웨이터나 웨이트리스가 주문서(Order Pad)에 기재하여 2매일 경우는 원본은 Cashier용, 사본은 주방이나 Bar에 제출하고, 3매일 경우는 원가회계로 보낸다. Restaurant Cashier는 이를 근거로 Restaurant Bill을 작성하고 식음료회계기(NCR, PC-POS)에 등록하고 Print한다.

이러한 시스템에서의 대금수납방법은 작성된 계산서를 웨이터나 웨이트리스가 고객의 식사가 끝날 무렵 고객에게 제시하여 식사를 마친 후 레스토랑을 나갈 때 Restaurant Cashier에게 요금을 지급하는 경우와 고객에게 보다 나은 서비스를 위하여 웨이터나 웨이트리스가 테이블에서 고객으로부터 요금을 받아 Restaurant Cashier에게 가서 정산한 후 Receipt를 고객에게 갖다주는 2가지 형태의 수납방법이 사용되고 있다.

[표 6-2] Chit Style(4 Copy)

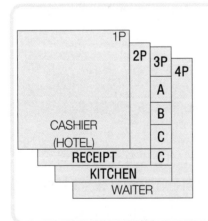

주) 식음료계산서를 영어로는 Check, Chit 또는 (Restaurant) Bill이라 부른다.
이 전표(계산서)의 4 Copy는 주문용과 계산용으로 분류하기도 하고, 개별적으로는 수납원용, 청구 겸 증빙용, 주방주문용, 웨이터 확인용으로 쓰인다. 최근에는 계산서를 3 Copy로 주방주문용은 Kitchen printer기 설치로 사용하지 않는 영업장이 늘어나고 있는 실정이다.

[표 6-3] Order Slip(주문전표)

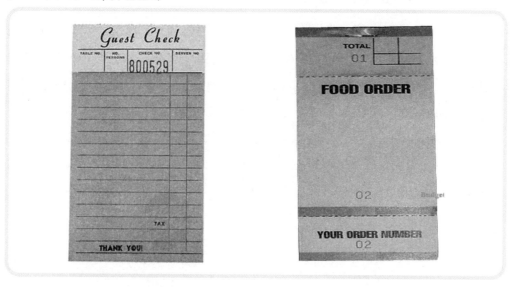

[표 6-4] Order Pad System

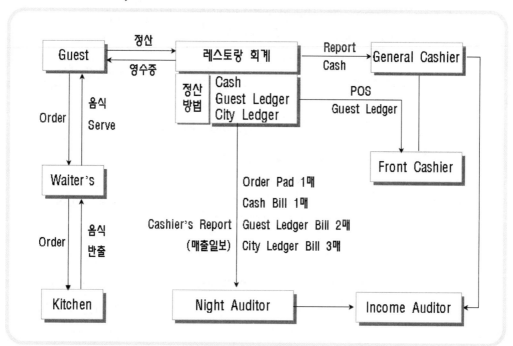

2. On the Table System

On the Table System이란 웨이터나 웨이트리스가 고객으로부터 받은 주문에 대해 1
조 3매의 Bill에 항목을 기록하여 직접 요금계산서를 발행하는 System 방식으로 좌석
회전이 빠르고 고객의 착석시간이 대체로 짧으며 메뉴수도 적고 고객에게 신속한 서비
스를 제공하기 위한 경식당 등에서 주로 사용되고 있는 System 방식이다.

호텔영업장에서 레스토랑회계(PC-POS)를 Server Terminal과 Cashier Terminal로 구분
하여 설치하고 웨이터나 웨이트리스가 고객으로부터 주문을 받으면 그 즉시 S/T에서
고객의 주문을 입력하고 요금계산서를 발행하여 고객의 테이블에 놓아두는 방식이다.

[표 6-5] On the Table System

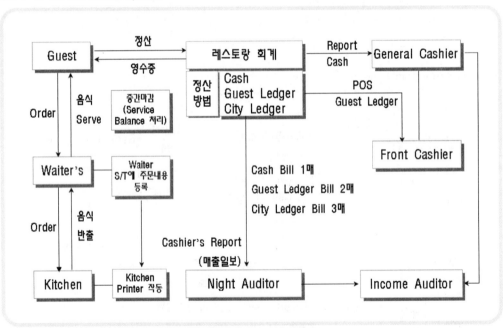

주문서는 주방의 Kitchen Printer기에 자동 Print되어 나오며 계산서는 고객이 식사를
마친 후 요금정산 시 Restaurant Cashier에게로 가서 정산을 하면 Receipt가 발행되는 방
식이다.

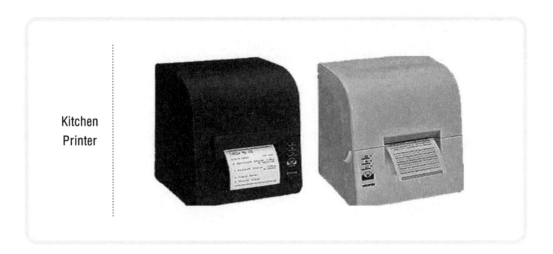

Kitchen
Printer

3. Cash On Delivery System

좌석회전이 빠르고 메뉴가 단순한 카페테리아(Cafeteria : 고객이 자신이 좋아하는 음식을 직접 식탁으로 날라다 먹는 간이식당)에서 운영되며 고객이 Cashier에게 메뉴항목을 주문하면서 요금을 선납한다. Cafeteria Cashier는 메뉴항목을 레스토랑회계기에 등록한다.

Printer기에서 Order Pad와 Receipt를 출력시켜 고객에게 전달하고, 고객은 Order Pad를 Kitchen 또는 Bar 카운터에 제시하고 음식을 제공받아 고객이 직접 운반하는 방식을 말한다.

4. Cash Bar System(현금 바 시스템)

Banquet에서 Cash Bar 운영 시 사용되며 고객이 웨이터나 웨이트리스에게 Order를 하면 Server는 주문내용에 대한 금액을 선납 받아 Cashier에게 입금한다. Banquet Cashier는 주문내용과 금액을 입력시키고 Receipt를 Server에게 인계한다.

Banquet Cashier는 Order Pad에 항목을 기록하여 Bar 카운터에 인계하고 Server는 영수증과 주문한 항목을 고객에게 서비스하는 방식이다.

5. Ordering System(Auto Bill System)

적외선 Ordering System이란 주문자동시스템이라고도 말할 수 있으며 고객이 웨이터나 웨이트리스에게 주문을 하면 주문을 접수한 어느 위치에서도 Handy Terminal(Hand-Held Terminal)로 주문내용을 입력하면 Receiver(R.C)를 통하여 Kitchen과 레스토랑회계기(Pc-POS)에 주문내용이 자동 전송 처리되는 System을 말한다. 현재 우리나라의 호텔에서는 사용되고 있지 않지만 앞으로는 이러한 방식이 사용될 것이 예상된다.

[표 6-6] Ordering System

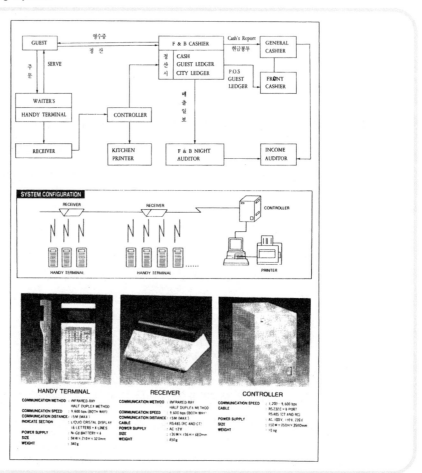

(1) System의 특성

① 적외선에 의한 양방향의 빠른 데이터 통신, ② 가볍고 적은 Handy Terminal의 조작성 편리와 풍부한 기능, ③ Receiver의 증설로 소규모에서 대규모 System까지 구성이 가능, ④ 누구나 간단한 교육으로 사용이 가능, ⑤ Cashier의 모든 사항을 User의 요구에 적극 수용가능, ⑥ 입력된 데이터는 Kitchen 또는 레스토랑회계기에서 수동으로 수정이 불가능, ⑦ 회원번호(4인 1조), 테이블 번호, 인원수를 입력할 수 있다, ⑧ 적외선 양방향 통신으로 Receiver와 적외선으로 연결된다, ⑨ 132가지의 메뉴를 입력할 수 있다, ⑩ 재고가 없는 메뉴는 양방향으로 자체적으로 확인 입력이 안 된다, ⑪ 계절별, 분기별로 메뉴를 조정 변경할 수 있다, ⑫ 추가 주문 및 주문취소 기능이 내장되어 있다.

제3절 · 식음료계산서의 관리

계산서 관리는 호텔기업의 내부관리 및 경영분석을 목적으로 수입의 발생부터 확정 및 집계까지의 당일의 영업내용을 수록하고 이해관계자(세무서, 고객)와 상관되는 증서이며, 경영자의 영업정책을 결정하는데 기초자료로 활용된다.

식음료계산서(Bill, Chit, Check)는 세금계산서의 일종으로서 식음료회계기(NCR, PC-POS)에 전기가 종료되었을 경우에는 세금계산서와 동일하게 취급되며 분실 및 폐기하여서는 아니 된다. 또한 원본은 5년간 보관하여야 한다.

1. 식음료계산서의 필요조건

호텔의 식음료 영업장을 이용하는 모든 고객들은 고객계산서(Guest Check)를 받게 된다. 고객계산서는 고객이 레스토랑에서 식사를 끝냈을 때 제시하며, Room Service가 이루어진 경우에는 룸 서비스 종업원이 식사를 객실로 배달하였을 때 고객계산서를 제시하게 된다.

고객이 식음료 영업장을 이용할 때 지급해야 하는 모든 비용과 적용되는 세금은 모두 고객계산서에 합계된다. 미국의 경우에는 팁(봉사료)은 보통 계산서에 포함되지 않지만, 우리나라를 비롯하여 유럽이나 카리브해에 위치한 호텔이나 레스토랑에서는 10~15%의 봉사료가 계산서에 포함된다.

고객이 호텔에 투숙하게 되면 고객계정을 개설하게 되는데, 여기에는 고객의 객실번호와 이름이 적히게 된다. 만일 고객이 호텔 내 식음료 영업장에서 식사를 한 후, 또는 물품을 구입한 후에 현금으로 바로 지급하지 않게 되면 그 비용은 모두 고객계정에 계산되어 Check-Out할 때 지급하게 된다.

고객은 레스토랑이나 라운지에서 사용한 비용을 현금 또는 Credit Card로 지급할 수도 있다. 그러나 대부분의 고객들은 Check-Out할 때 식음료비용을 포함한 모든 비용이 하나의 고객계산서에 합산되어 나오길 원한다.

[표 6-7] 식음료계산서(Bill)

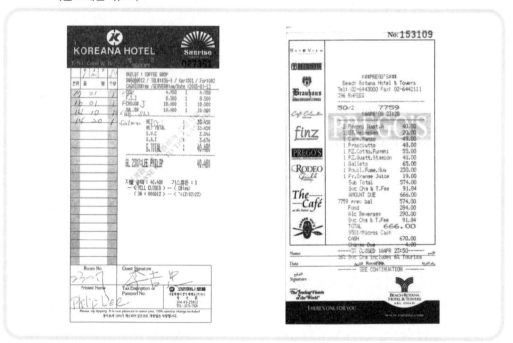

[표 6-7]은 식음료계산서(Restaurant Bill/Restaurant Invoice/Guest Check)의 예이다. 고객이 식음료 영업장을 이용하고 지급해야 할 금액이 고객계정에 옮겨질 때마다 고객계산서의 복사본이 프런트 오피스(Front Office)의 복사본으로 옮겨지고, 프런트 오피스(Front Office)에서는 이를 회계부서로 보내게 된다. 호텔의 모든 식음료 영업장에는 POS시스템이 갖춰져 있다. 레스토랑이나 라운지에 설치되어 있는 각 POS시스템들은 모두 중앙컴퓨터에 연결되어 있어 동시에 현금등록기와 같은 기능을 가지고 있다. 그러므로 고객들이 식음료 영업장을 이용할 때마다 그 비용이 컴퓨터를 통해 전달되고 자동적으로 고객계정에 모든 식음료비용을 계산하게 된다.

[표 6-8] Restaurant Bill

Restaurant Bill

RESTAURANT NAME

P. O. Box 61362-00200, Tel: 00001/7
PIN: P000594228U VAT 0016006X

GUEST BILL

Table :	67
Bill No:	63685
Waiter:	Brian Kipruto
Room No:	101
Guest Name:	GUEST
Acc No.:	N/A

QTY:	DESCRIPTION:	PRICE:	TOTAL:
1	TEA & SNACK	450.00	450.00
1	AFRICAN MIXED GRILLED	1500.0	1,500.00
1	APPLE JUICE	150.00	150.00
1	Apple Pie	360.00	360.00
4	Items.		

TOTAL: 2,460.00

GUEST NAME:.........................
ROOM No:.............................
SIGN:................................

9:53:08 AM   3/14/2003
HotelPlus :: www.cadiff-systems.com
020-2710269 / 0721-412451

WILTONS
SINCE 1742

| CHECK # 33535 | DATE 12/09/07 |
| TABLE # 3 | TIME 14:43 |

-- RESTAURANT : BARBARA --

ITEMS ORDERED	AMOUNT
1 AVOCADO COCKTAIL	16.00
1 Veg & Potato	
french beans	5.00
1 Veg & Potato	
spinach leaf	5.00
1 Veg & Potato	
potato new	5.00
1 OYSTER NATIVE, X6	18.80
2 DOVER SOLE	72.00
1 CREME BRULEE	9.50
1 COFFEE	4.00
1 ESPRESSO	4.00
2 BLENHEIM STILL L	10.00
1 67 MONTAGNY	44.00
2 GL AYALA BRUT	25.00

SUBTOTAL	218.10
SERVICE	27.26
TOTAL DUE	245.36

식음료계산서에 기재되어야 할 사항은 다음과 같다.

첫째, 영업장 이름, 사업자등록번호, 소재지, 대표자 성명, 전화번호를 기재한다.

둘째, 메뉴항목, 단가, 수량, 금액을 전기하여 계산의 확인이 편리하도록 한다.

셋째, 각 영업장별로 Bill의 일련번호를 인쇄해서 순서에 맞게 사용하면 계산서 관리에 용이하다.

넷째, 서비스 번호, 고객수(내·외국인), 테이블 번호, 서비스 및 등록시간, 날짜, Bill 마감시간이 식음료회계기에서 전기되도록 하며 관리 및 영업정책 기초자료 집계를 용이하도록 한다.

다섯째, 신용카드(Credit Card) 및 카드번호가 등록될 수 있도록 한다.

여섯째, 투숙객, Print Name, 객실번호, 회사명, 주소 및 전화번호, 서명을 할 수 있는 난을 만든다.

일곱째, 판매대금, Service Charge, VAT의 합계 및 지급방법을 확인할 수 있도록 한다.

2. 식음료계산서의 종류

(1) 용도별 분류

1) Private(Restaurant) Bill

레스토랑 각 영업장에서 개별적으로 발행하는 계산서를 말한다.

2) Group(Banquet) Bill

단체고객에 대한 계산서를 말하며 Billing의 편의 및 효율성에 비추어 한 장의 Bill에 단체주문분을 작성하는 경우를 말한다.

3) Special Treatment Bill(Official Check)

사내종업원의 시식 및 외부손님 방문 시 접대의 이유로 해서 종업원 및 간부들이 사용하는 계산서로서 Restaurant Bill이나 Banquet Bill과 구분한다.

[표 6-9] Official Check

Official Check

Bill No. :   Date :

DESCRIPTION	QTY	UNIT PRICE	AMOUNT
TOTAL			
BENEFICIARY			
OCCASION			
DEPT & SECT			
NAME			
SIGNATURE			

Koreana Hotel

(2) 식음료계산서의 처리별 분류

1) Collected Bill

레스토랑에서 아무 이상 없이 정산이 완료된 계산서

2) Uncollected Bill(Open Check)

레스토랑에서 고객이 주문한 품목이 Posting은 되었으나 여러 가지 사유로 해서 회수 불가능한 계산서

3) Void Bill

레스토랑에서 영업 중 고객이나 종업원에 의해서 정정 혹은 수정되거나 기타 훼손 등으로 해서 불가피하게 무효화된 계산서

4) Lost Bill

레스토랑 회계기에 등록되지 아니하고 사용 중 관리 부실로 분실된 계산서

3. Bill Control 기록방법

(1) 작성요령

1) 출고 시

- 전일 반납된 Bill No.와 실제 Bill의 재고를 확인한다.
- 당일 출고하는 일자, 성명 및 Bill No.를 출고란에 기록한 후 출고한다.

2) 반납 시

- 영업이 종료되어 사용하고 남은 Bill No.를 입고란에 기록한 후 매수를 확인하여 Bill 보관함에 보관한다.
- 실제 Bill 보관함에 있는 재고를 확인하여 재고란에 기록한다.

[표 6-10] Outlet Daily Bill Control

Outlet Daily Bill Control

일자	성명	출고	입고	재고
08. 08. 21	김 × ×	000001 ~ 000100	000091 ~ 000100	000091 ~ 000500
08. 22	박 × ×	000091 ~ 000200	000191 ~ 000200	000191 ~ 000500

Koreana Hotel

4. Check Control Sheet 기록방법

(1) 작성요령

1) 출고 시

- 전일 반납된 Check Control Sheet에 기록된 No.와 실재고가 일치하는가를 확인한다.
- 당일 출고하는 Check Control No.와 매수를 Issued란에 기록하여 Bill 보관함에서 출고한다.
- 해당 영업장에서 Bill을 수령하는 Server의 Name을 기록하고 Sign을 받은 후 Server에게 출고한다.

[표 6-11] Outlet Check Control Sheet

Outlet Check Control Sheet

Location :　　　　Cashier´s Name :　　　　Time :　　　　Date :

Waiter & Waitress PR# or Name	ISSUED				Used Sheet	RETURNED			
	From	To	Sheet	Waiter Sign		From	To	Sheet	Cashier Sign
김 X X	0001	0100	100		90	0091	0100	10	
Total									

Koreana Hotel

2) 반납 시

- 해당 영업장에서 Bill을 반납하는 경우에는 Server Name란에 No.와 매수를 Return란에 기록하고 Cashier가 Sign을 한다.
- 당일 반납하는 Check Control No. 매수를 확인하고 Bill 보관함에 보관한다.
- 당일 사용 매수는 Used Sheet란에 기록한다.

제4절 · 식음료판매 회계처리보고서

1. Void Voucher

식음료판매 수입회계처리 시 주문된 항목이 레스토랑회계기(POS)에 등록 발행된 Bill을 주문 변경 또는 오류 발생 시 매출 취소시키는 것을 Bill Void라 한다.

(1) Item Void : 품목 취소

Item Void는 주문된 항목이 고객에게 서비스 전 또는 서비스 과정에서 주문품목의 변경으로 등록변경사항 발생 시 Add Check Pick Up 전 Sub Total 상태에서 해당 품목만 취소시키는 업무를 말한다.

영업장에서 Item Void가 발생되는 경우를 살펴보면

첫째, 고객이 주문을 한 후 부득이 변경 또는 취소할 때 사용된다.

둘째, Bill의 Print Miss로 등록된 상태의 항목을 알아볼 수 없을 때 사용된다.

셋째, 메뉴등록 오류 시, 즉 메뉴항목 적용 오류, 수량, 등록 오류 등에 사용된다.

(2) Tender Void : 완전 취소

Tender Void는 빌(Bill)상 Add Check Pick Up 이후 지급방법까지 등록된 상태의 빌에서 품목의 변경사유가 발생 시 Bill 전체를 취소시키는 업무를 말한다. 영업장에서

Tender Void가 발생되는 경우를 살펴보면

첫째, Add Check Pick Up 이후 메뉴항목의 변경사유가 발생할 때(메뉴, 항목, 적용, 수량, 등록, 단가 적용이 잘못되었을 때) 사용된다.

둘째, 할인 적용을 하여야 할 때 사용된다.

셋째, Bill No. Pick Up이 잘못되었을 때 사용된다.

넷째, Table No. 착오로 계산이 잘못되었을 때 사용된다.

이상과 같은 문제가 발생 시 해당 계산서(Bill)를 사용할 수 없는 경우 Void Voucher 를 사용해야 하며, 이 전표에는 고객의 성명, 객실번호, 계산서 번호, 취소된 금액, 새로 발행된 계산서 번호, 영업장명, 담당 Cashier, Server 담당자 등을 기재하고 영업장 지배 인에게 취소된 사유와 서명을 받은 후 야간감사자(Night Auditor)에게 보고한다.

[표 6-12] Void Voucher

Void Voucher

Outlet :　　　　　　　　Shift :　　　　　　　　Date :

Bill No.		Server No.	
Table No.		Cover	

Void Reason			

Transfer Bill No.		
Waiter Name		sign
Outlet Mgr Name		sign
Cashier Name		sign

Check By
F/B Revenue Auditor

Koreana Hotel

[표 6-13] Void Report

<table>
<tr><td colspan="8" align="center">RAMADA
SEOUL

Void Report</td></tr>
<tr><td colspan="8">Outlet : Manhattan Grill　　　　　　Shift :　　　　　　Date :</td></tr>
<tr>
<td rowspan="2">Bill No.</td>
<td colspan="2">Bill Void</td>
<td rowspan="2">Amount
(Net
Price)</td>
<td rowspan="2">Reason
(Described in
Detail)</td>
<td rowspan="2">Transfer Bill
No.</td>
<td rowspan="2">Cashier
Signature</td>
</tr>
<tr>
<td>Bill
Remove</td>
<td>Menu
Item</td>
</tr>
<tr><td></td><td></td><td></td><td></td><td></td><td></td><td></td></tr>
<tr><td></td><td></td><td></td><td></td><td></td><td></td><td></td></tr>
<tr><td></td><td></td><td></td><td></td><td></td><td></td><td></td></tr>
<tr><td></td><td></td><td></td><td></td><td></td><td></td><td></td></tr>
<tr><td></td><td></td><td></td><td></td><td></td><td></td><td></td></tr>
<tr><td></td><td></td><td></td><td></td><td></td><td></td><td></td></tr>
<tr><td></td><td></td><td></td><td></td><td></td><td></td><td></td></tr>
<tr><td></td><td></td><td></td><td></td><td></td><td></td><td></td></tr>
<tr><td></td><td></td><td></td><td></td><td></td><td></td><td></td></tr>
<tr><td>Total :</td><td></td><td></td><td></td><td></td><td></td><td></td></tr>
</table>

* Bill Remove : Reopen, Adjust, Reprint, Item Void, Other

———————————————　　　　　　　　　　　———————————————
Approved by Outlet Manager　　　　　　　　　　Checked by Revenue Auditor

2. Skipper Voucher

레스토랑에서 고객에게 음식 및 주류를 제공하였으나, 고객이 계산을 하지 않고 도망간 Skipper Voucher가 발생되었을 경우에 발행하는 전표로서 여기에는 일자, 영업장명, 계산서 번호, 금액, 인원수, 담당 Cashier 등을 명기하고 담당 영업장 책임자의 서명과 Skipper가 발생된 원인을 간단명료하게 기재하여 회계처리한다.

[표 6-14] Loss Voucher

Loss Voucher

Outlet :   Shift :

Table No.		Bill No.	
Date		Time	
Loser			
Place			
Reason			

_____   _____
Revenue Auditor   Asst. Income Auditor

Koreana Hotel

3. Correction Voucher

Correction Voucher는 수입회계처리 시 발행된 Bill을 매출에 증감요인 없이 부가항목(봉사료, 부가가치세)의 변동요인 또는 지급방법의 변경사항 발생 시 정정하는 업무로서

첫째, 레스토랑 회계원의 실수로 Service Charge를 잘못 적용하였을 때 사용된다.

둘째, 지급방법의 변경으로 인한 부가가치세를 잘못 적용하였을 때 사용된다.

셋째, 지급방법의 변경사항이 발생했을 때 사용된다.

[표 6-15] Correction Sheet

Correction Sheet

Outlet :   Date :

Room No.	Voucher No.	Name	Amount Posting	Correct Amount	Amount Error	Explanation of Error	Oper.

Koreana Hotel

4. Allowance Voucher : 매출 할인

레스토랑 회계원이 수입회계처리상 수입의 관리를 명백히 하고자 당일 이전의 수입을 확정된 수입으로 계산하고 있는 바, 투숙고객계정의 미정산된 수입을 정당한 사유로 인하여 차감하고자 할 때 회계용어상 매출할인이라 한다.

첫째, 확정된 수입(당일 이전의 수입)이 착오로 과다 계정되었을 때 적용한다.

둘째, 고객과의 약정한 요금을 이행치 못하였을 때 사용한다.

셋째, 호텔 측의 하자로 Rebate를 제공하여야 할 때 적용된다.

또한 매출할인은 식음료회계원이 처리시킬 수 없으며, Front Office의 Front Cashier나 야간감사자(Night Auditor)에 의해서만 확인 후 조정시킬 수 있으며, 담당지배인의 서명을 받아 처리한다.

[표 6-16] Allowance Sheet

	Hotel Lotte World	202559
Allowance Voucher Seoul Korea		Date :
Name of Guest :		Room No :
Remarks		Prepared By
		Approved By

제5절 ∙∙ 연회장 영업회계

연회장부문의 수입은 식료 및 음료판매(Breakfast, Lunch, Dinner, Cocktail, Reception, Buffet, Tea Party)와 연회장 대여판매, 즉 Rental Charge(Meeting, Seminar, Conference,

Symposium, Exhibition, Fashion Show, Press Meeting, Concert), 기타 요금(Band, 호스티스 여흥요금, 마이크로폰, 영사기, 피아노, Wedding Cake, 꽃 장식, 동시통역) 중심으로 이루어진다. 또한 연회는 숙박과는 달리 2일 이상 계속하는 경우는 드물다.

연회장 영업회계는 객실, 레스토랑회계에 비하여 비교적 처리하기가 용이하나, 연회 참석자 수의 변경 등에 의한 요리 청구액의 확인, Package Menu에 대한 음료의 관리, 연회장 요금금액이 연회내용에 따라 달라지는 것이므로 이에 대한 Check 등 관리감사 등의 면에서 주의를 필요로 한다.

[표 6-17] Banquet Cashier의 Flow Chart

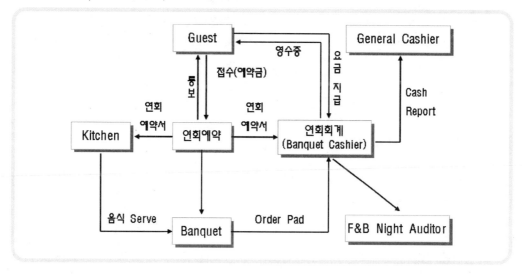

1. 연회장 예약(Banquet Reservation)

고객이 예약을 하여 행사가 결정되면 견적서를 작성하여 계약서를 작성하게 된다.
연회장 예약의 경우, 예약취소가 되는 경우의 손실과 불량채권 발생예방을 위하여 예약금을 미리 받는다. 예약금은 예약의 종류, 추정 이용금액에 따라 일정하지 않으며 최소한의 비용정산이나 손실보상이 가능하도록 보통 10%의 예약금을 예치하도록 권유한다. 예약금을 수납 시 Advance Banquet Deposit Record를 작성하여 고객용과 호텔보관용 영수증을 교부한다.

이때 영수증의 원본과 예약금은 여신담당자에게 연회선수금으로 입금한다.

[표 6-18] Advance Banquet Deposit Record

ADVANCE BANQUET DEPOSIT RECORD

GUEST NAME :		DATE :	
AGENT/FIRM		DEPOSIT : W $	
ADDRESS		CHECK( ) CASH( )	
DATE OF CHECK		CHECK No. :	
ARRIVAL DATE :		DEPARTURE DATE :	
REC' D BY		ACCOUNTANT	

Koreana Hotel

2. 연회행사 통보서(Event Order)

행사 주최 측과 견적서를 주고받아서 행사가 결정되면 Control Chart를 재확인하여 확정된 내용을 기록하고 [표 6-19]와 같이 Event Order를 작성한다.

판매를 할 경우에는 반드시 대금회수방법도 생각해야 하며, 지급능력이 없는 거래처나 악성거래처의 행사를 치러주고 대금회수가 안 되는 경우도 있을 수 있으므로 예약금을 접수한다든지 지급방법을 명확히 할 필요가 있다.

① 지급방법 : 행사 종료 후 현금지급, 개인지급, 회사지급, 신용카드 등
② 예약금 접수 : 신빙성 없는 행사, 가족모임, 개인적 행사는 예약금을 사전에 받아 두는 것이 원칙이다.

3. 연회회계 처리

연회회계를 처리하는 경우는 연회행사 통보서(Event Order)를 참고하여 Bill을 작성

하고, 추가 발생한 식음료를 확인하여 최종 Bill을 완성시킨다. Banquet Cashier에 의해서 완성된 Bill을 고객에게 제시하고 현금, 신용카드, 후불(City Ledger) 등으로 분류하여 최종 Bill을 Banquet Cashier에게 통보한다.

[표 6-19] Event Order

후불(City Ledger)일 경우에는 주최자의 연락처, 회사명을 정확히 파악하여 Banquet Cashier를 경유 후불 담당계로 통보한다. 연회회계 담당자는 모든 행사가 종료되면 회계기를 통해 당일 업무를 마감하게 되는데 결산된 현금은 General Cashier로 입금시키고 매출일보와 전표는 야간감사자에게 제출한다.

[표 6-20] Banquet Cashier's Record

[표 6-21] Banquet Daily Report

BANQUET DAILY REPORT

Day _____   Date : _____

Guest	Room	Type of Function	Covers	Income							Total	
				Food	Beverage		Public Room Rental	Other			Charges	Cash
					Charged	Cash Bars		Detail	Amount			

Koreana Hotel

4. Petty Cash : 소액 현금

고객들의 편의를 위한 적은 금액, 직원들의 경조금, 야간근무자의 택시비 등과 같은 것을 회계부서에 청구하는 경우처럼 잡다한 금액을 사용할 때 쓰이는 Voucher이다. 복지후생에 따른 청구나 Front Office와 식·음료 영업현장 등에서 발생되어 후불로 청구하기도 하는 금액을 말한다.

[표 6-22] Petty Cash Disbursement

PETTY CASH DISBURSEMENT

KOREANA HOTEL   No.
001935

PAY TO : _____ | WON | |

	Hundred Thousand	Ten Thousand	Thousand	Hundred	Tens	One
AMOUNT IN WORDS						

EXPLANATION : _____	ACCOUNT NO.		AMOUNT
USETED BY :	I HAVE RECEIVED FROM THE SEOUL HOTEL KOREANA		
SIGNATURE	SIGNATURE DATE HMEP	APPROVED BY SIGNATURE DATE	

PETTY CASH BOOK

Receipts	Fo.	Date		Details	Rec	Total	VAT	Trav. exp.	Stnry	Motor exp.	Post
		200X									
100.00	CB6	Feb 1		Cash							
			1	Fares	2/1	5.00		5.00			
			2	Envelopes	2/2	7.00	1.04		5.96		
			4	Petrol	2/3	8.00	1.19			6.81	
			7	Petrol	2/4	9.00	1.34			7.66	
			16	Postage	2/5	6.00	0.89				5.11
			18	Fares	2/6	3.00		3.00			
			19	Fares	2/7	3.00		3.00			
			25	Petrol	2/8	7.00	1.04			5.96	
			26	Postage	2/9	4.50					4.50
			27	Staples	2/10	2.00	0.30		1.70		
			28	String	2/11	3.50	0.52		2.98		
						58.00	6.32	11.00	10.64	20.43	9.61
							NL8	NL6	NL14	NL11	NL9
58.00	CB7	31		Cash							
		31		Balance	c/d	100.00					
158.00						158.00					
100.00		Mar 1		Balance	b/d						

제6절 · 식음료판매 요금징수방법

1. 현금지급(Cash Payment) 결제

　레스토랑에서 부과요금을 현금계정에 의한 내국통화, 외국통화, 자기앞수표, 여행자
수표로 받을 때에는 식음료회계기(PC-POS)에서 현금계정으로 전기한다.

　고객에게 영수증(Bill, Receipt)을 교부하고 영업장 마감 시에 현금봉투에 내역서를 작
성하여 현금과 Cash Bill을 함께 Front Office의 General Cashier에게 입금시킨다.

[표 6-23] Cash Estimate

Koreana Hotel

DATE _____			AM FROM AM		PM TO PM	
DEPARTMENT :				CLERK :		
TIMES	QTY	AMOUNT	REMARKS			
₩ 10,000						
₩ 5,000						
₩ 1,000						
₩ 500						
₩ 100						
₩ 50						
₩ 10						
₩ 5						
₩ 1						
$						
¥			CASH SALES			
			CASH IN TOTAL			
			OVER/SHORT			
			GENERAL CASHIER		CASHIER	
CASH IN TOTAL						

[표 6-24] 위폐 감지기

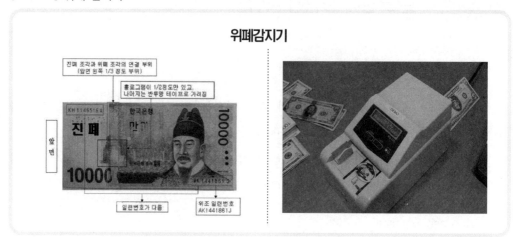

2. Guest Ledger 대체결제

객실에 투숙 중인 고객이 일시적으로 고객의 Guest Folio로 영업장의 매출(식음료, 기타 부대시설)을 이체시키는 거래로서 고객의 Room Key(혹은 Room No.)를 확인함으로써 단기여신의 근거로 삼는다. 그리고 고객이 Bill을 제시하면 객실번호와 서명이 정확하게 기록되어 있는지를 확인하며, 고객의 착각으로 객실번호의 잘못 기재와 회계원의 애매모호한 객실번호에 대한 임의판단을 금지한다. 또한 지급조건이 다를 때 Guest Folio의 선택에 유의하고 고객의 숙박기간 동안 숙박비를 항목별로 분류하여 지급처가 다를 때에는 Folio Control에 따라 Folio 수를 다수 설정하는 경우도 있다. 또한 여러 단체고객의 회계처리의 경우는 개인별 회계가 아닌 해당 단체별로 구별을 한다. 그리고 각 영업장에서 발생된 매출 중 Guest Ledger는 발생되는 시점에서 영업장 회계원에 의해 컴퓨터의 On-Line(POS)을 통해서 Front Office의 Guest Folio에 입력된다.

① 고객이 F & B Cashier Desk에 Bill을 제시하면 Cashier는 고객의 Room No.와 Print Name Sign이 정확하게 기록되어 있는지 확인한다.

② Off Line이 발생하면 즉시 영업장회계기(PC POS)의 CRT(Cathode Ray Tube)로 확

인하고 CRT에 직접 입력시키도록 한다.

③ 고객의 착각으로 인한 Room No.의 잘못 기재와 Cashier의 애매모호한 Room No. 에 대한 임의판단을 금지한다.

④ 지급조건의 상이에 의한 Folio의 선택에 유의한다. 고객의 숙박기간 동안 숙박비를 항목별로 분류하여 지급처가 상이한 경우는 Folio Control에 따라 Folio를 다수 설정하는 경우가 있다.

⑤ Meal Coupon이 분실되지 않도록 해당 Bill과 함께 철하고 여러 단체객이 동시에 식사하는 경우 해당 단체별로 구별을 한다.

[표 6-25] Guest Ledger의 Flow Chart

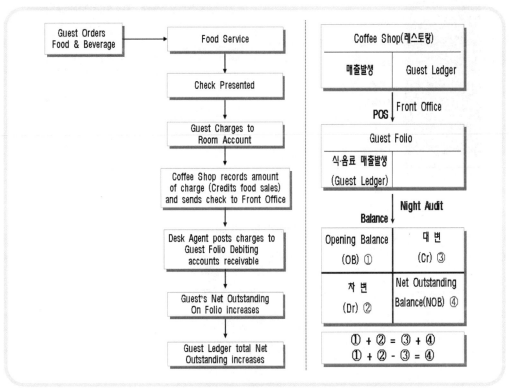

3. Meal Coupon

(1) Coupon의 발행

　Coupon은 거래처(여행사, 항공사 및 단체)와 호텔의 판촉담당자가 요금 및 지급관계를 계약할 때 거래처에서 요청하여 Tour Conductor(여행 인솔자)가 발행하는 경우 또는 거래처에서 미리 발행하여 사용 고객에게 지참시켜 영업장에서 사용하게 되는 경우가 있다.

(2) Meal Coupon

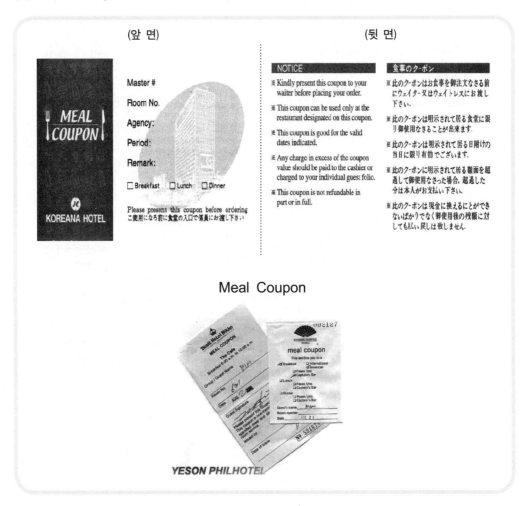

Meal Coupon

(3) Meal Coupon 처리에 따른 Flow Chart

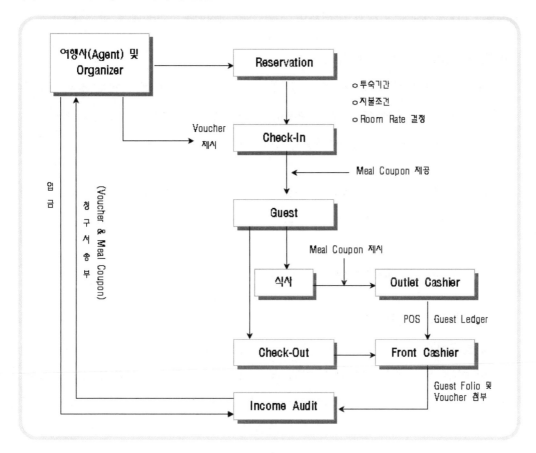

(4) Meal Coupon 처리 시 유의점

첫째, 가격이 설정되어 있다. 매출이 Coupon 가격이 넘을 경우는 Over Charge를 별도의 Bill에 발행하여 고객의 요구에 따라 회수하여야 한다.

둘째, Coupon의 매수와 실제 식사 인원수가 일치하여야 한다.

셋째, Master Folio No.와 Coupon상의 No.가 반드시 일치하여야 한다.

넷째, Bill상에는 사용자의 Sign을 받아 후불 회수 시 객관적으로 매출발생의 증빙이 되어야 한다.

다섯째, 단체객이라 하더라도 Coupon 발행이 없는 경우가 있다. 이 경우는 반드시 Guide나 Conductor에 의해서 여행사명, Tour No., Tour명, Guide명을 받는다.

(5) Lay Over Coupon 처리

첫째, 항공회사에서 자체 사정으로 승객을 지연시키고자 할 때 고객을 호텔에 투숙시키고 객실+조식+중식+석식 등을 제공하는 조건으로 발행된 Coupon을 말한다.

둘째, Meal Coupon에 명기된 금액에 한하여 FIT & Group Coupon 처리와 동일하게 처리한다.

셋째, 호텔과 항공회사 및 여행사와의 계약에 의해 발행된 항공회사 및 여행사에서 발행한 Coupon을 사용하고자 할 경우는 그것으로 대체하여 사용한다.

4. City Ledger 대체결제

(1) Credit Card(신용카드)

자사 호텔에서 취급하는 카드에 한하여 접수하고, 신용카드 계정에 의한 카드 소지인의 본인 여부, 유효기간 경과 여부, 연체, 분실, 한도 초과 등을 확인한 후 수납하여 승인번호를 획득하여 기입한다. 해당카드의 매출전표에 Imprint하여 금액을 기입하고 고객의 서명을 받아 카드 후면의 서명과 대조한다. 영수증(Bill)과 고객용 매출전표를 교부한다.

(2) 외상매출

여신관리규정에 의한 기업체, 정부기관, 정당, 사회단체, 일정자격을 갖춘 개인에 한하여 후불처리할 수 있다. 일반인의 외상거래는 허용되지 아니하며 해당 영업장 지배인의 판단에 의해 후불처리할 경우에는 여신담당자의 사전 승인을 받아야 하며 Charge Information을 작성 서명하여야 한다. 일정기간 회수되지 못할 경우 서명한 지배인은 지급책임을 갖는다. 따라서 외상매출을 상세히 분류하면, 첫째, 호텔에서 발행한 VIP Card와 고객과 호텔과의 여신계약이 체결된 경우, 둘째, 호텔과 여행사, 항공사와 여신

계약이 체결된 경우, 셋째, 회사 및 단체와 호텔과의 여신계약이 체결된 경우, 이와 같은 외상매출의 관리는 여신담당자인 Credit Manager의 관리하에 통제된다.

(3) 종업원 후불(Employee Ledger)

자사 호텔의 직원이 영업장에서 부서명, 성명, 사원번호를 기록하고 서명한 경우 종업원 계정으로 처리하여 일정기간 도래 후 해당 직원의 급여에서 공제하여 대체 처리한다.

[표 6-26] 종사원 계정(Employee Voucher)

				Employee Voucher 종사원 후불
Date	Table	Server	Cover	**Employee Voucher** Bakery
No. 1239033				12345 30 Aug '08 18 : 20

1. _____	1. Roll Cake 25,000
2. _____	D/C 7,500
3. _____	Sub Total 17,500
4. _____	VAT 1,750
5. _____	19,250
6. _____	Grand Total
7. _____	12345/Lee
	Employee Ledger 19,250
8. _____	--- 12345 Closed 30 Aug 18 : 20 ---
9. _____	
10. _____	감사합니다. Thank you very much
11. _____	Please Pay to the cashier.
12. _____	회계원에게 지불하여 주십시오!
Room No.	Print Name
(주)코리아나호텔 사업자등록번호 : 104-81-25812 서울시 중구 태평로 1가 61/1 대표이사 : 방 용 훈 Tel : (02)2171-7000	Guest Signature : _____

* "No Tipping Please" 10% service charge & 10% value added tax will be added to your bill.
상기 요금에는 부가가치세가 별도로 가산됩니다.

[표 6-27] Hotel Payment Report

Hotel Payment Report

Koreana Hotel   Date_____

Pay	Description	Front	Outlet	Total
CA	Cash	1,808,218	1,679,180	3,487,398
PO	Paid Out	−14,000	0	−14,000
AD	A. Deposit	0	0	0
RF	Refund	0	0	0
Sub Total		1,794,218	1,679,180	3,473,398
AX	AMEX	1,151,050	0	1,151,050
BC	BC CARD	11,391,450	5,132,770	16,524,220
CC	국민	878,800	2,568,580	3,447,380
HD	현대카드	149,850	571,070	720,920
VS	외환	782,550	636,380	1,418,930
LG	LG CARD	0	8,000	8,000
SS	삼성카드	1,498,500	86,520	1,585,020
JC	JCB	685,800	0	685,800
FV	해외 VISA	4,016,309	0	4,016,309
FM	해외 MASTER	748,070	0	748,070
SH	신한카드	628,320	1,679,630	2,307,950
CD	공통카드	157,532	1,003,500	1,161,032
Sub Total		22,088,231	11,686,450	33,774,681
CL	CITY LEDGER	2,709,910	2,125,780	4,835,690
DP	DEPOSIT	0	0	0
EM	EMPLOYEE	0	0	0
Sub Total		2,709,910	2,125,780	4,835,690
Total :		26,592,359	15,491,410	42,083,769

전일잔액	금일증가	F/O Cash	F/O CC	F/O OTH	F/B Cash
68,931,075	45,371,371	1,794,218	22,088,231	2,709,910	1,679,180

	F/B CC	Adjust	계	금일차액	금일잔액
	11,215,780	−961,620	42,083,769	3,287,602	72,218,677

기타 매출항목

제**7**장

기타 매출항목

제1절 ◆ 부가가치세(VAT : Value Added Tax)

생산 및 유통과정의 각 단계에서 창출되는 부가가치에 대하여 부과되는 조세로서 부가가치세(VAT)는 국세·보통세·간접세에 속한다(국세기본법 제2조). 그리고 부가가치세는 모든 재화 또는 용역의 소비행위에 대하여 부과되는 일반소비세이며, 조세의 부담이 거래의 과정을 통하여 납세의무가 있는 사업자로부터 최종소비자에게 전가되는 간접소비세이고 모든 거래단계에서 생성된 각각의 부가가치에 부과되는 다단계 거래세의 성격을 가진다.

부가가치세는 매출세의 일종으로서 발달된 조세이다. 그러나 부가가치세는 매출세가 재화 또는 용역의 공급총액에 대하여 부과되는 것과는 달리 재화 또는 용역에 새롭게 부가된 가치의 부분에 한하여 부과되므로, 이론상 세액의 계산과 징수에 있어서 매출세보다 훨씬 합리적인 조세이다.

부가가치세는 1919년에 독일에서 제안되었으며, 1921년에 미국에서 법인세를 대신할 세목으로 주장되었다. 그러나 부가가치세를 도입하여 시행한 것은 1955년에 프랑스가 제조세를 부가가치세로 대체한 것이 최초이다. 그 후 1967년에 유럽공동체는 부가가치세를 회원국의 공통세로 인정하였다. 오늘날에는 대부분의 국가가 부가가치세를 채택하고 있다.

우리나라는 부가가치세법을 1976년에 제정하여 1977년부터 시행함으로써 종전의 영업세법, 물품세법, 직물류세법, 석유류세법, 전기가스세법, 통행세법, 입장세법, 유흥음식세법 등에 의해 부과되던 세목을 폐지하고 부가가치세를 도입하였다. 그 배경은 간접세 체계를 근대화하고 경제개발계획을 효과적으로 지원하기 위해 부가가치세제를 도입함으로써, 부가가치세가 가지고 있는 장점인 세목과 세율의 단순화에 의한 세제 및 세정의 간소화와 간접세의 안전환급에 의한 수출 및 투자의 촉진을 기하고, 누적과세의 배제에 의한 물가의 누적적 상승요인을 제거하며, 또한 기업의 수직적 통합이익을 배제함으로써 기업의 계열화를 촉진함과 동시에, 세금계산서의 수수에 의한 탈세를 원천적으로 예방하여 근거과세를 구현하려는 데에 있다.

다시 말해 부가가치세란 물품이나 용역이 생산·제공·유통되는 모든 단계에서 매출금액 전액에 대하여 과세하지 않고 기업이 부가하는 가치, 즉 차익에 대하여만 과세하는 세금을 말한다.

영리목적의 유무에 불구하고 사업상 독립적으로 재화 또는 용역을 공급하는 자는 부가가치세를 납부하여야 하며 부가가치세의 적용기간은 다음과 같다.

제1기 : 1월 1일부터 6월 31일까지

제2기 : 7월 1일부터 12월 31일까지

부가가치세제도 실시의 목적은 1971년 정부는 장기세제계획의 합리화추진책의 일환으로 가장 합리적인 간접세제의 하나인 부가가치세의 도입을 결정한 후 5년 동안 연구검토하여 아래의 목적을 달성시키고자 실시하게 되었다.

첫째, 복잡하고 다기화된 간접세를 간소화하여 근거과세를 구현함에 있다.

둘째, 수출에 대한 간접세의 완전면세에 의해 수출을 촉진한다.

셋째, 투자에 의한 간접세 부담을 없애고 투자를 촉진함에 있다.

넷째, 간접세의 중립성을 유지할 수 있도록 간접세제를 개편함에 있다.

이와 같은 부가가치세는 국세로서 아래와 같은 과세표준과 세율을 적용받는다.

1. 과세표준

세금을 부과함에 있어서 그 기준이 되는 것으로 과세물건의 가격·수량·중량·용적(容積) 등이 과세표준이 된다. 과세표준을 화폐단위(가격)로 표시하면 종가세가 되고, 과세물건의 수량·중량·용적 등으로 표시하면 종량세가 된다. 예컨대, 소득세에 있어서는 소득금액, 재산세에 있어서는 재산가액, 물품세에 있어서는 판매가격 등이 과세표준이 된다.

과세표준을 물건의 수량·용적·중량 등으로 표시하면 과세는 간단하지만 그 부담이 불공평하게 될 우려가 있다. 과세표준은 법률에 명문규정이 있는 법정세를 제외하고는, 납세의무자의 과세표준의 신고가 있든 없든 세무관청의 인정에 의해 확정되는데, 그 인정권은 세무관청에 있는 것이 원칙이나, 등록세와 같이 다른 기관(등록관청)에 있는 경우도 있다.

재화 또는 용역의 공급에 대한 부가세의 과세표준은 아래와 같다.

첫째, 거래상대자로부터 받는 대금, 요금, 수수료 등 모든 금전적으로 가치 있는 것을 포함한다.

둘째, 외상판매의 경우에는 공급한 재화의 총가액(總價額)을 과세표준으로 한다.

셋째, 분할판매 및 연불(延拂)판매의 경우에는 계약에 따라 받기로 한 대가의 각 부분을 과세표준으로 한다.

2. 과세의 대상

조세를 부과하는 목표가 되는 물건 또는 사실로서 조세객체 또는 과세대상이라고도 한다. 예컨대 상속세에 있어서의 상속재산, 소득세에 있어서의 소득, 재산세에 있어서의 재산 등이다. 과세물건에 대하여 과세표준이 설정되고 세율을 적용하면 세액이 산출된다.

현행법의 조세체계는 대부분 과세물건을 표준으로 하여 분류된다. 소득·재산 등이 과세대상인 소득세, 소비라는 사실이 과세대상인 소비세, 유통거래가 과세물건인 유통세 등의 분류가 그 예이다. 직접세·간접세를 구분하는 기준도 과세대상이다.

즉, 소득획득에 기준을 두고 과세하는 조세가 직접세이고, 소득지출에 대하여 과세하는 조세가 간접세이다. 과세물건과 세원은 일치하기도 하나 다르기도 하다. 예컨대 소득세의 과세물건과 세원은 소득으로서 일치하나, 영업세의 과세물건은 영업행위이고, 세원은 영업수익이므로 일치하지 않는 것과 같다.

과세 대상	내 용
재 화	재산적 가치가 있는 물건
	① 유형적 물건 : 형체를 가리키는 상품, 제품, 원재료 기계 및 건물 등
	② 무형적 물건 : 전기, 열, 기타 관리할 수 있는 모든 자연력
용 역	재화 이외의 모든 서비스 및 기타 행위
	① 건설업
	② 식음 및 숙박업
	③ 운수, 창고 및 통신업
	④ 금융, 보험, 부동산 및 용역업
	⑤ 사회 및 개인 서비스업

3. 세율

세율이란 과세표준에 대하여 납부하여야 할 세액의 비율이다.

세율은 과세표준에 곱하여 세액을 산출하는 기준으로서 종가세의 체계에서는 백분비의 형태로 정해지며 종량세에서는 단위당 일정금액의 형태로 정해진다. 비례세율·누진세율·역진세율의 세 가지가 있다.

비례세율(Proportional Tax Rate, Flat Tax Rate)은 과세표준의 크기에 관계없이 균일한 세율이다. 자유방임주의 아래에서는 국가가 국민경제에 관여하여 재산을 징수해가는 조세는 필요악이기 때문에 최소의 금액으로서 중립적인 것이어야 했으므로, 다른 정책적 조작을 가하지 않은 비례세율이 공평과세에 부합하는 최선의 것으로 인식되었다. 주세·특별소비세 등의 간접세는 비례세율에 의한다.

누진세율(Progressive Tax Rate, Graduated Tax Rate)은 과세표준이 커짐에 따라 높아지는 세율이다. 오늘날에는 일반적으로 누진세율에 의해서 소득의 재분배를 위한 과세의 형평이 실현될 수 있다고 이해되고 있다. 그러므로 소득세·상속세·증여세 등의 직접세는 누진세율에 의한다.

역진세율(Regressive Tax Rate)은 과세표준이 커짐에 따라 낮아지는 세율이며, 누진세율의 반대가 된다. 그러나 실제로 역진세율이 규정되어 있는 예는 없으며 과세의 사실상의 결과가 역진부담으로 나타나게 되는 경우가 있을 뿐이다.

[표 7-1] 호텔 세율 비교

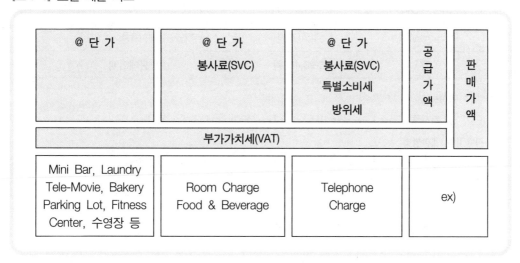

관광호텔의 이용고객에 대한 부가가치세(VAT)의 적용사례를 들어보면 아래와 같이 세 가지로 살펴볼 수 있다.

호텔에서 적용되고 있는 부가가치세 세율은 100분의 13으로 한다. 그러나 그 세율에 100분의 3을 가감한 범위 안에서 조정할 수 있다.

(1) 일반고객

[표 7-2] 객실, 식음료, 부대시설 이용 시

품목	금액(원)	Sales		
Room Charge	200,000원	단 가(@)	공급가액 (수입)	판 매 가 액
Room SVC	20,000원	봉사료		
Room VAT	22,000원	부가가치세(VAT)		
KOREAN RESTAURANT	40,000원	단 가(@)	공급가액 (수입)	판 매 가 액
〃 SVC	4,000원	봉사료		
〃 VAT	4,400원	부가가치세(VAT)		
TOTAL	290,400원	판매가액		

* **VAT 계산방법**
   (단가 + 봉사료) × 0.1 = 공급가액 × 0.1 = 단가 × 0.11 = VAT
* **판매가액 계산방법**
   (단가 + 봉사료) × 1.1 = 공급가액 × 1.1 = 단가 × 1.21 = 판매가액

[표 7-3] Service Charge가 부과되지 않는 부가가치세

품목	금액(원)	Sales		
Mini Bar Charge	10,000원	단가(@)	공급가액	판 매 가 액
Mini Bar VAT	1,000원	부가가치세(VAT)		
TOTAL	11,000원	판매가액		

* **VAT 계산방법**   * **판매가액 계산방법**
   단가 × 0.1 = VAT   단가 × 1.1 = 판매가액

(2) 면세고객

[표 7-4] No-Tax Card(외교관 면세카드 소지자)

품목	금액(원)	Sales		
ROOM CHARGE	200,000원	단가	공급가액	판 매
ROOM SVC	20,000원	SVC	(수입)	가 액
ROOM VAT	0원	부가가치세(VAT)		
TOTAL	220,000원	판매가액		

＊ 판매가액 계산방법

　　단가 × 1.1 = 공급가액 = 판매가액

(3) 관광호텔 객실 및 식료 영세율 적용

정부는 관광산업의 가격경쟁력을 높이고 투자활성화를 유도하기 위하여 2008년 말까지 적용하기로 되어 있는 호텔에서 제공하는 외국인관광객 숙박용역에 대한 영세율 적용을 2009년 말까지로 1년간 연장하는 동시에 호텔에서 숙박용역과 함께 공급하는 음식용역에 대하여도 2009년 말까지 부가가치세 영세율을 적용하려는 것을 말한다.

그러나 외국인을 대상으로 숙박업을 영위하는 경우 일정한 요건을 갖춘 특례적용관광호텔 사업자는 외국인 관광객 등이 숙박용역을 공급받은 날로부터 3개월 이내에 부가가치세액을 환급받은 사실이 확인되는 경우에는 해당 부가가치세액을 공제 받을 수 있는 규정을 별도로 명시하고 있다.

이 제도는 2012년 2월 2일 법 개정 시 당해 조항이 삭제되었다.

부가가치세 시행령 제26조 【그 밖의 외화획득 재화 및 용역 등의 범위】

① 법 제11조 제1항 제4호에 규정하는 외화를 획득하는 재화 또는 용역은 다음 각 호에 규정하는 것으로 한다.

5의3. 「관광진흥법」에 따른 호텔업 및 휴양콘도미니엄업을 영위하는 자가 제공하는 숙박용역(객실요금에 해당하는 부분에 한정한다) 및 음식용역(숙박용역과 함께 공급하는 경우만 해당한다)으로서 다음 각 목의 요건을 모두 충족하는 용역

가. 「외국인관광객 등에 대한 부가가치세 및 개별소비세 특례규정」 제2조에 따른 외국인관광객 등에게 2009년 12월 31일까지 공급하는 용역

나. 숙박인의 성명·국적·여권번호·입국일자 및 장소 등이 기재된 국세청장이 정하는 외국인 숙박 및 음식매출기록표에 의하여 외국인관광객 등과의 거래임이 표시될 것

다. 세금이 거주자 또는 내국법인의 부담으로 지급되지 아니할 것

조세특례제한법 제107조의 2 【외국인관광객에 대한 부가가치세의 특례】

① 외국인 관광객 등이 2015년 3월 31일까지 「관광진흥법」에 따른 호텔로서 대통령령으로 정하는 요건을 갖춘 관광호텔(이하 이 조에서 "특례적용관광호텔"이라 한다)에서 2일 이상 30일 이하의 숙박용역(이하 이 조에서 "환급대상 숙박용역"이라 한다)을 공급 받은 경우에는 대통령령으로 정하는 바에 따라 해당 환급대상 숙박용역에 대한 부가가치세액을 환급받을 수 있다.

② 특례적용호텔 관할세무서장은 제1항에 따른 환급대상이 아닌 숙박용역에 대하여 외국관광객 등이 부가가치세를 환급받은 경우에는 대통령령으로 정하는 바에 따라 특례적용관광호텔 등 대통령령으로 정하는 자에게 부가가치세액을 징수하여야 한다.

③ 국세청장, 관할 지방국세청장 또는 관할 세무서장은 부정 환급방지를 위하여 필요하다고 인정되면 대통령령으로 정하는 바에 따라 특례적용관광호텔에 대하여 필요한 명령을 할 수 있다.

④ 제1항과 제2항을 적용할 때 외국인관광객, 특례적용관광호텔, 환급대상 숙박용역의 범위, 세액 환급의 절차와 그 밖에 필요한 사항은 대통령령으로 정한다.

조세특례제한법 제109조의 2 【외국인관광객에 대한 부가가치세의 특례】

⑥ 특례적용사업자는 외국인관광객 등이 숙박용역을 공급받은 날로부터 3개월 이내에 부가가치세액을 환급받은 사실이 확인되는 경우에는 해당 부가가치세액을 공제받을 수 있다.

(4) 호텔 내 유흥음식점으로 허가된 영업장

호텔 내에 유흥음식점[10]으로 허가된 영업장, 즉 나이트클럽(Night Club), 엔터테인먼트 센터(Entertainment Center)의 경우 특별소비세(제7조 4항)에 의해서 판매요금의 100분의 20을 부과하도록 되어 있으며, 또한 특별소비세에 대한 교육세 3%도 부과한다. 특별소비세(Special Consumption Tax)란 사치성 상품의 소비에 중과하기 위해서 부과되는 소비세이다. 한국에서는 1977년 7월 1일부터 일반소비세의 과세방법인 부가가치세제가 채택되었는데, 이에 따라 종래의 영업세·물품세·직물류세·석유류세·전기가스세·통행세·입장세·유흥음식세가 부가가치세로 통합되고, 개별소비세로서는 주세·전화세·특별소비세를 두게 되었다.

특별소비세는 부가가치세의 단일세율에서 오는 세 부담의 역진성을 보완하는 한편, 사치성 소비품목 등에 중과하기 위하여 마련되었다. 특별소비세의 과세 대상은 사치성 품목, 소비 억제 품목, 고급 내구성 소비재, 고급 오락시설 장소 또는 이용 등 30여 개 품목 및 서비스에 이르고 있다. 세율은 과세물품에 따라 다르며 2001년 11월 특별소비세법 개정안이 통과되면서 인하되었다. 에어컨·온풍기는 물품가격의 20%이고, 프로젝션 TV와 PDP TV는 10%, 보석·귀금속·모피·골프용품·모터보트 등은 20%, 유흥주점은 10%이다. 자동차는 2,000cc 초과는 10%, 1,500cc~2,000cc는 7.5%, 1,500cc 이하는 5%이다. R Hotel Entertainment Center에서의 실례를 살펴보면 다음과 같다.

---

10) 유흥음식장소에서의 유흥음식행위에 대하여 부과되는 조세로서 특별소비세법은 유흥주점·외국인전용 유흥음식점과 기타 유흥주점과 사실상 유사한 영업을 하는 장소를 유흥음식행위에 대하여 특별소비세를 부과하는 과세유흥장소로 하고, 세율은 유흥음식요금의 100분의 20으로 하고 있다(특별소비세법 제1조).

[표 7-6] 유흥음식점의 특별소비세 및 기금 적용사례

품목	금액(원)	Sales		
Beer 및 안주	50,000원	단가	공급 가액 (수입)	판매 가액
SVC	5,000원	SVC		
소계(Sub Total)	55,000원	①		
특별소비세	11,000원	②		
교육세	330원			
소계(Sub Total)	66,330원			
VAT	6,633원	부가가치세		
Grand Total	72,963원			

- 특별소비세 : ① $\times \dfrac{20}{100}$ = 11,000원
- 교육세 : ② $\times$ 0.03 = 330원
  교육세는 특별소비세의 3%

4. 세금계산서(Tax-Invoice)

세금계산서는 사업자가 재화 또는 용역을 공급하는 때에 부가가치세를 거래징수하고 이를 증명하기 위하여 공급받는 자에게 교부하는 세금영수증이다. 부가가치세법은 납세의무자로 등록한 사업자가 재화 또는 용역을 공급하는 때에는 거래 시기(공급시기)에 부가가치세법 제16조의 법정사항을 기재한 세금계산서를 공급받는 자에게 교부하여야 한다고 규정하고 있다.

광의의 세금계산서는 일반과세자가 원칙적으로 교부하는 협의의 세금계산서, 일반과세자 중 소매업·음식점업자 등의 최종소비자를 대상으로 하는 업종의 사업자가 교부하는 영수증, 간이과세자가 교부하는 영수증, 그리고 세관장이 재화의 수입자에게 교부하는 수입세금계산서 등이 있다.

협의의 세금계산서는 사업자등록을 한 사업자에 한하여 교부할 수 있으며, 간이과세자는 영수증만 교부할 수 있고, 면세사업자는 부가가치세납세의무 자체가 없으므로 세금계산서를 교부할 수 없다.

따라서 부가가치세 과세업자가 부가가치세를 징수하고 그 징수를 하였다는 사실을 증명하기 위하여 법 제16조에 따라 교부하는 계산서이다.

세금계산서 기재사항	
① 공급하는 사업자의 등록번호와 성명 또는 명칭	② 공급받는 자 등록번호
③ 공급가액과 부가가치세	④ 작성년월일
⑤ 공급하는 자의 주소	⑥ 공급품목
⑦ 단위와 수량	⑧ 거래의 종류

5. 간이세금계산서

세금계산서의 기재사항 중 공급받는 자와 부가가치세를 따로 기재하지 아니한 약식 계산서로서 주로 사업자가 아닌 다수의 소비자를 상대로 하는 업종을 영위하는 사업자에게 간편히 교부할 수 있도록 하는 제도이다. 따라서 간이세금계산서는 법정의 서식을 정하지 않고 사업자의 업종이나 거래의 성격에 따라 사용할 수 있도록 하고 있다.

(1) 종류

① 간이세금계산서

② 식음, 숙박업소에서 교부하는 영수증(Folio, Bill)

③ 금전등록기 설치사업자가 "가교부한 신용카드에 의한 신용거래의 매출표"

④ 공급하는 사업자의 등록번호, 상호, 공급가액 및 작성 년 월 일이 기재된 승차권, 항공권, 입장권, 관람권 등

단, 거래상대방이 사업자등록증을 제시하고 간이세금계산서가 아닌 정상세금계산서를 요구하는 때는 새로 교부해 주어야 한다.

금전등록기(Cash Register)

금전등록기란 상품판매의 현금거래에서 내용을 표시, 합산하여 기록하는 기계이다. 소형금고의 역할을 하며, 영수증을 발행하고, 매출금액의 통계 등을 산출한다.

금전등록기는 소형금고의 역할을 하며, 1건마다의 매출금액을 표시하여 고객에게 영수증을 발행하고 1건마다의 매출금액과 1일의 매출액을 산출 기록하며, 상품별·매장별의 매출금액을 집계 기록하는 기능을 가진다. 또한 금전등록기는 세금계산서 또는 영수증의 성실한 교부를 통한 근거과세의 촉진에 도움이 된다.

(2) 설치대상

간이세금계산서의 교부대상이 되는 업종을 경영하는 법인으로서 업종과 경영규모를 기준하여 소관세무서장이 지정한다.

(3) 혜택

① 세액공제 : 5/1,000

② 기장인정 : 감사 Tape(Audit Tape)

③ 거래상대방에 대한 매입세액 공제

(4) 과세특례자

사업규모 영세, 기장능력부족 3,600만/년에 미달되는 개인사업체 공급대가의 20/1,000에 상당하는 금액이 납부세액이다.

6. 면세(No-Tax)

부가가치세법 시행령 중 일부가 개정되어 외국인에게는 부가가치세의 면세를 적용하던 업소(음식, 숙박업소 및 외국인 면세판매점)에서 1991년 7월 1일부터 외국인에게도 내국인과 동일한 부가가치세 세율을 적용하고 있다. 그러나 우리나라에 주재하거나 파견된 외교관, 외교사절 또는 주한 외국공관에 근무하는 외국인으로서 당해 국가의 공무원신분을 가진 자가 관할세무서장의 지정을 받은 사업장(이하 "외교관면세점"이라함)에서 외교부장관이 발행하는 외교관 면세카드를 제시하여 공급받는 음식, 숙박용역, 석유류, 보석, 귀금속, 전력, 외교부장관의 승인을 얻어 구입하는 자동차 등에 대하여 당해 외교관 등의 성명, 국적, 외교관 면세카드 번호, 품목, 수량, 공급가액 등이 기재된 외교관면세판매 기록표에 의해서 외교관 등과의 거래임이 표시되는 경우에 영의 세율을 적용하는 것이다.

다만, 당해 국가에서 우리나라의 외교관 등에게 동일한 면세를 적용하는 경우에 한하여 영의 세율을 적용한다.

따라서 관광호텔에서는 호텔을 이용하는 고객으로부터 외교관 면세카드를 제시받으면 다음 사항을 기재하고 영세율 보고서에 기록한다.

<table>
<tr><td colspan="3" align="center">면세카드 소지자 영세율 보고서 기록사항</td></tr>
<tr><td>① 공급일자</td><td></td><td>② 성명</td></tr>
<tr><td>③ 국적</td><td></td><td>④ 근무처</td></tr>
<tr><td>⑤ 면세카드 번호</td><td>⑥ 금액</td><td>⑦ 공급품목(Room No., 식음료 이용 장소)</td></tr>
</table>

[표 7–7] 외교관 면세카드

[표 7–8] 부가가치세 영세율 보고서

〔별지 제6호서식〕

0303–70A	{ 외국인숙박 및 물품판매 외교관면세판매 및 음식·숙박 재화 또는 용역공급 }	기록표	20..

근거 : 부가가치세 영세율 적용에 관한 규정				
사 업 자	① 성명		⑤ 사업자등록번호	
	② 상호		⑥ 외화획득지정번호	
	③ 사업장		⑦ 업태	
	④ 주소		⑧ 종목	

공급내용								
⑨ 공급일자 (숙박기간)	공 급 받 는 자				⑭ 품목 (객실번호)	⑮ 수량	⑯ 단가	⑰ 금액	⑱ 비고
	⑩ 성명	⑪ 국적	⑫ 근무처	⑬ 여권(외교관면세 카드, 주민등록)번호				

제2절 ◦◦ 봉사료(Service Charge)

1. 봉사료의 의의

서비스의 어원은 라틴어로 노예 의미인 "Sorvenor"에서 Servant로 다시 Service(봉사)로 변환되어 왔다. 서비스는 "판매를 위하여 제공되는, 또는 상품판매와의 관계에서 준비되는 재활동·편익·만족"이라고 정의할 수 있으며, 유형의 상품과 비교해 볼 때 서비스는 형체가 없는 무형성(Intangibility), 생산·구매·소비가 동시에 이루어지는 동시성 또는 비분리성(Inseparability), 서비스의 표준화와 규격화가 어려운 이질성(Heterogeneity), 보관과 저장이 불가능한 소멸성(Perishability)이라는 특성을 가지고 있다.

따라서 호텔상품은 물적 자원에 의한 생산제품(객실, 식음료)과 시설제품(호텔제반 시설인 수영장, 골프장, 볼링장 등)인 유형재와 인적 자원으로서의 서비스제품인 호텔 종사원의 인적 서비스를 제품화한 무형재(무형 재산, 구체적인 형태가 없는 재산으로 저작권, 특허권, 광업권, 상표권, 어업권 등)로 구분한다.

[표 7-9] 고객과 호텔 및 종사원의 의존관계

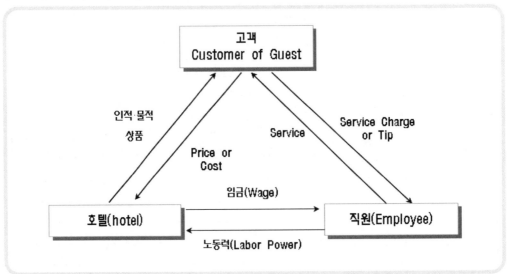

봉사를 위주로 하는 종업원의 대 고객 서비스는 고객, 호텔, 종업원 삼자 사이에 제공받는 과정에서 상호 의존적인 상호관계를 맺고 있으며 다음 표와 같은 상대적인 양면성을 갖고 있다. 이와 같은 인적 서비스는 호텔 상품구성과 고객의 서비스 구성의 일부분으로써 고객의 인적 서비스 만족 여부에 따라 그 성격도 달라진다. 종업원의 인적 서비스의 질을 향상 발전시키기 위해서는 비금전적 보상수단인 직무성취도 및 승진 이외의 금전적 보상수단이 임금형태의 일종인 봉사료의 문제가 제기된다.

봉사료(Service Charge)는 호텔상품(객실, 식음료, 기타 부대시설)의 가격 이외의 청구서에 가산되는 일정 비율의 금액으로서 봉사료는 소위 불투명한 팁(Tip)의 의존을 탈피하며 고객에게 보다 합리적인 서비스를 제공하기 위한 제도로서 우리나라는 10%의 봉사료를 호텔상품 사용료 이외에 추가징수하고 있다. 이것을 그래튜어티(Gratuity : Tip)라고도 부른다.

[표 7-10] 봉사료 실태분석

구분	객실세금	식음료 세금	서비스료
호주	없음	없음	드물다
중국	10~20%*	na	(주 참조)*
홍콩	5%	없음	10%
인도	0~20%	5~10%	10%
인도네시아	16%*	15~21%**	(주 참조)*
일본	6%	6%	10%
한국	10%	10%	10%
마카오	5%	없음	10%
말레이시아	5%	5%	10%
네팔	10~15%**	10~15%**	na
필리핀	13.7%	4.2~8.7%	10%
싱가포르	4%	없음	10%
대만	5%	na	10%
태국	11%	8.25~16.5%	10%

주) na(not available)
  * 세금과 서비스료가 통상 한 항목으로 부과된다.
 ** 세율 일정치 않음. 호텔수준이 높을수록 세율 높아짐

2. 봉사료제도

봉사료제도는 개별 Tip으로 인한 고객의 불편과 불안을 해소하고 이에 종사하는 종업원의 처우개선과 서비스 평준화를 기하기 위하여 1979년 8월 이후 정부방침에 따라 호텔업계에 도입하게 되었다.

봉사료의 징수대상 영업장은 객실 및 식음료 판매 영업장의 청구서 금액의 10%를 각각 공히 부과하여 임원급을 제외한 전 종사원에게 당월분 임금지급 시 지급하도록 하였으며, 아울러 당월 미수된 봉사료에 대해서도 경영주가 보상 지급하도록 조치하였다.

아울러 정부는 관광호텔 봉사료는 근로기준법 제18조에 의거하여 임금에 포함되므로 퇴직금 정산 시 합계 지급토록 되어 있다.

이에 따른 조치로써

첫째, 종사원의 개별 Tip 수수 금지

둘째, 경영주의 봉사료 유용 금지

셋째, 공공요금에 대하여 봉사료 징수 금지 등 조치가 내려져 시행되어 왔다.

봉사료 징수대상 영업장으로서는 Self Service와 Help Service 개념을 근거로 범위가 정해졌으며, 징수대상에서 제외되는 업장을 참고로 열거하면 다음과 같다.

① 제과점(Bakery) 등에서 고객에게 포장하여 판매하는 식음료 요금 : Take Out

② 청소년 호텔식당에서 제공하는 단체객의 Self Service의 식음료 요금

③ 호텔 냉장고(Mini Bar)에 비치된 식음료 요금

④ 수영장(실내 수영장 포함) 및 Sauna, Health Club 요금

⑤ 나이트클럽(Night Club)의 요금

⑥ 이·미용실 및 아케이드 상품 대금

⑦ 유기장(遊技場) 요금

⑧ 세탁(Laundry, Dry Cleaning, Pressing) 요금 및 객실 내의 영화 시청 요금(Tele-Movie Charge)

⑨ 주차장(Parking Lot) 요금

⑩ 기타 이와 유사한 시설의 이용요금

3. 봉사료 부과 유무

1979년 이후 시행되어 오던 관광호텔의 봉사료 부과는 현재 1~3성급 호텔에서는 거의 부과되지 않고 있는 실정이며, 4~5성급 호텔에서도 아래 표에 나타나 있듯이 일부 관광호텔에서만 부과하고 있는 실정이다.

Service Charge	관광호텔
부과하지 않음	파크하얏트 서울, 포시즌스 서울 호텔, 그랜드 앰배서더 서울과 아코르계열 호텔, 코트야드 메리어트계열 호텔, 세종호텔, 반얀트리클럽 앤 스파 서울, 서울가든 호텔, 코리아나호텔 등
부과	웨스틴조선호텔, 호텔신라, 그랜드하얏트호텔, 밀레니엄 서울 힐튼, 호텔 롯데, 더플라자호텔, 인터컨티넨탈호텔(그랜드/코엑스), JW메리어트호텔, 리츠칼튼호텔, 임페리얼팰리스호텔 등

※ Service Charge를 부과하는 호텔 중 매출이 아니라 급여(부채)의 일부로 처리하는 호텔: 웨스틴조선호텔, 리츠칼튼호텔, 그랜드/코엑스 인터컨티넨탈호텔 등

또한 호텔 뷔페의 경우 지난 2013년부터 시행된 옥외 가격표시제에 따라 일반음식점과 휴게음식점은 최종 지불가격(판매가액)을 표시하고 있으며, 아울러 식음료 업계는 2013년 식품위생법 시행령·시행규칙 개정에 따라 음식점과 커피전문점, 제과점 등 모든 식품접객업소가 최종 지불가격(판매가액)을 메뉴판에 표기하도록 되어 있다. 그럼에도 불구하고 관광호텔들은 각종 패키지 상품이나 식음료 업장 프로모션 때 '세금 및 봉사료 포함' 혹은 '별도'라는 표현을 상황에 따라 사용하고 있다.

제3절 • 전화요금수익(Telephone Charge Revenue)

　호텔 전화요금수익은 시내전화, 시외전화, 국제전화(City Call, Long Distance, Overseas Call)로 구분되어 부과되고 있다. City Call Charge는 호텔의 자동도수기 장치[PABX(Private Automatic Branch eXchange : 호텔과 같이 내부의 통화량이 많은 기관에서 자체적으로 통화망을 설치하여 내부 통화를 처리하고 공중 전화망을 연결하여 외부로 전화 통화를 할 수 있도록 구성된 자동 전화 교환기)]의 설치로 객실별로 도수기에 기록되도록 시설을 갖추고 있다. 시외전화, 국제전화는 Call Accounting System Interface를 통해 자동적으로 고객계정(Guest Accounting)에 Posting되기도 하고, 경우에 따라서는 교환원(Operator)에 의해 고객이 요구하는 전화번호에 연결되고, 연결되는 시간으로부터 끝나는 시간까지를 통화단위로 하여 요금을 계산하기도 한다. Call Accounting System의 Flow Chart를 살펴보면 다음과 같이 나타낼 수 있다.

[표 7-11] Call Accounting

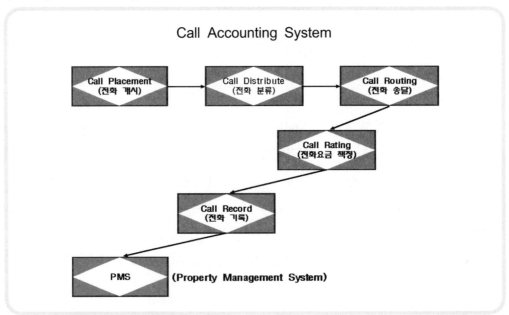

1. 통화의 종류

① Station to Station Call(번호 통화) : 장거리 전화에서 번호 통화로 전화를 건 상대방 번호에서 누가 나오든 바로 요금 계산이 시작된다.

② Person to Person Call(대화자 지명 통화) : 전화를 신청한 상대방에 원하는 대화자를 지정하는 번호로 원하는 대화자가 연결되기 전에는 통화할 수 없고, 요금도 내지 않는다.

③ Collect Call(대화자 요금부담 통화) : 전화를 받은 고객이 요금을 지불하는 것이다. 이 전화는 받는 고객이 꼭 전화요금을 지불할 것인지를 확인하여야 한다. 만약 지불하면 신청한 사람에게 즉시 알리고, 신청자의 의견에 의해 처리한다.

④ Home Country Direct Call(고국 교환원 직통통화)

⑤ Credit Card Call(크레디트 카드 통화) : 전화를 신청한 고객이 자국의 Credit Card를 이용하여 외국에서 현금으로 지불하지 않고 돌아가서 Credit Card로 지불하는 통화이다.

⑥ Maritime Radio Call(무선통화)

⑦ INMARSAT Call(인마샛 콜 : 해사위성통화)

  * INMARSAT는 International Marine Satellite Organization(국제 해사(海事)위성기구)의 약어 : 인마샛은 지구 적도상공 3만5천786km에 위치한 통신위성을 이용해 태평양·대서양·인도양 지역에서 선박과 육상 간, 선박 상호 간, 육상의 이동지구국 간, 항공기와 지상 간 위성전화 및 패킷(Packet)통신 서비스를 제공하고 있다.

⑧ Conference Call(회의 통화) : 자동식 구내전화 교환장치에서 구내선 상호통화 중에 구내선 전화기의 특수번호의 다이얼 조작으로 회의를 진행하고자 하는 국내선을 호출하여 3자 이상이 동시에 상호통화할 수 있는 서비스, 특히 제3자 사이에서 통화할 수 있는 회의전화 서비스를 추가(Add-on) 또는 간이 회의 전화라고 한다. 회의 참가자의 전화번호를 정해 놓는 고정식과 임의로 선택할 수 있는 가변식이 있다.

[표 7-12] Telephone Bill

Telephone & MISC Charge

Other Charges Detail

Guest Name : JEGANATHAN DBL

Date	Charge Name	Voucher #	Amount	Tax	Total
06/05/04	Phone		0.06	0.00	0.06
06/05/04	Phone		0.22	0.01	0.23
06/06/04	Phone		0.48	0.02	0.50
06/06/04	Phone		0.04	0.00	0.04
06/07/04	Phone		0.12	0.01	0.13
06/07/04	Phone		0.84	0.04	0.88
06/08/04	Phone		0.10	0.00	0.10
06/08/04	Phone		0.62	0.03	0.65
06/08/04	miscellaneous		2.00	0.00	2.00
Total:					**4.60**

교환원은 전화요금에 대한 Bill을 작성하여 Front Office Cashier에게 보내고 밤 12시에 당일 Telephone Traffic Sheet(Call Detail Report)를 작성하여 Night Auditor에게 제출한다.

[표 7-13] PABX Service Record

Koreana Hotel

Date : 2017.　.　.

Reported by

Bill No	Room No	Guest Name	City	Tel. No. or Address	Collect or Paid	Charge		TAX 25%	Handling Charge	Total	OP. No.
						Domestic	Overseas				

2. FAX & Telex 수익

　FAX(Facsimile)와 Telex는 고객에게 24시간 봉사하며 담당자는 Bill 3매(보관용, Front Cashier용, 보고서 첨부용)를 작성, 그중 1매는 Front Office Cashier에 보내서 고객의 계산서에 Posting하게 된다.

　호텔에서 결산을 위한 시간(일반적으로 24:00) 안에 매출일보(Traffic Sheet)를 작성하여 야간감사자에게 제출한다.

[표 7-14] FAX & Telex Bill

FAX & Telex　　　　　No._____

R/N :				2017.　　.　　.
Classification	Description	Cost	Gratuity	Total
FAX				
Telex				
XEROX				
Confirmed by Operator : _____				

Koreana Hotel

제4절 • 세탁수익(Laundry Revenue)

　호텔 세탁수익의 종류는 Laundry, Dry Cleaning, Pressing 등의 3종으로 나눌 수 있으며, 대상고객은 투숙객, 외래객, 자체세탁으로 구분할 수 있다. 아울러 서비스 측면에서도 Regular Service와 Special Service로 구분할 수 있다.

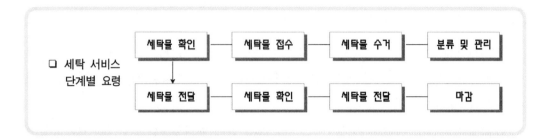

세탁 서비스 단계별 요령

세탁물 확인 → 세탁물 접수 → 세탁물 수거 → 분류 및 관리
세탁물 전달 → 세탁물 확인 → 세탁물 전달 → 마감

1. 투숙객(Room Guest) 세탁수익

세탁봉투(Laundry Bag)와 세탁신청서는 종류별로 객실에 비치되어 있으며 세탁을 원하는 고객은 세탁봉투에 신청서와 함께 세탁물을 넣어 두면 House Man 등을 통하여 세탁사무실로 수거된다.

세탁소에서는 수거된 세탁물을 신청서와 대조하여 세탁계산서(Bill)를 3매 작성한다. 3매 작성된 Bill의 구분처리를 보면 다음과 같다.

첫째, Front Office Cashier(Charge Voucher로 사용) 보관용

둘째, House Keeping 보관용

셋째, 공장(세탁소) 보관용

2. 외래객(Out Side Sale) 세탁수익

세탁물 접수를 담당하고 있는 종업원은 세탁물을 접수와 동시에 보관증을 교부한다. 이때 보관증은 3매를 작성하게 되는데(① 세탁소 보관용, ② 고객 보관용, ③ 공장 보관용), 세탁 완료 고객에게 세탁물을 내어줄 때에는 보관증을 반드시 회수하고 Cashier는 호텔회계기에 의해서 영수증(계산서, Bill)을 교부한다.

[표 7-15] 세탁부문 계산서(Laundry Bill)

				LAUNDRY 세탁과		

Date	Table	Server	Cover	Laundry		
				1305 Laundry		
No. 1239033				**12345** 30 Aug '0818 : 20		

```
1. _____              1. Shirts              5,000
2. _____                 Suits               9,000
3. _____
4. _____              Sub Total             14,000
5. _____              VAT                    1,400
6. _____
7. _____              Grand Total           15,400
8. _____              301/Lee                      15,400
9. _____              Room Charge
10. _____
11. _____              --- 2005 Closed 30 Aug 18 : 20 ---
12. _____
13. _____
14. _____              감사합니다. Thank you very much
15. _____                 Please Pay to the cashier.
16. _____              회계원에게 지불하여 주십시오!
17. _____
```

Room No.	Print Name
(주)코리아나호텔 사업자등록번호 : 104-81-25812 서울시 중구 태평로 1가 61/1 대표이사 : 방 용 훈 Tel : (02)2171-7000	Guest Signature

* "No Tipping Please" 10% value added tax will be added to your bill.
상기 요금에는 부가가치세가 별도로 가산됩니다.

Laundry Clerk은 마감시간에 세탁매출보고서(Laundry Traffic Sheet)를 작성하여 야간 감사자에게 제출한다. 이것은 Front Office Cashier에게 보낸 Charge Bill의 내용과 세탁 사무실에서 회계기를 사용하는 경우의 Machine Reading과 서로 일치해야 한다.

[표 7-16] Laundry Bill

PRINCESS 1541362

where i belong℠

LAUNDRY LIST & VALET SERVICE

Passenger's Name:

_____

Stateroom No.:

_____

Date:

_____

Please place a check (✓) for the service required.

☐ **"Presto" Same day laundry service.**
Handed in before 9:00am and returned by 5:00pm same day.
Please add 50% for express service charge.

☐ **Regular next day laundry service.**
Handed in before 9:00am and returned by 5:00pm next day.

Charges for pressing only are 80% of listed Dry Cleaning prices.
Please place a check (✓) in the "PRESS ONLY" box if you would like to receive this service.

LAUNDRY LIST	No.	PRICE	TOTAL	DRY CLEANING LIST	Press Only (✓)	No.	PRICE	TOTAL
Trousers/Pants/Slacks/Skirts		$4.00		Evening Dresses			$10.50	
Shirts/Blouses		$3.00		Dresses			$8.50	
Formal Shirts/Special		$3.75		Suit 2 Pieces			$8.00	
Polo Shirts/Color T-Shirts		$2.25		Jackets			$5.00	
Shorts		$2.50		Trousers/Pants			$4.50	
Undershirts/Singlets/White T-Shirts		$1.25		Skirts/Slacks			$4.50	
Undershorts/Panties		$1.00		Coats			$7.00	
Slips		$2.00		Formal Shirts/Blouses			$4.50	
Brassieres		$1.50		Shirts			$3.50	
Handkerchiefs		$0.75		Sweaters			$4.50	
Socks		$1.00		Polo Shirts/Color T-Shirts			$3.00	
Nightgowns/Pajamas		$3.25		Shorts			$3.25	
Sweatsuits		$3.50		Vests/Waistcoats			$2.50	
Jumpsuits		$4.50		Ties			$2.50	
Other				Other				
Other				Other				
Subtotal			$	Subtotal				$

For shirts only: Starch ☐ No Starch ☐

Special Instructions:_____

Note : Unless this itemized list is sent with each package of laundry, our count must be accepted as correct. We will not be responsible for colors running, fading or shrinking. All claims must be made within 24 hours after delivery. This ticket must accompany all claims before any adjustment will be made. Liability in case of lost or damaged goods limited to ten times the amount charged for cleaning same. We do not assume responsibility for any articles left in garments.

Subtotal $_____

Add 50% Express Service $_____

GRAND TOTAL $_____

_____
Passenger's Signature

Please send all (3) copies with your Pressing, Laundry or Dry Cleaning.
White-Passenger (return with laundry) Yellow-Accounting Pink-Laundry Master

3. House Laundry

House Laundry는 무료세탁으로 종업원들의 유니폼 세탁과 객실 및 식음료 영업장들의 Linen 세탁도 포함된다. Laundry Clerk은 종사원이나 각 영업장의 세탁신청내용과 현품을 대조한 뒤 Laundry와 Dry Cleaning으로 구분하고 세탁명세전표를 3매 작성한다.

첫째, 세탁사무실 보관용, 둘째, Linen Room 혹은 House Keeping 보관용, 셋째, 공장용으로 작성된 세탁물은 세탁공장으로 보내진다.

4. 세탁요금의 보류(Hold Laundry)

세탁을 의뢰한 손님이 갑자기 귀국한다든가 타 호텔로 옮긴다든가 하여 보관하였다가 차후에 돌려받을 때가 종종 있다. 따라서 그동안 세탁요금이 외상매출금계정과 똑같은 성격을 갖고 있지만, 일단 외상매출금과는 구별하여 보류계정으로 하고 고객이 Recheck-In 시에 반드시 보류계정을 투숙객 계정(Guest Ledger)에 대체할 수 있도록 한다.

[표 7-17] Laundry Holding Record

Laundry Holding Record

발생일자	객실번호	투숙객 명	세탁요금 완급	세탁요금 미지급	비고	인수자	인도자

Koreana Hotel

제5절 • 주차장수익(Parking Lot Revenue)

호텔 주차장 종업원은 고객의 차가 주차장에 입장할 때 타임펀치(Time Punch)를 하며 운전자에게 주차권을 전달하고 주차 후 출구를 통해 나갈 때 Cashier에게 타임펀치(Time Punch)된 주차권을 제출하면 Cashier는 주차시간을 계산, 주차권에다 액수를

Valet Parking Report

2017.   .   .   작성자:

구분	총액	순 매출액	수정	비고
ST(시간료)				
SC(정기권)				
합계	₩	₩	₩	

현금		외상		합계	

수정사항				영 수 증 발 행			
영수증번호	분류기호	금액	비고	총 매수	수 정	기 타	실발행매수

월정차량수입내역				특 기 사 항
차량번호	소속회사	기간	금액	

(주) Valet Service : Parking Lot이나 세탁소에서 고객에게 서비스하는 것을 말한다.

적고 금전등록기에 등록 현금을 받고 영수 테이프(Receipt Tape)를 운전자에게 영수증으로 교부한다.[11]

마감 시 Cashier는 주차권을 근거로 하여 매출일보를 작성하여 금전등록기 머신 리딩(Machine Reading)과 같이 야간감사자에게 인계하고 현금은 현금봉투에 넣어 금고에 넣는다. 야간감사자(Night Auditor)는 주차권과 매출일보를 대조하여 수입일보를 작성하고, 무료 주차권은 별도규정을 정하여 실시한다.

제6절 · Mini Bar & Tele-Movie Revenue

1. Mini Bar 수익

매일 오전 Check-Out시간(정오) 직전에 미니바의 이용상황을 일제히 체크하고 이것이 Front Cashier로 전기되도록 하여야 한다. 그러나 Room Maid나 그 밖의 Checker에 의한 전체 Checking 전이나 차후에 Check-Out하는 고객의 객실에 대해서는 출발예정 객실을 미리 파악, 출발 전 확인을 하거나 고객 스스로 이용 사실을 Bill에 적어서 Front Office Cashier에게 내게 하기도 한다. 때로는 고객의 신속한 Check-Out을 위해 고객으로부터 구두로 신고를 받기도 한다.

Mini Bar 체커의 체크내용을 객실에서 Front Office Cashier에게 신속히 연락하기 위하여 이동통신 전화기의 버튼으로 객실명과 Item을 연락하는 시스템이 개발 이용되고 있다.

Mini Bar 담당자는 객실별 품목을 호텔회계기를 통하여 확인한 후 일일판매보고서 (Mini Bar Traffic Sheet)를 작성하여 Night Auditor에게 제출한다.

---

11) Audit Tape(감사테이프) : 금전등록기를 사용하여 계산서를 발행하는 경우, 금전등록기 내부에는 감사테이프가 들어 있어 사업자가 발행하는 금전등록기계산서와 동일한 내용이 기록된다. 따라서 금전등록기계산서를 교부한 사업자가 감사테이프를 보관한 경우, 그 감사테이프는 장부로서의 효력을 가지며 당해 사업자는 기장을 이행한 것으로 본다.

[표 7-18] MINI BAR 일일판매보고서

2017 년 ____ 월 ____ 일

No / 품명	구분 /	판매단가	전일재고	금일입고	금일판매		금일재고
					수량	금액	
1	Passport	50,000					
2	V.I.P.	50,000					
3	Something	50,000					
4	Budweiser	8,800					
5	OB	8,800					
6	Dry Beer	6,800					
7	Ginseng Drink	6,500					
8	Young Bi Chun	6,500					
9	Coca Cola	5,500					
10	Woo Long Tea	5,500					
11	Fibe Drink	5,500					
12	Pocari Sweet	6,800					
13	Mineral Water	4,000					
14	Nectar	5,800					
15	Orange Juice	6,800					
16	Almond	6,000					
Amount		₩	C/Out	Rms	Per Room ₩		
VAT		₩	Stay On	Rms	Grand Total Amount ₩		
Total, Amount		₩	Total	Rms			

2. Tele-Movie 수익

호텔 객실에 설치되어 있는 TV를 통하여 고객서비스 차원에서 영화를 방영하고 있다. 일반적으로 몇 개의 채널로 방영되는 영화는 고객이 볼 경우 자동적으로 고객의 계정(Guest Folio)에 입력되고 있다. Tele-Movie는 자체 운영보다 타 회사에서 용역으로 운영되고 있으며, 호텔에서는 계약에 의한 판매액에 대해 일정한 비율을 받고 있다.

Tele-Movie 담당자는 작성된 전표와 매출일보를 야간감사자(Night Auditor)에게 전달한다.

[표 7-19] Tele-Movie Bill

<table>
<tr><td colspan="2"></td><td colspan="2" align="center">Tele-Movie</td><td colspan="2">No. _____</td></tr>
<tr><td colspan="2" align="center">R/N :</td><td></td><td colspan="3">2017.   .   .</td></tr>
<tr><td colspan="2" align="center">Classification</td><td align="center">Description</td><td align="center">Cost</td><td align="center">Gratuity</td><td align="center">Total</td></tr>
<tr><td rowspan="6" align="center">Tele
Movie</td><td align="center">CH1</td><td></td><td></td><td></td><td></td></tr>
<tr><td align="center">CH2</td><td></td><td></td><td></td><td></td></tr>
<tr><td align="center">CH3</td><td></td><td></td><td></td><td></td></tr>
<tr><td align="center">CH4</td><td></td><td></td><td></td><td></td></tr>
<tr><td align="center">CH5</td><td></td><td></td><td></td><td></td></tr>
<tr><td align="center">CH6</td><td></td><td></td><td></td><td></td></tr>
<tr><td colspan="6">Confirmed by Operator : _____</td></tr>
</table>

Koreana Hotel

이 외에도 발생될 수 있는 매출항목을 살펴보면 다음과 같다.

① Swimming Pool(수영장 수입)

② Sauna 수입

③ Garbage 수입

제8장

호텔원가관리

원가관리(Cost Management)의 이해

1. 원가(Cost)의 개념

원가(Cost)란 어떤 재화나 서비스를 획득하기 위해 포기한 자원을 화폐가치로 나타낸 것이다. 즉, 첫째, 원가는 경제적으로 가치 있는 재화와 용역을 소비함으로써 발생한다는 점이다. 그러므로 경제적 가치가 없는 것, 즉 공기와 같은 것은 원가의 대상이될 수 없으며, 경제적 가치 있는 재화나 용역일지라도 소비되지 않은 것은 자산이 되는것이지 원가는 될 수 없다.

둘째, 원가는 일정한 급부와 관련하여 파악한 경제 가치이다. 여기서 급부란 경제가치를 타인에게 공급하는 행위로서 완성급부인 제품뿐만 아니라 제공품·반제품·공손품 및 각종의 용역을 포함하는 모든 급부를 대상으로 파악하는 것으로서 기간적으로파악한 것이 아니라는 것이다.

셋째, 원가는 경영목적과 관련하여 정상적으로 발생한 것이어야 한다는 점이다. 그러므로 기업경영의 구체적인 목표인 구매·제조 및 판매 이외의 활동인 재무활동(자본의 조달, 운용 및 이익처분 등의 활동)에서 발생하는 경제 가치의 소비는 원가를 구성하지 않는다.

또한 원가회계란 경영자 및 이해관계자들의 의사결정에 요구되는 원가에 관한 정보를 제공해 주는 회계시스템으로 독일의 Schmalenbach(슈마렌바하)는 "원가란 특정 급부를 위해서 소비된 재화의 가치"라고 정의하였다.

따라서 원가란 어떠한 목적으로 소비된 경제 가치를 화폐액으로 표시한 것으로 재료비·노무비·경비로 구성되며, 이를 원가의 3요소라고 한다. 그것은 다시 각 제품에 직접 할 수 있는 직접비와 여러 제품의 생산에 대하여 공통으로 쓰이는 간접비로 세분된다. 직접비에 제조에 소요된 간접비를 포함한 것을 제조원가라고 하며, 일반적인 상품은 여기에 관리비용과 판매비용을 더하여 총원가라고 한다. 원가의 측정 기준과 내용은 산출목적에 따라 여러 가지로 나뉘어지는데, 공통되는 것은 급부단위마다 각 가치희생을 집약하여 인식한다는 점이다.

원가 중에는 보통 이상적인 원인에서 초래된 것은 포함하지 않는다. 재무회계를 목적으로 하는 경우, 원가는 취득원가기준, 즉 급부의 조달시점에서의 지급대가로 측정된다. 원가계산 및 손익계산상 쓰이는 주요한 원가개념으로는 매입원가·제조원가·매출원가, 그리고 제품원가·기간원가(기간비용)와 관리회계에서 주로 쓰이는 실제원가·표준원가 등이 있다.

원가의 본질은 다음과 같이 4가지로 요약·정리할 수 있다.

첫째, 경제적 가치가 있는 유·무형의 재화를 소비함으로써 발생한다.

둘째, 기업의 경영목적을 달성하기 위한 재화의 소비이다.

셋째, 제품이나 서비스를 대상으로 계산한다.

정상적으로 재화를 소비해야 발생한다. 즉 원가는 정상적인 상태에서 물건을 생산할 때 발생하는 소비된 가치로 한정된다. 따라서 비정상적인 상태에서 발생한 부분은 원가에 포함되지 않고 손실로 처리한다.

2. 원가(Cost)의 구성

원가(Cost)는 제품 및 용역에 대한 가격의 일부를 구성하는 것으로서 직접원가, 제조원가, 총원가 및 판매가격 네 가지 단계로 나뉘어진다.

(1) 직접원가

직접원가(Direct Cost)는 직접재료비(Direct Material Cost), 직접노무비(Direct Labour Cost), 직접경비(Direct Overhead Cost) 등의 직접비만으로 구성된 원가이다. 직접비란 특정제품의 제조를 위해서만 소비된 경제 가치로서 여러 가지 제품을 제조하기 위하여 공통적으로 소비된 원가인 제조간접비와 구분되는 개념이다. 이 원가는 제품 제조의 기초적 비용으로서 구입원가(Prime Cost)라고도 한다.

(2) 제조원가

제조원가(Manufacturing Cost)는 직접원가에 일정한 배부기준에 따라 배부된 제조간접비(Indirect Cost)를 가산한 원가로서 공장원가(Factory Cost) 또는 생산원가(Production Cost)라고도 한다. 일반적으로 원가라 할 때에는 이 제조원가를 말한다.

(3) 총원가

총원가(Total Cost)는 제조원가에 제품의 판매 및 일반관리 활동을 위하여 소비된 판매관리비(Selling & Administrative Cost)를 합한 것으로 판매원가(Selling Cost)라고도 한다. 이 총원가는 제품이 제조되어 판매 가능한 상태에 이르기까지 일체의 원가요소를 합한 것이다.

(4) 판매가격

판매가격(Selling Price)이란 제품이나 서비스의 공급자인 기업에 의해 결정되는 것이다. 그러나 공급자인 기업의 입장에서는 원가를 초과하는 이윤이 보장되지 않는다면 제품이나 서비스의 공급이 중단될 것이므로 판매가격은 항상 총원가에 적정이익을 포함하는 것이어야 한다. 따라서 판매가격은 총원가에 일정한 이익(Profit)을 가산한 금액으로서 호텔에서 판매하고자 하는 가격을 말한다. 즉 호텔의 Bar 영업장에서 음료의 판매가격을 100으로 보았을 때 Bar 경영의 음료의 총원가를 25% 정도로 책정했다면(음료 총 재료비용이 판매가의 25%를 의미) 이익은 75%가 된다.

판매가(Selling Price) 100% = 판매제품 원가(Cost of Goods Sold) 25% + 이익(Profit) 75%

이를 통해 판매제품 원가가 2,500원이고 목표이익을 75%로 책정했다면 판매가격은 7,500원이 된다.

2,500원 : 25% = X원 : 75% → 25% × X원 = 2,500원 × 75%
25% × X원 = 187,500원 → X원 × 187,500원 ÷ 25% → X원 = 7,500원

[표 8-1] 원가의 구성

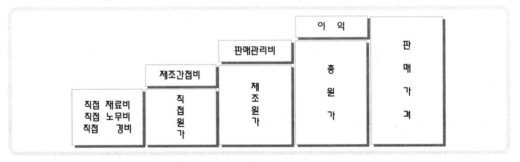

3. 원가(Cost)의 분류

일반적으로 원가(Cost)를 분류해 보면 다음과 같다.

① 발생형태에 따라

재료비(Material Cost), 노무비(Labour Cost), 경비(Overhead Cost)

② 제품과 관련된 분류

직접비(Direct Cost), 간접비(Indirect Cost)

③ 기능상의 분류

제조원가(Manufacturing Cost), 판매원가(Selling Cost), 일반관리원가(Administrative Cost)

④ 조업도에 따른 분류

변동비(Variable Cost), 고정비(Fixed Cost), 준변동비(Semi-Variable Cost), 준고정비

(Semi-Fixed Cost)

⑤ 계산시점에 따른 분류

　　실제원가(Actual Cost), 예정원가(Predetermined Cost)

⑥ 수익과의 대응관계에 따른 분류

　　제품원가(Product Cost), 기간원가(Period Cost)

⑦ 관리가능성에 따른 분류

　　관리가능원가(Controllable Cost), 관리불능원가(Uncontrollable Cost)

⑧ 의사결정에 관련된 분류

　　관련원가(Relevant Cost), 회피가능원가(Avoidable Cost), 기회원가(Opportunity Cost),

　　매몰원가(Sunk Cost), 현금지출원가(Out-of Pocket Cost)

⑨ 자산과 관련된 분류

　　소멸원가(Expired Cost), 미소멸원가(Unexpired Cost)

[표 8-2] 원가계산과 재무제표

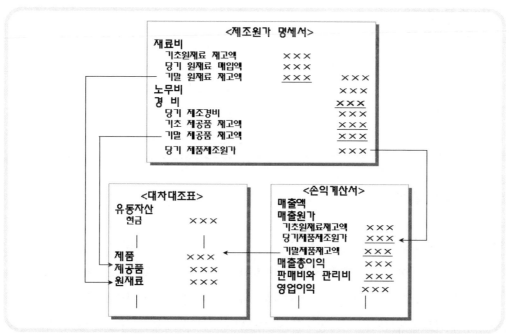

299

[표 8-3] 매출원가 명세서

매출원가명세서

상지호텔   2017. 1. 1 ~ 2017. 12. 31   (단위 : 천원)

과목	금액	
Ⅰ. 원 재 료 비		×××
1) 기초원재료 재고액	×××	
① 식료 원재료	×××	
② 음료 원재료	×××	
2) 당기 원재료 매입액	×××	
① 식료 원재료	×××	
② 음료 원재료	×××	
3) 기말 원재료 재고액	×××	
① 식료 원재료	×××	
② 음료 원재료	×××	
Ⅱ. 노무비		×××
1) 급료와 임금	×××	
2) 봉 사 료	×××	
3) 퇴직 급여	×××	
Ⅲ. 매출총이익		×××
1) 수도광열비	×××	
2) 세금과 공과	×××	
3) 임 차 료	×××	
4) 보 험 료	×××	
5) 감가상각비	×××	
6) 세 탁 비	×××	
7) 객실소모품비	×××	
⋮		
36) 잡비	×××	
Ⅳ. 매출원가합계		×××

4. 원가의 집계절차

(1) 비목별 계산

일단 재무회계에서 비목별로 집계된 원가자료를 넘겨받는다. 즉, 원가를 재료비 · 노무비 · 제조경비의 형태별로 집계한 자료와 제품과의 관련성에 따라 직접비 · 간접비로 구분하여 자료를 받는다. 이러한 비목별 자료는 부문별 계산을 하는데 있어 기초자료가 된다. 왜냐하면 원가계산을 효율적으로 하기 위해서는 제일 먼저 원가가 적절히 분류·집계되어야 하기 때문이다.

(2) 부문별 계산

비목별 계산에서 집계된 원가는 발생 부문별로 다시 배분하여 집계한다. 왜냐하면 제품의 생산은 부문별로 이루어지기 때문이다. 제품원가를 정확하게 산정하기 위해서는 원가를 발생 부문별로 집계하여 부담시키고 이를 다시 생산작업이 이루어지는 공정에 순차적으로 배분·집계함으로써 최종적으로 원가계산의 대상이 되는 제품으로 집계한다.

(3) 제품별 계산

부문별 원가는 최종적으로 생산된 제품별로 배분·집계되며, 제품별 원가계산은 다시 종합원가계산과 개별원가계산으로 구분된다.

원가의 집계절차를 도표로 도식화하면 다음과 같다.

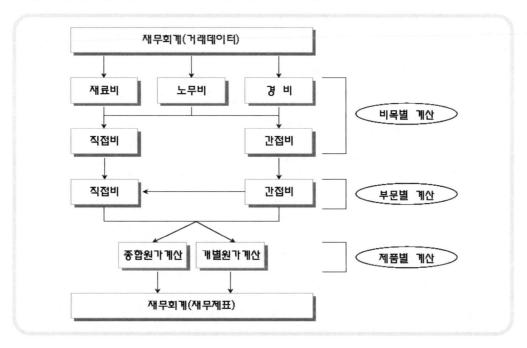

5. 표준원가 계산

표준원가란 제품 및 용역을 생산하는데 소비되는 원가를 능률의 척도가 되도록 과학적인 방법에 의해서 사전에 계산하는 것이다. 그러므로 원가에 영향을 미치는 모든 요인에 대한 일정한 조건을 설정하고 그 조건에서 발생하는 원가를 과학적으로 계산하는 것이다.

표준은 수량표준과 가격표준으로 구성된다. 따라서 표준원가는 수량표준×가격표준이다. 표준원가계산이란 원가절감을 주된 목적으로 하여 사전에 실시되는 원가계산으로 각 원가요소별로 미리 표준적인 소비액을 설정하여 이를 기초로 해서 산정된 표준원가를 실제의 제조활동에 소요된 실제원가와 비교하여 양자의 차이를 분석함으로써 개선하여야 할 점을 발견하는 방법이 택하여진다.

원가관리의 유력한 수단으로 널리 쓰이며, 실제원가의 생략·간소화에도 도움이 되고 있다. 원가차이분석에는 여러 방법이 있으나 그 목적은 원가차이를 원인별·책임자별·제품종류별로 분석하여 이후의 제조활동을 합리화하는 데 있다.

(1) 표준원가의 종류

■ 당좌표준원가(Current Standard Cost)

당좌표준원가란 단기적 경영활동 목표를 표시해 주는 표준원가로 현재의 제 여건을 반영함으로써 그것을 기초로 설정되며 비교적 단기간에 걸쳐 사용된다.

① 이상적 표준원가(Ideal Standard Cost)

이상적 표준원가는 현재의 생산 여건 하에 급부단위당의 원가가 최소로 될 수 있는 이상적인 활동상태에서만 가능한 표준원가이다. 이상 표준원가는 모든 여건이 완벽한 이상적인 상태, 즉 낭비나 축소, 폐기 등이 전혀 없고 최적의 능률이 보장되며, 설정된 모든 보조적 표준이 준수되었을 경우에만 실현될 수 있는 원가이다.

② 정상적 표준원가(Normal Standard Cost)

정상적 표준원가는 정상적인 조업상태인 실제 조업도의 평균에 장래 예측치를 고려하여 결정한 조업상태 하에서의 표준원가이다.

③ 달성가능 표준원가(Attainable Standard Cost)

달성가능 표준원가는 실제로 발생될 조업도를 예상하고 이에 준해서 실제로 달성할 수 있는 여건과 수준에서 결정되는 표준원가를 말한다.

■ 기준표준원가(Basic Standard Cost)

기준표준원가란 실제 원가의 변동상황 측정을 목적으로 장기간에 걸친 조업도, 가격 및 능률 등을 전제로 하는 비교적 장기에 걸쳐 수정되지 않는 원가로 제품방법 등을 변경할 때의 특수한 여건 하에서만 작성, 계획되거나 혹은 다시 결정되는 원가이다.

(2) 표준원가의 설정기준

정확한 표준원가의 설정을 위한 기준은 크게 몇 가지로 설명할 수 있다.

첫째, 과거의 경험을 충분히 검토하여 다양한 조업도 수준에서의 원가형태에 대한 자료를 수집하여야 한다. 그러나 미래에 대한 표준을 단순히 과거의 자료에만 근거하여 설정해서는 안 되고, 과거자료와 함께 경제 환경의 변화, 수요공급의 특징, 기술의 진보 등을 고려하여 표준을 설정하여야 한다.

둘째, 종업원의 행위에 관한 것이다. 영업부서의 종업원들은 표준원가에 근거하여 성과가 평가되기 때문에 표준의 달성여부에 많은 관심을 가지고 있다.

셋째, 표준의 불확실성에 관한 것이다. 비록 표준원가가 미래원가의 정확한 기대치라 할지라도 표준원가가 실제원가와 항상 정확하게 일치하는 것은 아니다. 따라서 과거에 설정된 표준은 현 상태를 고려하여 적절히 수행해야 한다.

(3) 표준원가계산의 목적

표준원가계산의 목적은 다음과 같다.

① 원가관리를 위한 정보제공

표준원가는 원가관리를 위한 목표수준의 설정, 구체적인 달성방법의 제시, 제한사항 등에 대해 경영자가 관리자 및 실무자에게 전달하기 위한 커뮤니케이션 수단으로서 활용할 수 있다.

② 재고자산 평가를 위한 정보제공

재무제표를 작성하기 위해서는 먼저 원가계산을 통한 재고자산의 평가가 이루어져야 한다. 재고자산을 평가할 때 실제원가계산으로 하게 되면 원가를 집계·배분하는데 상당한 시간과 노력이 소요된다. 반면 표준원가를 활용하게 되면 결산작업을 보다 신속하게 마칠 수 있다.

③ 예산편성을 위한 정보제공

표준원가는 예산금액과 상호 밀접하게 연관되어 있다. 즉 예산금액 중 생산 활동과 관련되는 제조예산은 회사가 일정한 조업도 아래 일정수량의 제품을 생산하는 경우 소요되는 제조원가의 금액을 의미한다. 이처럼 계산된 제조원가 금액을 생산예정수량으로 나누면 제품별 표준원가를 계산할 수 있다. 따라서 표준원가에 약간의 여유액을 해마다 여유액을 감액해가는 방법으로 하는 것이 보다 합리적이다.

④ 의사결정을 위한 정보제공

경영자가 경영 활동을 수행하면서 의사결정을 해야 하는 것 가운데 하나가 가격의 결정이다. 표준원가는 이처럼 가격을 결정하는 경우에도 활용할 수 있는데 구체적으로 다음과 같다.

첫째, 가능한 한 적정원가를 산출할 수 있다.

둘째, 재료가격과 조업도의 변화에 따른 가격정보를 얻을 수 있다.

셋째, 장기적인 간접비 회수를 예상한 가격을 결정할 수 있다.

⑤ 장부작성과 결산절차의 간편화·신속화

실제원가계산에서는 장부작성을 통해 원가비목별로 실제원가를 집계한 후 1차 발생부문에 배부하고 다시 최종적으로 제품에 배부하는 절차를 거쳐야 하는데, 이는 많은 시간과 노력이 소요된다.

따라서 표준원가를 기준으로 원가계산을 수행한 후 실제원가가 집계된 시점에 원가차액만을 장부에 반영하기 때문에 실제원가계산에 비해 훨씬 신속하게 재무제표를 작성할 수 있다.

제2절 ◦◦ 호텔의 원가관리(Cost Management)

1. 식음료 원가관리

(1) 식음료(Food & Beverage) 원가관리의 개념

식재료 원가관리는 식재료의 구매, 검수, 저장, 출고의 관리활동 단계에서부터 주방에서 음식을 조리하여 판매에 이르는 제반업무에 적용되는 특별관리 활동이다. 실제로 주방에서 만들어지는 모든 음식에 대한 원가관리는 식재료를 이용한 판매수익과 원가를 각 재료에 따라 부문별로 원가요소를 계산하고 부문별로 원가분석을 하여 관리하는 것이다. 주로 사용하는 방법으로는 음식에 대한 단위별, 품목별 가격과 수량이 정확하게 명시되어 있는 명세서를 원가분석의 기초자료로 삼아 판매가격을 결정하는 양목표(Standard Recipe)에 의한 원가관리와 미리 표준이 되는 원가를 과학적·통계적인 방법으로 정하여 놓은 표준원가(Standard Costs)와 실제원가(Actual Costs)와의 차이를 비교분석하기 위하여 실시하는 표준원가에 의한 관리, 식재료의 총 매출원가를 총 매출액으로 나누어서 계산되는 식재료의 원가율을 기초로 하는 비율에 의한 원가관리 등이 있다.

식음료의 원가관리는 다음과 같은 점을 염두에 두어야 한다.

첫째, 서비스의 경쟁력, 식음료의 원가는 서비스 창출과정에서 일의 계획을 변경함에 따라 크게 변화할 수 있다는 점을 항상 염두에 두어야 한다.

둘째, 식음료원가는 물적·인적 조업능력(Capacity)의 사용률에 의존하는 것이므로 식음료의 원가관리에서는 투입(Input)만이 아니라 산출(Output) 또는 수익면도 아울러 볼 필요가 있다.

셋째, 기업이 한꺼번에 제공하는 서비스가 고객을 유인할 수 있는가, 그렇지 않은가 하는 것이 문제이므로 제공 서비스의 개별 채산성만이 아니라 전체로서 제공서비스 집합의 채산성을 파악할 필요가 있다.

넷째, 효과적인 서비스관리를 위해서는 각각의 서비스 목적이 달성되었는가, 어떤가라는 효익성과 그것이 능률적으로 달성되었는가를 파악하는 점에서 가능한 경우 표준원가제도 또는 활동기준원가계산(ABC)기법의 활용이 필요하다.

다섯째, 서비스는 다양하고 서비스 제공시스템 성격도 상이하므로 서비스 단위별로 실행 가능한 범위에서 그 성격에 맞는 원가관리 시스템을 구축할 필요가 있다.

(2) 식음료 원가관리의 목적

원가관리는 원가계산을 근거로 하여 경영활동 전반을 합리화하고, 원가절감을 도모하도록 하는 경영활동의 관리로서 이는 원가절감을 목적으로 하는 원가계획과 이러한 계획의 달성을 목적으로 하는 원가통제로 크게 나누어진다. 원가계획은 기업의 구조적 변화까지를 전제로 하여 다각적으로 검토된다. 다시 말하여 그것은 이익계획의 일환으로 시행되는 경우가 적지 않다. 그 방법으로는 우선 일에 대한 책임분담을 명확히 한 후, 그것에 대한 표준원가를 설정·지시하게 된다. 반면에 원가통제는 원가계획에 의해서 결정된 구체안을 실천하는 과정에서 발생하는 관리기능으로, 보통 계획에 의해서 원가의 표준치와 실제치를 비교하고 양자의 차이를 분석함으로써 수행된다.

원가통제의 방식은 다음과 같다.

첫째, 원가관리 구분을 정하고 그것을 담당하는 원가관리 책임자를 둔다.

둘째, 각 원가관리 책임자의 관점에서 관리가능비와 관리불능비를 엄밀히 구별하며, 관리가능비에 대하여 달성이 가능한 표준치를 표시한다.

셋째, 표준원가와 실제원가를 비교하여 문제의 소재 · 개선책 등을 검토한다. 원가 책임 구분마다의 업적평가와 그것에 근거한 개선대책을 수립하고, 다음의 목표원가를 세워 나간다. 이렇게 하여 표준원가와 실제원가와의 차이를 점차 줄여나가는 과정을 원가관리라고 한다.

2. 식료(Food) 원가관리의 형태

(1) 비율에 의한 식료의 원가관리제도(Percentage Control Systems)

비율에 의한 식료의 원가관리제도란 식료의 매출원가를 매출로 나눔으로써 계산되는 식료의 원가율을 기초로 하는 것으로 식료원가가 매출의 일정 범위 내에 있도록 관리하려는 개념 하에서 성립된다.

이 방법은 구체적인 원가수치가 아닌 비율에 의해 원가의 관리를 도모하는 것이므로 메뉴의 원가나 원가변동에 관계없이 기 비교가 가능할 뿐만 아니라 높은 식료원가 여부로 밝히는데 매우 효과적이다. 그러나 메뉴품목의 어디에서 또는 어떤 품목이 과대한 원가를 발생시키는지에 대해서는 밝혀지지 않는 단점을 가지고 있다.

(2) 표준원가관리제도

표준원가관리란 미리 재료비를 결정하여 사전원가를 계산하고 이것을 목표로 실제원가와 비교함으로써 원가를 관리하려는 방법이다.

(3) 판매 분석에 의한 방안

판매 분석은 분석 원가관리와 원가분석에 이용되고 있다. 특정 품목에 대한 과거의 매출기록을 자료로 이용함으로써 보다 더 정확한 장래의 매출 예측과 이에 따른 생산량 예측을 할 수 있다. 또한 예측된 판매수량을 실제의 판매수량과 비교함으로써 그 적정여부를 판단, 관리하고 장래의 새로운 예측을 위한 기초를 제공한다.

(4) 상품군별 원가관리(Commodity Group Control)

상품군별 원가관리란 어느 식료 상품그룹에서 과대한 원가가 발생되고 있는가의 여부를 발견하는데 효과적인 방법으로 재료원가의 계산을 위해서는 당일의 구매와 저장고로부터의 재고 인출분을 다음과 같은 각 그룹별로 구분하여 기록하는 것이다. 즉 육류(Meat), 야채류(Vegetables), 해산물류(Seafood), 과실류(Fruits) 및 기타 잡류(Groceries) 등으로 식료 상품을 구분한다.

이 기록을 기초로 하여 각 그룹별 원가와 전체의 합계된 식료원가를 계산하여 매일 지배인에게 보고한다. 단점은 많은 경비, 시간 및 노력이 소요된다는 점이다.

(5) 단위원가의 관리(Portion Control)

단위원가의 관리란 저원가 식료품목에 대한 이윤을 잠식하는 고원가 품목으로 인하여 야기되는 문제를 해소하고 또한 그러기 위해서 식료 상품그룹 중에서 고원가 품목을 알아내려는데 이용되는 관리방안으로 단위원가의 분석에 의한다. 이것은 전체의 메뉴품목 중에서 가장 높은 원가를 발생시키는 품목을 알아낼 수 있으므로 비교적 정확한 식료 원가관리제도이다.

■ 식재료 원가 = 기초 재고 + 당기 매입 − 기말 재고

■ 식재료 원가율 = $\dfrac{\text{식재료 원가}}{\text{총 매출액}} \times 100$

3. 식료(Food) 판매가격 결정방법

식료의 판매가격은 원가, 수익성, 경쟁력을 고려하여 결정하여야 하는데 표적고객별로 고가, 중고가, 중저가, 저가로 구별되어야 한다.

레스토랑경영에서 식료 판매가격결정은 전통적으로 고객의 상품구입에 있어 가장 중요한 요소이다.

(1) 원가기초의 가격결정방법

① 원가가산 가격결정(Cost Plus Pricing)

원가가산 가격결정은 제품, 서비스의 생산 및 분배에 소요되는 실제비용의 크기를 기초로 가격을 설정하는 방식으로 비용을 어떻게 식별하느냐에 따라 가격의 범위가 달라질 수 있다.

이는 단위당 원가에 미리 정해진 고정률을 가산하여 판매가격을 책정하는 방법이다. 예를 들면 T-Bone Steak의 식재료비와 노무비의 비용을 40%로 정하고 총이익을 60%로 하기로 결정한 경우에 원가 4,000원의 T-Bone Steak는 판매가격을 10,000원으로 판매한다.

② 원가비율 또는 할증 가격결정(Cost Percentage or Markup Pricing)

원가비율 또는 할증 가격결정은 총원가에 예정된 일정한 수익률을 가산하여 가격을 결정하는 방법이다. 완제품을 재판매하는 기업에서 주로 이용되는 방식으로 특정품목의 변동비에 일정한 크기의 할증가격(Markup)을 가산하거나 전체 원가비율에 일정률의 할증가격을 가산하는 것이다. 예컨대 Steak의 원가가 10,000원이고, 10,000원의 할증을 얻기로 하면 판매가격은 20,000원이 된다. 이 경우 할증의 비율은 원가의 100% 또는 판매가의 50%가 된다.

③ 손익분기 가격결정(Break-Even Pricing)

손익분기 가격결정은 레스토랑 경영에 투입되는 고정비와 변동비에 대하여 사전에 구분되어 총비용이 파악되고 상이한 가격을 설정할 경우 수요량의 변화를 추정하여 최적의 가격을 설정할 경우 수요량의 변화를 추정하여 최적의 가격을 설정한다. 어느 정도 크기의 판매량과 가격이 부과되면 제품, 서비스가 최소한 손익분기 수준에 도달할 것인지를 결정하고 이를 가격결정의 기초로 이용하는 방식이다.

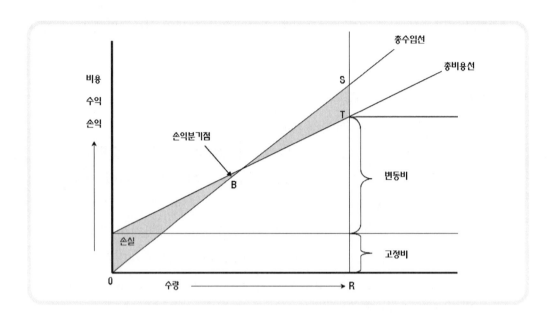

(2) 수요지향적 가격결정방법

수요지향적 가격결정은 원가보다는 소비자의 수요를 토대로 가격을 결정하는 방법이다. 가격에 따른 수요량을 추정하여 매출에 따른 이익이 최대가 되도록 가격을 결정한다.

① 인지된 가치에 따른 가격결정(Perceived Value Pricing)

인지된 가치에 따른 가격결정은 수요기준 가격결정이라고 하며, 구매자의 제품, 서비스에 대한 인식된 가치를 조사하고 그 평가 상태를 가격결정의 출발점으로 이용한다. 이 방법은 제품가치에 대한 소비자들의 인지도를 정확하게 측정해야만 사용 가능하므로 당연히 시장지각에 대한 정확한 측정이 전제되어야 한다. 제품의 가치를 실제보다 높이 측정하면 가격도 높게 측정되고 제품의 가치를 낮게 측정하면 가격도 낮게 측정되는 결과를 초래한다.

이러한 과오를 피하기 위해서는 마케팅 조사를 실시하여 고객의 인지도를 정확하게 파악하여야 한다.

② 수요차별에 따른 가격결정(Demand Differential Pricing)

수요에 기초한 가격결정의 방법으로 이는 한 제품, 서비스가 수요의 차이에 따라 두 개 혹은 그 이상의 다른 가격으로 판매하는 방식이다. 고객, 장소, 시간에 따라서 차별화된 가격을 결정하는 것이다.

수요차별에 따른 가격결정을 적용하기 위해서는 다음과 같은 기본조건이 전제되어야 한다.

첫째, 각 세분시장은 자체의 고유한 수요곡선을 가져야 한다.

둘째, 각 세분시장에 책정된 가격은 차별화를 위해 투입된 광고비 및 특별비용을 포함하여 적절한 이윤이 보장되어야 한다. 비즈니스 고객과 단체고객은 가격에 대한 인식의 차이가 있고 레스토랑에 따라서 점심과 저녁에 방문하는 고객 수에 차이가 있어 수요차별에 따르는 가격결정방식이다.

(3) 경쟁지향적 가격결정방법

경쟁지향적 가격결정은 경쟁업자의 가격을 기준으로 하는 결정방법으로 제품, 서비스의 원가나 수요에 관계없이 경쟁사의 가격변동에 따라 신축적으로 가격을 결정하는 방식이다.

① 모방 가격결정(Going-Rate Pricing)

모방 가격결정은 제품, 서비스의 가격을 동종업계의 평균수준에서 결정하는 방식이다.

② 입찰 가격결정(Sealed Bid Pricing)

입찰 가격결정은 경쟁사의 예상입찰가격에 기초하여 자사의 가격을 책정하려는 방식이다.

(4) 고객 심리 중심의 가격결정방법

고객 심리 중심의 가격결정은 합리적 반응보다 고객의 감정적 측면에 기초하는 가격결정방식으로 흔히 소매기관에서 많이 이용된다.

① 단수 가격결정(Odd-Even Pricing)

단수 가격결정은 가격의 끝자리 수를 일정가격 범위 내의 단수로 함으로써 심리적으로 저렴하다는 인상을 주고자 하는 것으로 식사요금을 10,000원으로 하지 않고 9,900원으로 하는 것이 그 예이다.

② 권위 가격결정(Prestige Pricing)

권위 가격결정은 특정제품 서비스가 권위나 질이 우수하다는 것을 나타내기 위해 인위적으로 높은 수준의 가격을 설정하는 방법이다.

③ 선도 가격결정(Leader Pricing)

선도 가격결정은 몇 개의 제품, 서비스를 대폭 할인하여 일단 고객을 유인하여 다른 제품이나 서비스의 구매를 촉진하게 하는 방식이다.

④ 특별이벤트 가격결정(Special Event Pricing)

특별이벤트 가격결정은 계절적 수요가 감퇴되었거나 특별한 의미가 있는 축제일이나 사건을 전후하여 평소보다 할인된 가격을 제공하는 것이다.

4. 음료(Beverage) 판매가격 결정방법

(1) Straight Beverage 가격결정

Straight Beverage 가격결정은 재료원가를 원하는 평균원가율로 나누면 판매가격이 나온다. 예를 들어 원하는 평균원가율을 20%로 책정했을 때, 다음과 같은 등식이 성립된다.

예를 들어 스카치위스키 750㎖(25온스 = 1/5Gallon) 1병의 재료원가율이 100,000원이고 평균원가율을 약 20%선으로 책정했다면 1온스 당 단가는 4,000원(100,000원/25온스)이기에 적정한 Beverage 판매가격은 다음과 같은 등식으로 얻을 수 있다.

$$\text{온스(oz) 당 가격} = \frac{100,000원}{25온스} = 4,000원$$

$$\text{판매단가} = \text{재료원가} \div \text{평균원가율} = 4,000원 \div 0.2(20\%) = 20,000원$$

따라서 20,000원이 스카치위스키 Straight의 온스 당 판매가격이다.

(2) Mixed Drink와 High-Ball의 가격결정

혼합재료원가를 위스키의 원가에 합하면 총원가가 나온다. 그리고 이 원가합계를 20%로 나누게 되면 판매가가 결정된다. 한 가지 이상의 혼합재료가 들어가는 모든 혼합음료(Mixed Drink)를 위해서는 원가 카드가 매우 중요하므로 이를 반드시 비치해 두어야 한다.

음료처리원가의 기본양식을 예를 들어 설명해 보면 다음과 같다. (이 음료의 원가비율은 20%로 되어 있다.)

[표 8-4] Standard Drink Cost Recipe Form

Koreana Hotel BarDate :

Item (품명)	맨하탄 (Manhattan)	Glass (글라스)	$3\frac{1}{2}$ Lined Cocktail	Drink No. (음료 번호)	#4
Drink Sales Price(음료 판매가) ₩5,490					
Drink Cost(음료원가) ₩1,098					
Drink Cost Percentage(음료의 원가율) 20%					

Ingredients (혼합재료)	Size of BTL (병의 용량)	Cost of BTL (병의 원가)	Drink Size (잔당 사용량)	Drink Cost (잔당 원가)
Vermouth Sweet	26oz	8,000	0.50 oz	154
Whisky Bourbon	26oz	15,000	1.50 oz	900
Angostura Bitters	16oz	7,000	※Dash(1대쉬)	14
Cherry			1ea	30
Water(Ice)				
Total(합계)				1,098

Instructions : 혼합재료를 믹싱글라스(Mixing Glass)에 넣는다. 얼음을 첨가하여 차가워질 때까지 휘젓는다. 칵테일글라스(Cocktail Glass)에 옮겨 부은 다음 체리(Cherry)로 장식(Garnish)

※ 1Dash = 1/32oz(0.031oz)

5. 메뉴공학(Menu Engineering)에 의한 가격결정방법

메뉴공학은 현재나 미래에 대한 메뉴의 가격책정, 설계, 내용을 평가하여 각 판매품
목이 이윤에 기여하도록 판매가격을 재조정하기 위한 관리기법이다.

따라서 메뉴공학은,

첫째, 각 메뉴의 적정한 가격,

둘째, 주어진 메뉴의 원 재료비,

셋째, 메뉴의 가격수준과 품목에 따른 이익의 최대화 산출,

넷째, 현재의 메뉴 중 가격의 책정, 유지, 삭제, 위치의 재조정을 해야 하는 품목 등
에 대해서 분석하고 평가하는 것으로 10단계를 통하여 결정하는 것이다.

(1) 메뉴공학의 단계

- 1단계 : 비교할 메뉴의 품목을 정하여 품목이름(Item Name)을 기재한다. 이 메뉴품
  목에는 애피타이저(Appetizer), 후식(Dessert), 곁들이는 음식(Garnish)은 제외한다.
- 2단계 : 각 메뉴품목의 판매수 또는 예상 판매수를 기재한다.
- 3단계 : 메뉴품목의 구성비(MM%)를 계산하여 기재한다. 이는 메뉴품목에 대한 인
  지도와 관련이 있다.

- 메뉴품목의 구성비 $= \dfrac{\text{각 품목의 판매수}}{\text{총판매수}}$

- 4단계 : 각 메뉴품목의 재료비(원가)를 기재한다. 이 재료비는 표준 레시피(Standard
  Recipe)에 의한 재료비로 기재한다.
- 5단계 : 각 메뉴의 판매가(가격 또는 예상 판매가)를 기재한다.
- 6단계 : 각 메뉴품목의 공헌이익(CM : Contribution Margin)을 계산하여 기재한다. 공
  헌이익은 판매가에서 재료비를 제한 값이다.
- 7단계 : 각 메뉴품목의 판매액을 판매가격×판매수량으로 산출하여 기재한다.

- 8단계 : 각 판매품목의 총재료비를 재료비×판매수량으로 산출하여 기재한다.
- 9단계 : 각 품목별 공헌이익×판매수량으로 총공헌이익을 산출하여 평균공헌이익을 구한다.

- 평균공헌이익 = $\dfrac{\text{총공헌이익}}{\text{총판매수량}}$

10단계 : 메뉴믹스(Menu Mix)비율을 구한다.

- 메뉴믹스비율(Menu Mix Rate) = $\dfrac{1}{\text{분석하고자 하는 품목수}} \times$ 판매율

- 판매율 = $\dfrac{\text{분석하고자 하는 품목의 총판매수}}{\text{실제 판매한 총판매수}}$

이러한 방법으로 각 메뉴품목의 공헌이익과 구성비를 평균공헌이익과 메뉴믹스비율과 비교하여 높고, 낮음을 4개의 범주로 분류하여 각 품목에 대한 조치를 취한다.

(2) 의사결정방법

[표 8-5] 메뉴공학(Menu Engineering)에 의한 분석방법

CM Low, MM% High	CM High, MM% High
Cream Soup Smoked Salmon Roast Chicken Foie Guas	Bibimbab Set Full Course B Oyster Vegetable Soup
CM Low, MM% Low	**CM High, MM% Low**
Mushroom Soup Caviar Full Course A Beef Ribs	Yulmu Boribab Chowder Soup Tenderloin Steak Trout

주) 공헌이익이 높고, 판매구성비가 높은 범주(CM High, MM% High)
　　공헌이익이 낮고, 판매구성비가 높은 범주(CM Low, MM% High)
　　공헌이익이 높고, 판매구성비가 낮은 범주(CM High, MM% Low)
　　공헌이익이 낮고, 판매구성비가 낮은 범주(CM Low, MM% Low)

① 공헌이익(CM)이 높고, 메뉴믹스(MM%)가 높은 경우 : 유지
- 식자재의 질, 1인 분량에 대해 표준화, 규격화 계속 유지
- 메뉴표상 가장 눈에 잘 띄는 곳에 둔다.

② 공헌이익(CM)이 낮고, 메뉴믹스(MM%)가 높은 경우 : 가격 재조정
- 고객이 가격 인지도를 조사하여 가격탄력성이 높으면 최소금액만 인상한다.
- 이 품목들은 메뉴(Menu)표에서 잘 보이지 않는 곳에 두고 더 높은 공헌이익이 있는 품목을 고객이 선택하도록 유인한다.
- 판매가격을 높이지 않고 재료비가 낮은 품목과 함께 판매함으로써 공헌이익을 높이도록 한다.
- 고객의 수가 변화하지 않을 정도의 범위 내에서 1인분 양을 조절하여 재료비를 줄이는 방법도 고려한다.

③ 공헌이익(CM)이 높고, 메뉴믹스(MM%)가 낮은 경우 : 위치 재조정
- 노동집약적이고 보관이 어려운 품목이라면 삭제된다.
- 메뉴표상에 눈에 잘 보이는 곳에 둔다.
- 가격이 높게 책정되어 공헌이익을 높일 수 있으므로 가격을 내린다.
- 캠페인을 통하여 품목의 판매량을 높인다.

④ 공헌이익(CM)이 낮고, 메뉴믹스(MM%)가 낮은 경우 : 교체
- 메뉴에서 제외시킨다.
- 판매가격을 조금 인상한다.

(3) 대응방안의 설정

의사결정방법에 의한 4개 범주에 대한 대응책의 설정은

첫째, 공헌이익(CM)이 높고, 메뉴믹스(MM%)가 높은 품목의 원가관리를 철저히 유지한다.

둘째, 공헌이익(CM)이 낮고, 메뉴믹스(MM%)가 높은 육류사용 품목의 주재료 1인분 양을 조절하고, 기타 품목은 판매가를 인상하여 평균공헌이익에 근접시킨다.

셋째, 공헌이익(CM)이 높고, 메뉴믹스(MM%)가 낮은 품목의 원재료 사용량을 5% 정도 줄이고 판매가격을 10~15% 정도 낮춘다.

넷째, 공헌이익(CM), 메뉴믹스(MM%) 모두가 낮은 품목은 선별하여 가격을 조금 인상시킨다.

그러나 가격정책에서 고려되어야 할 사항은 최초의 가격이 너무 낮게 책정되었다 하더라도 가격은 단계적으로 기간을 두고 인상하여야 한다. 또한 상품의 질적 가치로서 고객에게 인식된 가치인 음식의 질, 위치, 분위기, 서비스의 질 등과 가격이 비례가 되도록 하고, 경쟁호텔의 가격과 형성된 가격권대에서 근소한 차이가 되도록 유지·관리하는 것이 중요하다.

(4) 카사바나와 스미스(Kasavana & Smith) 방식

카사바나와 스미스(Kasavana & Smith, 1984)에 의해 체계화된 메뉴분석 매트릭스(Menu Engineering)로서 고객선호도(Popularity)와 공헌이익(Contribution Margin)을 두 축으로 하여 [표 8-6]과 같이 4가지 메뉴로 분류하는 것이다. 고객선호도는 메뉴믹스(Menu Mix)비율로 측정하는데, 특정 메뉴 아이템(Item)의 메뉴믹스비율은 판매된 메뉴 아이템 수량을 판매된 총 메뉴 아이템 수량으로 나눈 것이다.

공헌이익은 메뉴 판매가격에서 인건비 및 변동비 등을 고려하지 않고 직접비만을 고려하여 계산한다. 특정 메뉴 아이템에 대한 공헌이익의 높고 낮음은 판매된 총 메뉴 아이템의 평균공헌이익과 비교하여 이 수준을 초과하는 경우에는 높은 공헌이익으로 분류되고 낮은 경우 낮은 공헌이익으로 분류된다.

[표 8-6] 카사바나와 스미스 방식의 매트릭스

판매량		공헌이익	
		Low	High
	High	Plow Horses	Stars
	Low	Dogs	Puzzles

[표 8-7]은 K 레스토랑의 메뉴를 조사하여 카사바나와 스미스 방식으로 분석한 것이다. 분석결과는 다음과 같다.

첫째, 메뉴믹스(%) : 메뉴품목 판매수 ÷ 총 메뉴 판매수 = 420 ÷ 1000 = 42%

둘째, 품목당 이익(Item Selling Price) : 판매가격 − 품목원가 = (F)

셋째, 총원가 : 모든 식자재 원가의 합 = (I)

넷째, 총원가비율(%) : 총원가 ÷ 총매출 = K

다섯째, 품목당 총매출 : 판매수 × 판매가격 = $2,079.00

여섯째, 품목당 총이익 : 판매수 × 품목당 이익 = $1,150.80

일곱째, 총이익 : 품목당 총이익을 모두 합하거나 총매출에서 총원가를 뺀다. = M

여덟째, 총원가비율(%) : 총원가 ÷ 총매출 = K

아홉째, 평균이익 : 총이익 ÷ 총판매수 = O

열째, 메뉴품목은 이익공헌도에 따라 "고"와 "저"로 구분하는데 각 품목이익과 평균이익을 비교하여 더 크면 "고", 적으면 "저"로 나타낸다.

[표 8-7] Menu Engineering Worksheet

Menu Engineering Worksheet

Date :

Restaurant :Terrace Cafe   Meal Period :Dinner

(A) Menu Item Name	(B) Number Sold (MM)	(C) Menu Mix %	(D) Item Food Cost	(E) Item Selling Price	(F) Item CM (E − D)	(G) Menu Costs (D × B)	(H) Menu Revenues (E × B)	(L) Menu CM (H − G)	(P) CM Category	(R) MM % Category	(S) Menu Item Classification
Chicken Dinner	420	42%	$2.21	$4.95	#2.74	$928.20	$2,079.00	$1,150.80	Low	High	Plowhorse
NY Strip Steak	360	36%	4.50	8.50	4.00	1,620.00	3,060.00	1,440.00	High	High	Star
Lobster Tail	150	15%	4.95	9.50	4.55	742.50	1,425.00	682.50	High	Low	Puzzle
Tenderloin Tips	70	7%	4.00	6.45	2.45	280.00	451.50	171.50	Low	Low	Dog
Column Totals :	N 1,000					I $3,570.00	J $7,015.50	M $3,444.80			
Additional Computations :						K = I/J 50.9%	O = M/N $3.44	Q=(100%/Items)(70%) 17.5%			

(Box K = Food Cost %; Box O = Average Contribution Margin)

제3절 · 호텔의 재고관리(Inventory Control)

재고란 물품의 흐름을 시간적 관점에서 파악한 개념으로서 일정한 시점에 창고에 적재되어 있는 물품의 수량을 의미한다. 일반적으로 재고관리라 하면 좁은 뜻의 물품을 대상으로 하며 이는 원재료 · 반제품 · 제품 등으로 크게 나누어진다. 또 적정재고는 여러 조건하에서 경영활동효율을 최대로 하는 상태를 말하며 재고관리에는 서로 보완하는 2가지 관리체계가 있다.

첫째, 실물로서의 재고를 적정하게 유지하는 여러 계획의 집합으로서 실체적 재고관리이고, 둘째, 가치 또는 투하자본(投下資本)의 화체물(化體物)로서 재고를 적정하게 유지하는 계획의 집합으로서 가치적 · 계수적 재고관리이다. 실체적 재고관리는 구매 · 보관 · 운반 등과 깊이 관계되며 특히 보관과는 실질적으로 같은 차원이다. 즉 실체적 재고관리에서는 될 수 있는 한 좁은 보관장소에 재고가 변형 · 변질 · 감모되지 않도록 시설설비를 하고, 또 반입 · 반출 시 시간소모를 최소한으로 줄여야 한다. 실체적 재고관리 기준은 대상이 되는 재고품의 물적 특성에 따른 기술이 요구된다. 이에 대해 가치적 · 계수적 재고관리에서는 경제적으로 본 적정재고량 유지가 최대 문제가 된다. 과대재고는 제품 · 판매활동에서는 유리한 듯하나 자본회전율을 저하시키고 수익성을 압박하며 과소재고는 반대 효과가 있다. 양자의 중간에 있는 제조 · 판매와 재무의 균형을 이루는 적정재고의 설정과 유지가 재고관리의 중심적 과제가 된다.

따라서 재고관리란 이러한 재고를 유지 · 관리하는 것으로 발주시기, 발주량, 적정재고수준을 결정하고 시행하는 전체과정을 의미한다. 재고관리와 관련된 비용으로는 구매단가(Purchase Cost), 주문비용(Order Cost), 보관 및 유지비용(Holding Cost or the cost of Space), 재고품절에 따른 손실비용(Stock Out Cost) 등이 포함되며, 이러한 비용의 합계가 총재고비용이다.

1. 재고관리 목적 및 유형

(1) 재고관리의 목적 및 중요성

① 목적

재고관리는 물품부족으로 인한 생산계획의 차질을 방지하여 소비자에 대한 판매손실을 미리 방지하는데 목적이 있다. 그러나 재고는 재고의 유지관리를 위한 창고관리 · 인건비 · 이자 · 보험 등의 비용이 소요되며, 과잉재고와 재고부족으로 인한 문제가 발생할 수 있으므로 비용을 최소화하고 적정재고를 유지 · 관리하는 경제적인 구매활동을 해야 한다.

② 중요성

관광호텔에서 재고관리가 중요한 이유는, 첫째, 물품부족으로 인한 생산 및 판매계획의 차질을 방지하고, 둘째, 최소의 가격으로 최상의 물품을 구매하며, 셋째, 생산부서에서 요구량과 일치하는 수준에서의 경제적인 재고관리로 투자 및 비용을 최소화하고, 넷째, 도난 · 낭비 · 부패 · 변질 · 해충피해 등으로 인한 손실을 최소화하여 원가절감 및 관리의 효율성을 재고하기 위해서이다.

(2) 재고관리의 유형

재고관리는 조사 및 기록방법에 따라 영구재고조사시스템과 실사재고조사시스템으로 분류한다. 일반적으로 재고조사는 물품관리자와 저장고 책임자가 실시하거나 필요시 관련부서의 입회하에 실시한다. 재고조사의 결과는 원가관리 및 경영관리를 위한 회계 상의 정보자료이므로 임의로 처분해서는 안 된다. 식자재 재고조사 시에는 다음 사항에 대하여 주의해야 한다.

첫째, 재고조사는 식자재 관리자 또는 회계담당자가 지명한 자가 실시해야 하며 수량, 중량, 재고금액 합계, 총금액 등을 계산해야 한다.

둘째, 재고조사는 당일의 수납저장 및 당일 불출을 완료한 후 실시하여야 한다.

셋째, 매월 말에는 영업 종료 후 각 주방 등의 식자재 물품 재고조사도 실시해야 한다.

넷째, 재고조사 결과는 재고조사카드에 기록해야 한다.

다섯째, 재고조사 중 판매를 위한 불출, 수납이 필요한 경우는 합계를 끝낸 후 수정한다.

① 영구재고시스템(Perpetual Inventory System)

영구재고시스템은 재고계속기록법(Perpetual Inventory Method)이라고도 하며, 구매하여 입고되는 물품의 수량과 출고되는 수량을 계속적으로 기록하여 합리적인 적정재고량을 유지하는 방법이다.

영구재고시스템은 일반적으로 재고량이 많은 규모가 큰 급식업체의 건조 및 냉동저장고의 물품관리에 이용되며 소량 사용 물품이나 저가품을 제외하고 고가의 물품과 수시로 사용하는 물품에만 제한시켜 관리하는 경우가 많다.

[표 8-8] 출고전표 양식

출 고 전 표
(식료 · 음료 · 비식료)

청구부서 :

Date : 2017. . . No.

연번	청 구 량		품명 및 규격	Code	출고량		금 액
	단위	수량			수량	단가	
1							
2							
3							
4							
5							
6							
합계							

청 구 부 서					출 고 부 서		
팀원	부장	팀장	인수자	자재관리용	팀원	부장	팀장

이들의 기록을 위해서는 품목별카드(Bin Card)를 작성하여 각 선반에 부착하고 고유 재고번호·날짜·품목명·상품명·중량 및 용량·수량 등을 기록하여 물품의 선별을 쉽게 한다. 즉 품목카드는 언제, 무엇이, 어디로, 얼마만큼 출고되었으며 얼마나 남아있는지의 내력이 기록되어 있어 입출고·재고기록카드라고도 한다.

영구재고시스템은 어느 때든지 그 당시의 재고량과 재고금액에 관한 정보를 제공하므로 언제나 적정 재고량을 유지하는데 필요한 정보를 제공하며 통제에 편리하다. 따라서 재고관리에 과학적인 전산화시스템을 활용하면 입·출고 및 재고관리에 관한 정보제공과 기록을 보다 효율적으로 정확하게 할 수 있으므로 최근에는 전산운영이 일반화되고 있다. [표 8-8]의 유형과 같은 품목별 출고전표는 영구재고관리에 사용이 가능하다.

[표 8-9] 영구재고기록카드 양식

영구재고기록카드

품목 :

입고						출고					차이	
날짜	제공자	양	단위	가격	액수	날짜	수령자	청구번호	양	액수	양	액수

② 실사재고시스템(Physical Inventory System)

실사재고시스템은 주기적으로 창고에 보관되어 있는 물품수량과 목록을 실제 조사하며 확인하고 기록하는 방법이다. 이 방법은 실사재고 이전에 대상품목의 기준 범위(저장고, 조리실 내의 식품, 개봉된 식품, 쓰다 남은 물품 등)가 결정되어야 하며, 실사재고기록지는 물품의 품목·보유량·단위·형태·재고금액 등이 기재되고 각 물품재고의 자산적인 화폐가치를 결정하기 위한 단위당 단가와 보유량을 계산하여 재고금액을 평가한다.

　실사재고조사에서 유의해야 할 점은 첫째, 실사를 위한 재고조사 시 물품확인과 기록 업무 등을 위해 최소한 두 사람이 요구되고, 둘째, 조사의 기록은 물품이 저장되어 있는 순서대로 하여 기록과 물품을 찾는데 소요되는 시간을 최소화해야 하며, 셋째, 실사 전 미리 기록지에 각 품목의 가격을 기록하여 준비하고, 넷째, 저장고의 모든 품목은 사전에 꼬리표를 부착하여 저장하면 조사과정이 간편해진다.

[표 8-10] 실사재고기록카드 양식

년　월　주·부식 재고표

조사일 :　　　년 월 일 시
조사자 :　　　　　　　인
확인자 :　　　　　　　인

품명	단위	수량	단가	금액	비고	품명	단위	수량	단가	금액	비고

부식재고액 : ₩＿＿＿＿＿＿＿＿
부식재고액 : ₩＿＿＿＿＿＿＿＿
Total　　　 : ₩＿＿＿＿＿＿＿

2. 재고관리의 기법

(1) 80/20 관리기법(80/20 Inventory Control Method)

80/20 관리기법은 원가관리의 측면에서 접근하는 방법으로서 만약 구매물품의 20%가 전체 구매액의 80% 정도를 차지하며, 이 20%의 물품이 매출원가의 80% 정도를 차지하고 있다면 20%를 차지하고 있는 구매물품은 나머지 80%를 차지하고 있는 타 구매물품에 비해 구매활동의 전체과정에 있어서 집중적으로 관리해야 한다는 기법이다.

(2) ABC 관리기법(ABC Inventory Control Method)

ABC 관리기법이란 특정자재의 일정기간 동안의 취급가격을 기준으로 자재를 구분하여 분류하는 선택적 관리기법이다. 즉 ABC 관리기법은 구매물품의 연간 사용액을 산출해서 사용액별로 A등급, B등급, C등급으로 분류하고 구매 및 재고물품의 중요도나 가치에 따라 차등적으로 관리하는 기법이다. 이와 같이 재고물품을 취급금액과 취급 품목수 또는 취급량과의 관계를 기준으로 중요도에 따라 다수의 물품보다는 소수의 중요품목을 중점 관리한다. 중요도의 구분은 파레토 분석(Pareto Analysis)곡선을 활용한다.

[표 8-11] ABC 관리기법의 구분기준 및 파레토 곡선

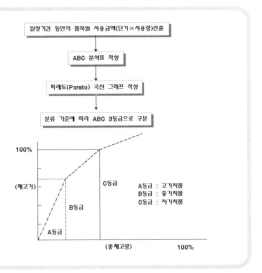

ABC 관리기법의 분석도표는 Pareto 곡선에 나타난 바와 같이 다양한 물품의 품목들을 A, B, C의 3가지로 나누어 다음과 같은 절차로 분류한다.

ABC Group 구분기준

구분	분류	총재고량 중 점유비율	총재고액 중 점유비율
A	고가치품	10~20%	20~80%
B	중가치품	20~40%	15~20%
C	저가치품	40~60%	5~10%

ABC 관리기법에는 사용금액이 큰 품목 순으로 기입할 때 활용하는 ABC 분석표를 [표 8-12]에 예시하고 있다. 재고관리의 등급별 특성을 살펴보면 A등급 품목의 경우 고가치·고가품으로 육류·생선류·어패류·주류가 이에 해당한다. 이는 전체 재고량의 10~20%를 차지하며, 재고액의 70~80%를 차지하는 품목들이다.

B등급 품목의 경우 중가치·중가품으로 과일류 및 채소류가 이에 해당하며, 전체 재고량의 20~40%를 차지하고 재고액의 15~20%를 차지하는 품목들이다. 이 품목들은 일반적인 재고관리시스템을 적용한다.

C등급 품목의 경우 저가치·저가품으로 밀가루·설탕·세제·유제품 등이 이에 해당하며, 전체 재고량의 40~60%를 차지하지만 재고액의 5~10%를 차지하는 품목들이다. 이 품목들은 재고량이 많기 때문에 안전재고를 고려한 경제적 수준에서 유효기간을 검토한 후 수개월분을 대량으로 일괄 구입하는 것이 유리하다.

[표 8-12] ABC 관리기법의 구분기준 및 파레토 곡선

ABC 분석표

(단위 : 원, %)

등급	품목 순번호	품목 누계 품목 백분비	품목 번호	단가 (a)	연간 사용률 (b)	연간 사용금액 금액 (a × b)	연간 사용금액 누계 금액	연간 사용금액 누계 금액 백분비
A	1	10.0	22	250	280	96,000	95,000	40.7
A	2	20.0	68	120	625	75,000	170,000	72.8
B	3	30.0	27	50	500	25,000	195,000	83.5
B	4	40.0	63	50	300	15,000	210,000	90.0
B	5	50.0	82	20	650	13,000	223,000	95.6
C	6	60.0	54	50	150	7,500	230,500	98.7
C	7	70.0	36	10	150	1,500	232,000	99.4
C	8	80.0	19	4	200	800	232,800	99.7
C	9	90.0	23	5	85	425	233,225	99.9
C	10	100.0	41	5	45	225	233,450	100.0
합계						233,450		100.0

이와 같은 방법으로 재고물품을 A, B, C 등급으로 분류하여 고가 품목(A등급)은 가능한 재고수준을 적게 책정하여 재고자산의 감소를 도모하고, 저가 품목(C등급)은 어느 정도 여유 있게 재고를 보유하는 품목에 따른 선택적 재고관리를 수행한다.

(3) Minimum-Maximum 관리기법

일명 Mini-Max 관리기법이라고 하며 주로 외식업체에서 많이 활용하고 있다. 이 방법은 예기치 않은 상황을 미리 대비하기 위해서 안전재고수준으로서 최소의 재고량을 유지하면서 재고량이 최소치에 이르면 적정량을 발주하여 최대 재고량을 확보하도록 관리하는 기법이다. 따라서 [표 8-13]과 같이 Mini-Max 관리기법에서 최대재고량은 안전 재고량과 적정량의 합에 해당된다.

[표 8-13] Mini-Max 관리기법

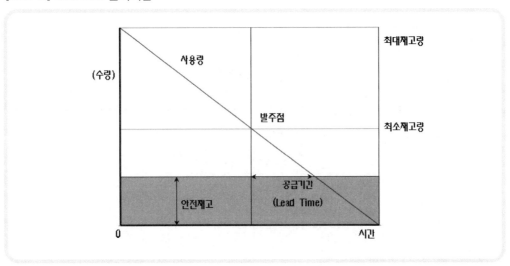

3. 재고재산의 가치평가법

구매물품이 저장고에 재고품으로 있으면 그 가치는 현재의 자산으로 평가되고 월말·연말의 손익계산서 상에 원가로 반영된다. 물품의 구입원가는 구입시기나 구입처에 따라 가격이 다르므로 재고물품의 자산적 가치평가를 위한 다양한 방법들이 활용되고 있다. 재고품에 대한 가치평가는 기업의 목적, 용도 및 상황에 따라 다양한 방법을 선택하지만 재고자산의 가치는 어떤 산출방식을 사용하느냐에 따라서 차이가 생긴다.

(1) 취득원가법

① 개별법(Identified Cost Method)

개별법이란 동일한 물품이라도 구입 가격표를 붙여 두었다가 출고할 때에 가격표에 표시된 실제 구입단가를 재료의 출고단가로 계산하는 방법이다.

개개의 상품 또는 제품에 대하여 개별적인 원가를 계산하는 방법이다. 각 재고상품의 평균원가로 계산하는 가중평균법에 상대되는 개념으로, 원가의 흐름과 물량의 흐름이 완전히 일치하여 정확한 계산을 산출할 수 있다. 그러나 재고자산의 종류와 수량이 많고 단위원가의 금액이 상대적으로 적을 때는 비효율적이다.

[표 8-14] 개별법

(단위 : Ea, 원)

월일	적요	입고			출고			재고		
		수량	단가	금액	수량	단가	금액	수량	단가	금액
9/1	입고	300	1,000	300,000	200	1,000	200,000	100	1,000	100,000
7	입고	200	1,000	220,000	200	1,100	220,000			
21	입고	500	1,200	660,000	300	1,200	360,000	200	1,200	240,000
합계				1,120,000	700		780,000	300		340,000

② 선입선출법(FIFO : First-In First-Out Method)

선입선출법은 재고자산(원재료 · 재공품 · 반제품 · 완제품)의 출고단가를 결정하는 방법으로 매입순법이라고도 하며, 후입선출법의 상대개념이다.

여러 단가의 재고품이 실제로는 어떤 순서로 출고되든, 장부상 먼저 입고된 것부터 순차적으로 출고되는 것으로 간주하여 출고단가를 결정하는 원가주의 평가방법이다.

따라서 재고품은 비교적 최근에 입고된 물품의 원가로 구성되며, 출고품의 가격은 일찍 입고된 물품의 원가에 의해 결정·표시된다. 그러므로 단가가 서로 다른 수 종의 동일계열 재고품이 있을 경우에는 장부상의 잔고란에 종류별로 분기되어 있어야 한다.

이 방법의 장점은, 첫째, 미실현 손익을 포함하지 않은 재고자산원가가 실제 기록에 의해서 조직적으로 계산되며, 둘째, 재고품의 평가액이 시가에 비교적 가깝고, 셋째, 장부상 처리가 실제 재고품의 흐름과 다르더라도 재고관리상 편리하며, 넷째, 디플레이션 때에 이익이 과대 계상되지 않는다는 점 등이다.

결점으로는, 첫째, 인플레이션 때에 과대이익을 계상하며, 둘째, 동종의 물품을 동시에 출고할 때에도 각기 다른 수 종의 단가를 적용하게 되므로 계산이 복잡하다는 점 등이 있다.

[표 8-15] 선입선출법

(단위 : Ea, 원)

월일	적요	입고			출고			재고		
		수량	단가	금액	수량	단가	금액	수량	단가	금액
9/1	입고	300	1,000	300,000						
7	입고	200	1,100	220,000						
14	출고				300	1,000	300,000	200	1,100	220,000
21	입고	500	1,200	600,000						
28	출고				200 200	1,100 1,200	220,000 240,000	300	1,200	360,000
합계		1,000		1,120,000			760,000	300		360,000

③ 후입선출법(LIFO : Last-In First-Out Method)

후입선출법은 제품이나 원재료 등의 재고품을 출고할 때 구입순과는 반대로 나중에 사들인 것부터 출고한 것처럼 하여 출고품 및 재고품의 원가를 계산하는 방법으로 선입선출법과 대비된다. 예컨대, 단가 5원으로 1차 구입한 원재료 100단위와 그 후에 6원

으로 2차 구입한 원재료 50단위의 재고품 중에서 가공을 위해 70단위를 출고한다면 50
단위는 단가 6원, 20단위는 단가 5원으로 평가하게 된다. 즉, 후입선출법은 재고품의
기말재고가 기초재고와 같을 경우 기말재고품에 기초재고품의 원가를 부여함으로써
당기의 총구입원가를 당기의 총출고량으로 나누어 당기의 출고품원가를 계산하는 것
이다.

그것은 당기수익에 당기원가를 대응시키는 것이며, 수익과 비용의 기간적 대응의 원
칙에 적합할 뿐 아니라, 인플레이션으로 화폐가치가 하락하는 시기에는 최신의 구입원
가에 의해 재고품이 평가되기 때문에 재고자산의 평가액을 이익에 계산하지 않는다는
이점이 있다.

[표 8-16] 후입선출법

(단위 : Ea, 원)

월일	적요	입고			출고			재고		
		수량	단가	금액	수량	단가	금액	수량	단가	금액
9/1	입고	300	1,000	300,000						
7	입고	200	1,100	220,000						
14	출고				200 100	1,100 1,000	220,000 100,000	200	1,000	200,000
21	입고	500	1,200	600,000						
28	출고				400	1,200	480,000	100	1,200	120,000
합계		1,000		1,120,000	700		800,000	300		320,000

④ 최종매입원가법(Last Purchase Cost Method)

최종매입원가법은 최종구매원가법이라고도 하며 재고금액을 가장 최근의 단가를 이
용하여 재료의 소비액을 계산하는 방법으로 외식업체에서 가장 널리 이용된다.

[표 8-17] 최종매입원가법

(단위 : Ea, 원)

월일	적요	입고			출고			재고		
		수량	단가	금액	수량	단가	금액	수량	단가	금액
9/1	입고	300	1,000	300,000						
7	입고	200	1,100	220,000						
14	출고				300	1,000	300,000			
21	입고	500	1,200	600,000						
28	출고				400	1,100 1,200	220,000 240,000	300	1,200	360,000
합계		1,000		1,120,000	700		760,000	300		360,000

(2) 평균원가법

① 총평균법(Total Average Cost Method)

일정기간 동안의 총구입액과 이월액을 그 기간 동안의 총 입고수량과 이월 수량으로 나누어 계산한 후 이 단가로 재고액을 구하는 방법이다. 평소에는 출고수량만을 기록해 두었다가 마감일에 평균단가를 계산하여 나중에 장부에 기입한다. [표 8-17]의 내역을 이용하여 계산하면 다음과 같다.

> ※ 평균단가 = 총구입액 ÷ 총구입량　　　※ 재고금액 = 평균단가 × 재고수량
> 　　　= 1,120,000원 ÷ 1,000Ea　　　　　　 = 1,120원 × 300Ea
> 　　　= 1,120원　　　　　　　　　　　　　 = 336,000원

② 단순평가법(Simple Average Cost Method)

단순평가법이란 단순히 단가의 평균가격만을 가지고 산출하는 방법이다.

$$※ \text{ 평균단가} = \frac{1,000 + 1,100 + 1,200}{3} \quad\quad ※ \text{ 재고금액} = 1,100원 \times 300Ea$$

$$= 1,100원 \quad\quad\quad\quad\quad\quad\quad = 330,000원$$

③ 이동평균법(Moving Weighted Average Cost Method)

재료를 구입할 때마다 재고수량과 단가를 합계하여 평균단가를 계산하고 출고할 때 이 평균단가를 기입하는 방식이다.

$$\frac{300,000원 + 220,000원}{300Ea + 200Ea} = \frac{520,000원}{500Ea} = 1,040원$$

[표 8-18] 이동평균법

(단위 : Ea, 원)

월일	적요	입고			출고			재고		
		수량	단가	금액	수량	단가	금액	수량	단가	금액
9/1	입고	300	1,000	300,000				300	1,000	300,000
7	입고	200	1,100	220,000				500	1,040	520,000
14	출고				300	1,040	312,000	200	1,040	208,000
21	입고	500	1,200	600,000				700	1,150	808,000
28	출고				400	1,150	460,000	300	1,150	345,000
합계		1,000		1,120,000	700		772,000			2,181,000

4. 재고회전율

재고회전율이란 재고의 평균회전속도라고 하며 일정기간 동안 저장고에 있는 물품의 평균사용횟수를 의미한다. 즉 재고품의 저장기간으로 저장고에 있는 물품의 구매와 사용빈도를 계산하기 위해 실시한다.

(1) 재고회전율과 재고량 및 수요량과의 관계

① 재고량과 재고회전율

재고량과 재고회전율의 관계는 반비례하게 되는데 재고량이 많으면 재고량이 0(Zero)이 될 때까지의 기간이 길어지므로 일정기간 중의 재고회전율 횟수는 감소하고, 재고량이 적으면 그 기간이 짧아지므로 재고회전율 빈도는 증가한다.

따라서 재고회전율이 너무 높다는 것은 재고 고갈을 초래할 위험성이 있다는 의미이며, 회전율이 너무 낮으면 불필요하게 재고량을 과다하게 보유함으로써 보관비용의 증대를 초래하게 된다.

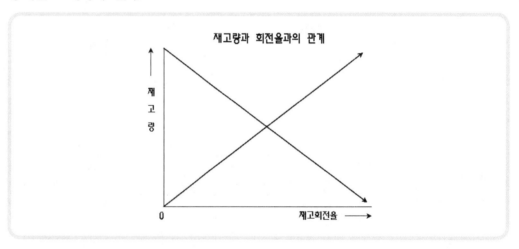

② 수요량과 재고회전율

수요량과 재고회전율은 정비례관계에 놓여 있으며, 수요량이 적으면 재고량이 0(Zero)이 되는 기간이 길어지므로 일정기간 중의 재고회전율은 낮아지고 수요량이 많으면 재고회전율은 높아진다. 따라서 수요량이 감소할 때는 재고수준의 보충을 중단하여 적정재고회전율에 도달할 수 있도록 노력해야 하며, 급격히 수요량이 증가될 때는 재고를 보충하여 적정재고회전율이 유지되도록 인하 조정해야 한다.

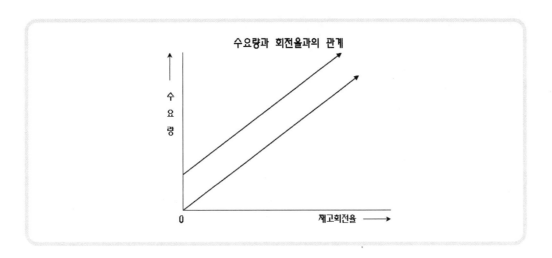

(2) 재고회전율의 계산

* 재고회전율 계산식 *

- **재고회전율** = $\dfrac{\text{총매출원가(식품비)}}{\text{평균재고액}}$

- **총매출원가** = 전월재고 + 당월구매 + 월말재고

- **평균재고액** = $\dfrac{\text{월초기재고액 + 월말재고액}}{2}$

- **상품회전율** = $\dfrac{\text{매출액}}{\text{평균재고액}}$

- **재고회전기간** : 수요검토기간(월, 일수)(수요검토기간은 일반적으로 재고회전율로 1년간을 기준
  으로 한다.)

제 9 장

야간감사(Night Audit)방식

제**9**장

야간감사(Night Audit)방식

　호텔기업은 24시간 계속적인 영업을 해야 하므로 밤늦게 야간감사자(Night Auditor)에 의해 당일의 영업을 마감하게 되는데, 대개의 경우 객실부와 식음료부로 나누어 결산하고 이것을 최종적으로 집계하여 당일의 영업일보를 작성한다. 그러나 현재의 야간감사업무는 컴퓨터로 모든 작업이 수행되므로 수월하게 진행시킬 수 있다.

[표 9-1] Night Audit Formula(야간감사 공식)

Night Audit Formula	
Debits(Dr)	Credits(CR)
Previous Balance(PB) Opening Balance(OB) [전일잔고]	Credits(CR) [대변]
Charges(CH) Debits(Dr) [차변]	Net Outstanding Balance (NOB) [금일잔고]

Opening Balance + Charges − Credits = Net Outstanding Balance
Previous Balance + Debits − Credits = Net Outstanding Balance
OB(PB) + CH(DR) − CR = NOB

이와 같이 Front Office에서 수행하는 야간감사의 운영방식을 세 가지로 살펴볼 수 있는데, 첫째, 모든 영업통계에 대한 계산을 Transcript에 의해 감사하는 경우, 둘째, Hotel Machine(호텔기계)에 의해 감사하는 경우, 셋째, Computer System에 의해 야간감사하는 경우로 살펴볼 수 있다. 현재 호텔에서 사용되고 있는 야간감사 공식은 [표 9-1]에서 제시한 방법과 같다.

이러한 공식을 이해하기 위해서는 다음과 같은 상황을 예를 들면 이해하기가 좀 더 쉬울 것이다.

전일잔고 (Opening Balance)	대 변 - Cash - Credit Card - City Ledger
차 변 - Room Charge @ - Room Charge SVC - Room Charge VAT - Restaurant (Guest Ledger) - 기타 부대시설 - Paid-out - MISC	금일잔고 (Net Outstanding Balance)

금일잔고(NOB)

Debits(Dr)	Credits(CR)
Opening Balance(OB) ① $280	Credits(CR) ③ $12.80
Debits(Dr) ② $60	Net Outstanding Balance(NOB) ④ $327.20

※ ① + ② − ③ = ④($280 + $60) − $12.80 = $327.20

[표 9-2] Daily Transaction Summary List

DAILY TRANSACTION SUMMARY LIST

Koreana Hotel   Date :

TX	DRSCRIPTION	RECORDS	DR-AMT	CR-AMT
01	ROOM CHARGE	260	23,823,118	
02	ROOM CHARGE-M	2	137,385	
11	ROOM SERVICE	20	388,531	
12	CHINESE REST	1	44,891	
13	JAPANESE REST	25	1,216,776	
14	KOREAN REST	2	54,450	
15	BAR(LIPO)	5	736,406	
16	COFFEE SHOP	36	650,337	
17	DANURE	46	1,327,007	
20	MINI BAR	148	1,442,210	
21	LAUNDRY	25	193,138	
22	TELEMOVIE	27	128,128	
30	TELEPHONE CHARGE	201	1,013,320	
39	CITY CALL CHARGE	111	24,250	
41	TELEX/FAX	16	74,420	
42	MISC	8	10,560	
48	PAID OUT	9	901,968	
49	XEROX	1	27,510	
AR	ACCOUNTS RECEIVABLE	19		12,275,387
CC	CREDIT CARD	21		6,797,656
CS	CASH PAYMENT	77		9,089,384
GRAND TOTAL		1,062	32,194,455 (A)	28,162,477 (B)
(A) — (B) = 4,031,978(C)		OPENING BALANCE(D)		: 64,351,833
(C)+(D) NET OUTSTANDING BALANCE(NOB)				: 68,383,811

금일잔고(NOB)

Debits(Dr)	Credits(CR)
Opening Balance(OB) ① 64,351,833	Credits(CR) ③ 28,162,477
Debits(Dr) ② 32,194,455	Net Outstanding Balance(NOB) ④ 68,388,811

※ ① + ② - ③ = ④ (68,351,833 + 32,194,455) - 28,162,477 = 68,388,811

먼저 전일잔고인 Opening Balance가 $280, 각 부서에서의 요금(객실, 식음료, 기타 부대시설)이 $60, 지급이 $12.80이라고 가정을 하면, 야간감사자(Night Auditor)는 전일 잔고인 $280을 가지고 시작하여 여기에다 당일 거래된 부서에서의 요금을 합하면 $340이 된다. 그리고 나서 지급되어진 금액 즉 현금, 수표 그리고 신용카드, 일반후불 (Cash Payment, Checks, and Credit Card, City Ledger)을 합쳐서 $12.80이 된다고 하면 $340에서 $12.80을 빼어 $327.20이 된다. 즉, 이 공식을 이용하여 나타내면 다음과 같다.

제1절 ◦→ Transcript 감사방식

1. Transcript의 개요

Transcript는 투숙하고 있는 고객의 요금과 전날의 대변(Cr) 기입액의 기록과 Bill Clerk 의 이러한 상황을 정확하게 기록하였는지를 검증하기 위하여 이루어진 야간회계감사 기능의 일부이다.

전날에 이루어진 모든 거래를 한 용지에 기록하는 절차로서 이를 다시 말하면 객실 료는 물론 각 영업장에서 고객이 객실을 근거로 발생시킨 Bill이 고객원장에 정확히 기록되었는지를 감사하는 절차이다.

이 제도는 1911년 미국의 Errol Kerr가 처음으로 야간 Transcript를 소개한 것인데, 이 수작업에 의해 행해지는 방식은 다음의 네 가지 형태가 있다.

첫째, Daily and Supplemental Transcripts, 둘째, Guest and Non-Guest Folios(고객원장 과 비고객원장), 셋째, Front Office Cash Sheets(현금 전표 : 수납원이 현금에 대한 영수증 과 부채를 기록하는데 사용된다.), 넷째, Audit Recapitulation Sheets(요약 전표), 야간감 사자는 각각의 원장으로부터 기재되어 있는 당일의 금액을 복사하여 사본으로 준비한다.

객실규모가 작은 일부호텔에서는 고객회계시스템에 근거를 둔 수작업에 의해 회계를 처리한다. 이러한 수작업에 의해서 하는 방식은 상당히 번거로울 뿐만 아니라 시간도 상당히 소요되며, 특히 모든 계산이 사람에 의해서 이루어지기 때문에 계산에 있어서 착오가 발생할 소지가 상당히 높다고 할 수 있다. 그러나 야간감사업무는 감사와 요금부과에 대한 개념을 가르치는데 있어서 우수한 기구가 될 수 있다.

[표 9-3] Handwritten Folio

Room No. 206	No. Persons 2	Rate $92	Arrival 6/5	Departure 6/7	No. 51113

Name :

61/1, 1-Ga, Taepyung-Ro, Choong-Ku, Seoul, Korea
Tel : (02)2171-7000

(주)코리아나호텔

사업자등록번호 : 104-81-25812

주소 : 서울특별시 중구 태평로 1가 61/1

대표이사 : 방 용 훈

Signature :

Old Folio No. 51112
Next Folio No. 51114

DATE	6/5	6/6	6/7			
Balance Forward						
Room	$92.00	$92.00				
Tax	5.06	5.06				
Telephone(Local)	1.08	4.80				
Telephone(L.D.)	12.40					
Laundry						
Food	60.64	23.82	18.44			
Beverage		12.54				
Cash Disbursements						
Transfer						
TOTAL	171.18	138.22	18.44			
Cash Receipts			327.84			
Transfer						
Allowances						
BALANCE						

[표 9-4] Completed Hand Transcript

Completed Hand Transcript

HOTEL NAME _____

Trust No. :

Shift No. : _____

Date : _____

Room No.	NAME	PREVIOUS DAY'S BALANCE			CHARGES												CREDITS			TO DAY'S CLOSING BALANCE	
		folio	Debits	Credits	Charges Room	Telephone Local	L.D	Tax	Laundry Valet	Restau -rants	Cigars & Candy	Paid Out	Trans -fer	Bar	TOTAL	Cash Receipts	Allow -ances	Transfer	Debits	Credits
102	HILL																			
104	HARRO																			
105	PRAT																			

2. Transcript에 의한 야간감사

야간감사자는 Transcript를 작성하기 전에 고객계정에 모든 필요로 하는 전기가 확실하게 기록이 되었는지를 반드시 확인해야 한다. 이러한 업무들을 합리적으로 수행하기 위해서 야간감사자는 마지막으로 영업장에서 취급하는 Charge Sales가 당일 마감될 때까지 기다려야만 한다. 그 사이에 야간감사자는 다음과 같은 업무를 수행해야 한다.

① 모든 Voucher를 감사한다.

② 전기되지 않은 모든 Charge Voucher들을 전기시켜야 한다.

③ 별도의 Transcript 용지에 Check-Out한 고객계정을 전기하거나 같은 Transcript에

실제로 투숙하고 있는 고객계정의 처리와 분리 전기한다.

④ Day Use Rate를 별도의 Transcript에 전기하거나 혹은 여분이 있으면 투숙객의 Transcript에 함께 전기하며 주 판매 영업장의 회계를 마감한 후에 각종 판매 분개장과 수납 현금장부를 인계받은 다음 야간감사자는 다음과 같은 일을 수행한다.

가) 부문별로 모든 Voucher들을 분류시켜야 한다.

나) 각 부문별로 모든 Voucher들의 합계를 산출한다.

다) 업장별 부문의 Voucher 합계들과 부문별 판매합계에 의한 부문합계를 서로 비교 검토한다.

라) 고객에게 현금을 지급한 합계와 Front Office의 현금원장에 기록된 현금, Credit를 비교한다.

[표 9-5] Recapitulation

RECAPITULATION

DEBITS			CREDITS		
ROOM CHARGES			CASH RECEIPTS		
PHONE LOCAL			ALLOWANCE		
PHONE L.D.			TRANSFERS		
TELEGRAMS					
LAUNDRY					
VALET					
RESTAURANT					
CIGARS					
GUEST PAID OUTS					
TRANSFERS					
TOTAL CHARGES			TOTAL CREDITS		
(PREVIOUS DAYS			CLOSING DAY		
BALANCE)			BALANCE		
DEBITS			DEBITS		
CREDITS			CREDITS		
NET BALANCE			NET BALANCE		
TOTAL			TOTAL		
COMPILED BY			VERIFIED BY		

Rooms Occupied Guests _____
Rooms Occupied Employees _____
Rooms Vacant _____
% Occupied _____

고객원장을 마감한 후에 야간감사자는 고객원장과 Transcript상에 나타난 객실번호 순서로 고객원장의 요금들과 Credit을 Transcript Sheet에 기록하며, 이 경우 객실의 규모에 따라서 여러 장의 Transcript가 작성될 수도 있다.

각 Transcript가 완성되면 각 과목별로 합계를 산출하고 각 Transcript의 합계를 마지막 Transcript에 가산하여 Summary Transcript에 합계를 산출한다.

제2절 ◆ Hotel Machine(호텔 기계)에 의한 감사방식

1911년 Errol Kerr에 의해 개발된 Transcript 방식 이후로 Front Office의 회계처리과정에 있어서 많은 변화가 있었다. 그 중에서 가장 중요한 변화 중의 하나는 고객회계를 기록하는 기계의 도입이라고 할 수 있다. 이들 기계는 고객원장 위에 기록되어 있는 요금을 기록하거나 동시에 Front Clerk이나 야간감사자의 업무를 단순하게 할 수 있는 여러 가지 기능적인 업무를 수행할 수 있도록 하였다. 고객회계를 기록하는 기계는 전자기계이거나 전자학적인 것이다. 전자시스템은 전통적인 전자기계장치에 비하여 한층 더 새롭고 고무적인 것이라고 할 수 있다. 반면에, 일부는 하나의 선도적인 기구로서 기본적으로 똑같은 기능을 수행하고 있다고 할 수 있으며, 다른 것은 POS(Point of Sales) 장치에 연결되어 있을지도 모른다. 호텔의 수입원을 관리하는 부서에는 보다 효과적인 요금기록을 관리할 수 있다.

Front Office용으로 개발된 Hotel Machine을 살펴보면 NCR 42, NCR 2000, NCR 2251 등이 있으며 회계기에는 다음과 같은 기능이 있다.

① 고객원장회계
② 과목회계
③ 인쇄(고객원장 전표〈Voucher〉 감사용 테이프 동시 인쇄)
④ 업장 매출액의 집계(Summary)

⑤ 1일 단기 매출채권 잔고 계산

⑥ 자체적 회계감사

호텔에서 1일 영업이 끝나는 마감시간에는 Hotel Machine을 털어 다음날의 회계업무에 대비하도록 되어 있는 1일 단위 사용기계이다. 레스토랑용으로 개발된 NCR 2135, 2160 등은 계산과 기록의 동시처리, 영수증 전표의 인쇄, 품목별 매출액 집계, 지급내역별 집계, 감사테이프에 의한 감사 등이 가능하도록 만들어졌다. 그러므로 Hotel Machine에 부과된 총금액은 각 부서별 Posting에 의해 합산되며 근무시간이 끝나거나, 당일 영업 마감시간까지 전체 매출금액을 한눈에 볼 수 있도록 회계보고서가 만들어진다. 이러한 기계 Posting 시스템에 의한 야간감사자의 회계보고서가 때로는 "D"카드로도 불리어진다.

[표 9-6] Cash Report

Cash Report

CLASSIFICATION	DATE TRANS. SYMBOLS	NET TOTALS	CORRECTIONS	MACH. TOTAL.
PAID				
CLOSING				
OPENING				
CASH				
RECEIVED				
PAID OUT				
CLOSING				
OPENING				
CASH PAID OUT				
NET CASH				

ON DUTY

OFF DUTY CASHIER _____

N C R Systemedia Division 436528

[표 9-7] Night Auditor's D Card

D-NIGHT AUDITOR'S MACHINE BALANCE

DATE :

DEPARTMENT	DATE TRANS. SYMBOLS	NET TOTAL	CORRECTIONS	MACH TOTAL	
ROOM	Oct 26 ROOM	15.00		* 15.00	
RESTAURANT	Oct 26 RESTR	25.10	2.85	* 27.95	
TELEPHONE	Oct 26 PHONE	.30	.55	*.85	
LONG DISTANCE	Oct 26 LDIST	2.21		*2.21	
LAUNDRY VALET	Oct 26 LNDRY	2.00		*2.00	
MISC	Oct 26 NISC			*.00	
PAID OUT	Oct 26 PDOUT	.50		*.50	
TOTAL DEBITS		45.11	3.40	* 48.51	
MISC CR	Oct 26 MISC CR	10.15		* 10.15	
PAID	Oct 26 PAID	13.79		* 13.79	
TOTAL CREDITS		23.94		* 23.94	
NET DIFFERENCE		21.17		* 21.17	
OPENING OR BALANCE		7209.96			
NET OUTSTANDING		7231.13			
TOTAL MACH OR BALANCE	Oct 26			* 7231.13	
LESS CR BALANCE					
NET OUTSTANDING				* 7231.13	

KOREANA HOTEL

☐ DATE CHANGED

☐ CONTROL TOTALS AT ZERO   AUDITOR

☐ MASTER TAPE LOCKED

☐ AUDIT CONTROL LOCKED   _____

[표 9-8] Night Auditor's Report

Night Auditor's Report

Date :

Operation Dept.		Acct. No.	Analysis Of Sales				Total	Remarks
			Cash	Charge				
				C/C	Guest	City		
Room								
Coffee shop								
Grill								
Restaurant(Ⅰ)								
Restaurant(Ⅱ)								
Restaurant(Ⅲ)								
Room Service								
Bar (Ⅰ)								
Bakery								
Outside Deli.								
Health Center								
Swimming Pool								
Merchandise	Cigarette							
	Ginseng							
Laundry								
Telephone								
Telex								
City Call								
Tennis								
Miscellaneous								
Total								
To Date This Month								

Remark

Written by :

제3절 · Computer System에 의한 감사방식

호텔에 있어서 야간감사 기능은 매일의 영업활동에서 중요한 부분 중의 하나이며 야간감사 역할은 객실요금과 세금을 기록하고 하루 전체 영업의 최종적인 그날의 거래를 결산하는 것이다. 이 컴퓨터에 의한 고객회계는 가장 업무를 효율적으로 신속하게 처리할 수 있는 방식이라고 할 수 있다.

Playa Del Paraiso - San Felipe, Mexico
RDP Sales (970) 845-1140 RDP Support (970) 845-7108

Website: www.resortdata.com
Email: rdpemail1@ressortdata.com

Guest Confirmation

Clint Eastwood
1 Make My Day Drive
Peoria, IL 31687
USA

This is a sample guest confirmation which can be easily modified with Crystal Reports to include your logo, pictures, maps, deposit policies, etc. Confirmations can be automatically Emailed to guests in Adobe PDF format.

Thank you again and we look forward to serving you.

Resort Data Processing Staff

Confirmation #	2
Arrival:	Monday, March 23, 1998
Departure:	Wednesday, March 25, 1998
Number of Guests:	2
Unit Type:	One Bedroom
Rental Charge:	$200.00
Cleaning Fee:	$0.00
Misc Chgs & Discounts:	$225.00
Travel Insurance:	$0.00
Taxes:	$14.00
Total Charges:	$439.00
Payments:	$100.00
Present Balance:	$339.00

Main Entrance of Property

Aerial view of Property. Sailboats, Scuba Diving, Water Skiing & other activities are available to all guests. Please call our concierge at 1-888-MIPLAYA to reserve.

Guest Itinerary Detail

Activity Date	Activity Name	# People	Start Time	End Time	Surcharge
3/23/1998	Conference Room 1	1	16:00	17:30	$100.00
3/24/1998	Massage (Full)	1	09:00	10:00	$125.00
3/24/1998	Indoor Tennis	1	09:30	10:30	
				Total Cost:	$225.00

Resort Data Processing - New Confirmation Letter

Printed on: 11/28/2006, 6:31:43PM   Page 1 of 1

야간감사자는 당일 Cashier에 의해 제출된 모든 거래의 합계를 마감하고 컴퓨터의 합계와 정산을 한다. 만약 오차가 발생할 경우에는 모든 거래가 Cashier의 합계와 함께 Print되어 나오며 즉시 정정이 가능하다. 더군다나 컴퓨터화된 시스템은 POS 장비와 상호 연결되어 빠르고 정확하게 고객이 호텔에 숙박하는 기간 동안 발생된 모든 거래금액이 직접적으로 고객원장에 기록될 수 있도록 하였다.

이 외에 Computer System의 중요한 기능은 매일 매일의 비상시에 대한 예비 System이 있으며, 이 기능에 있어서 모든 정보는 컴퓨터에 고장이 발생하거나 돌발사건에도 안전하게 정보를 기억시킬 수 있는 것이다.

1. Computer의 야간감사 On-Line 기능

① 야간감사자 자신만이 가진 독특한 Key나 약호(암호)에 의해서 각 영업장마다 설치되어 있는 컴퓨터의 단말기와 연결되어 필요로 하는 모든 정보를 기록하고 전달하는 기능

② 객실요금과 봉사료, 세금이 자동적으로 기록되는 기능

③ 야간 회계감사의 대차계산 기능

　가) 그날의 모든 영업활동을 자정에 마감하고 그때까지의 제출된 전표를 모두 각 해당 고객계정(Guest Folio)에 전기한다.

　나) 전표(Bill)와 전기된 고객원장의 금액이 일치하는가를 검산하는 기능

　다) 현금 수입 및 할인계정의 기장이 정확한가를 검사한다.

　라) 각 항목이 차변, 대변에 올바르게 기입되어 있는가를 확인한다.

④ 당일의 거래를 마감하여 결산하고 Daily Report를 작성하는 기능

⑤ 예약을 한 고객에 대해서 호텔에 도착하기 전에 먼저 숙박카드(Registration Card)를 작성하는 기능

⑥ 다음날 Check-Out하는 고객의 원장을 정리하여 인쇄(Printing)하는 기능

⑦ Group 계정의 계산서를 관리하는 기능

예를 들면, 단체투숙객이 식음료 영업장에서 식사에 대한 지급을 어떤 방법으로

하느냐를 판단하여 고객계정 혹은 Group Folio(Master Folio)에 기록한다. 그리고 단체 투숙객에 대한 할인율 또는 어떤 조건을 제공하는가 하는 모든 정보를 기초로 단체투숙객 계산서에 요금을 계산하는 기능이다.

⑧ 호텔 내에서 발생하는 모든 거래를 전기(Posting)하는 기능

2. Computer의 Reports 기능(문서로 작성 기능)

① 단체투숙객이나 예약된 투숙객에 대하여 미리 숙박카드를 작성하는 기능으로 이는 Check-In 과정을 신속하게 함으로써 고객에게 만족스런 서비스를 제공하게 한다.

② 원장(Folio)을 작성하는 기능

③ 당일의 객실상황 점검표(Daily Housekeepers Report)를 작성하는 기능으로 객실상황 점검표는 객실담당자와 House Keeper 자신의 객실 점검에 기초를 두고 작성되며 실제로 객실이 사용되었는지 아닌지를 각 객실별로 점검하여 보고하는 보고서이며, 그 목적은 Front Office의 오류나 Skipper에 의한 객실수입의 감소를 억제하기 위한 목적, 그리고 Front Office에서 객실판매를 돕기 위하여 객실상황 전체의 상태를 알려주는 목적이 있다.

[표 9-9] Housekeeping Report

ASI Beach Hotel
123 Main Street, Tracy, California, 24232, United States
Phone: (209) 830 - 1484; Fax: (209) 830 - 0593; E-mail: info@anandsystems.com

House Keeping Report For : 15/03/2003

Group Name :   WEEKDAY GROUP1

Group Staff Name : _____   Time In : _____

Date : _____   Time Out : _____

Room	Status	Bathroom	Towels	Bed Sheets	Drapes	Ent. Area	Dusting	Vacuum
1	Vacant							
10	C/O 16/03/03							
11	Vacant							
12	C/O 16/03/03							
14	C/O 16/03/03							
15	Vacant							

④ 호텔에 투숙중인 고객의 성별, 성명, 국적별로 목록을 작성하는 Rooming List를 작성하는 목적이 있다.

⑤ Daily Arrivals and Departures List 작성기능으로 어떤 특정일에 예상되는 도착, 출발에 대한 객실상황을 정확히 나타내므로 기대되는 객실수입과 판매되지 않은 객실을 쉽게 파악할 수 있으므로 Front Office의 업무를 도와준다. 즉, 이는 객실관리부서의 효율적인 객실관리 계획수립에 크게 기여하며 Front Office 종업원에게는 판매가능한 객실의 형태와 수를 알려주게 된다.

⑥ 여행사가 호텔을 이용한 거래보고서 작성기능으로 언제 얼마만큼 이용했는가를 나타내므로 단체투숙객에 대한 할인율, 여행사에 대한 Commission(수수료) 대우, 판촉활동을 결정하는데 큰 도움을 준다.

⑦ 여행사가 지급한 수표에 대한 일람표를 작성하는 기능

⑧ City Ledger의 현황을 인쇄하는 기능으로 이 경우에는
첫째, Guest Ledger에서 지급정산 시(Check-Out) 고객이 계산서를 지급하지 않는 경우
둘째, 객실을 사용하지 않은 고객이 부대시설만 이용하고 지급을 외상 처리한 경우의 두 가지 경우를 말한다.

⑨ Guest Ledger의 현황을 인쇄하는 기능으로 호텔 투숙객이 객실을 근거로 하여 호텔의 시설물을 이용하고 외상으로 처리한 경우 투숙객의 외상매출금을 인쇄하는 기능을 말한다.

⑩ 선수금을 받은 고객에 대한 원장을 인쇄하는 기능

⑪ 매일 입금되는 선수금에 대한 보고서 작성기능으로, 목적은 선수금을 영업활동을 위한 운전자금으로 활용하기 때문에 경영진의 자금운용계획에 크게 도움을 준다.

⑫ 현금의 수납상태를 알려주는 보고서 작성기능으로 당일의 판매실적을 알려준다.

⑬ 현금거래 과부족 보고기능으로 컴퓨터가 처리해 준다.

⑭ 외상매출금이 발생한 후로부터 현재까지의 기간을 나타내는 보고서 작성기능으로 외상매출금의 회수가능성을 타진하는데 도움을 준다.

⑮ 일별, 월별, 연별의 형태로 객실수입과 평균객실료 등의 통계를 내는 기능으로

객실요금결정 등의 장기 경영의사결정을 하는 데 이용된다.

⑯ 일별, 월별, 연별의 영업통계를 전년도와 비교·분석하는 기능으로 영업실적이 나쁠 경우 그 원인을 파악분석하고 판촉활동 등을 통한 대책을 수립하는데 도움이 된다.

⑰ 호텔수입에 대한 분개장을 작성하는 기능

⑱ 일별, 월별, 연별의 거래에 대한 요약보고서 작성기능

⑲ 객실변경에 대한 보고서 작성기능으로 Front Office와 회계담당자의 업무를 돕는다.

⑳ 예약취소 고객의 목록을 작성하여 No Show Report와 함께 예약 초과율을 생산하는데 필요한 자료가 된다.

㉑ 외상매출금의 현황을 나타내는 보고서 작성기능

㉒ 미래 객실이용 현황보고서 작성기능으로 미래의 객실형태에 의한 종류별 이용가능 객실상태를 나타낸다.

㉓ 미래의 종류별 이용가능 객실의 상태를 그래프(Graph)로 작성하는 기능

㉔ 사업거래형태에 따른 출발·도착의 상황분석보고서 작성기능

㉕ 단체투숙객에 대한 거래보고서 작성기능

㉖ 초과 예약된 상태에서 예약담당자의 실수로 더 예약을 받을 경우 이 상황을 나타내는 기능

㉗ 고객계정에서 외래계정으로 전기하는 기능. 이 경우는 투숙객이 호텔의 각 업장을 이용하고 그 지급방법을 현금이 아닌 Credit Card나 외상으로 했을 경우 그 처리기능을 말한다.

㉘ 외래객계정을 외상매출금계정으로 전기하는 계정으로 회계업무를 돕는다.

3. 호텔의 결산자료

첫째, [표 9-10]부터 [표 9-17]까지의 자료를 토대로 Night Auditor가 당일결산을 한다.

둘째, Night Auditor의 당일결산은 금일잔고(Net Outstanding Balance)의 작성 및 Balance의 규명에 있다.

셋째, 호텔의 결산자료는 영업일보, 원가보고서, 영업통계 및 재무제표 작성의 기초 자료가 된다.

[표 9-10] Actual Arrival

Cur_Date : 2008-07-23
Report Condition : [Arr_Date : 2008-07-23]

ACTUAL ARRIVAL
FIT BY Room#

Printed date : Jul 24 2008 01:32

Room#	Rm_ty	Guest_Name	Country	Std_Rate	DC	Act_Rate	Arr_Date	Arr_Time	Dep_Date	Ra_Type	#Gst	Vip	Emp#	Folio#	Clk
2013	STT	KARIYAZAKI SATOW	JPN	172,000	66	60,000	2008-07-23	21:46	2008-07-26	TRA	2		MC	0355697	PK
2017	SPT	YAMAMURO FUJIMI	JPN	196,000	67	65,000	2008-07-23	15:51	2008-07-25	TRC	2		MC	0357098	SH
2102	EFK	TAKAHASHI SUSUMU	JPN	350,000	52	170,000	2008-07-23	13:08	2008-07-26	CRU	1	V	OO	0358183	SH
2105	EFK	SAKAMOTO HIROSHI	JPN	350,000	52	170,000	2008-07-23	14:31	2008-07-25	CRU	1	V	OO	0358185	HE
2111	EFO	KANEKO TAKASHI	JPN	290,000	49	150,000	2008-07-23	23:10	2008-07-24	CRU	1	V	OH	0360065	PK
2113	EFK	USA YOSHIO	JPN	350,000	52	170,000	2008-07-23	14:32	2008-07-25	CRU	1	V	OO	0358184	SH
2115	EFO	이원태	KOR	290,000	42	170,000	2008-07-23	22:23	2008-07-24	CRU	1	V	RE	0360621	PK
2201	SPT	SUGIMOTO TETSUYA	JPN	196,000	65	70,000	2008-07-23	14:10	2008-07-25	TRA	2		MC	0360572	HE
2202	SPT	SUGIMOTO MIRIKI	JPN	196,000	65	70,000	2008-07-23	14:11	2008-07-25	TRA	2		MC	0359706	HE
2219	SPT	KODAIRA YUKO	JPN	196,000	67	65,000	2008-07-23	19:11	2008-07-25	TRC	2		MC	0354740	SH
2221	SPT	CHIBA SHINICHI	JPN	196,000	60	80,000	2008-07-23	23:20	2008-07-25	TRC	1	V	MC	0358957	PK
2306	BZT	문예리	KRA	285,000	58	120,000	2008-07-23	23:14	2008-07-27	CRH	2	V	FD	0360407	YO
2307	BZT	KOBAYASHI MASAYO	JPN	285,000	48	150,000	2008-07-23	20:03	2008-07-24	CRU	1	V	RE	0360569	SH
2308	BZT	MOON IN HEE	USA	285,000	75	71,644	2008-07-23	10:28	2008-07-29	CRH	1	V	OO	0359766	KH
2310	BZT	류진구	KOF	285,000	64	104,000	2008-07-23	20:53	2008-07-24	CRH	1	V	OH	0359267	KIM
2311	BZD	LEE HYEON TAE	JPN	260,000	68	85,000	2008-07-23	23:03	2008-07-25	TRD	1		RE	0360453	YO

>> Total Records : 62   Rooms : 62

Page : 3

[표 9-11] Room Status Summary

ROOM STATUS SUMMARY

Printed Date : Jul 24 2008 01:32

Date : 2008-07-23

Room#	Floor	Rm_T	Room_Rate	Bed	Sts	Start_Date	End_Date
2105	21	EFK	245,000	SW	OC	2008-07-23	2008-07-25
2107	21	EFQ	245,000	SW	OC	2008-07-20	2008-07-25
2109	21	EFQ	215,000	SW	VC	2008-07-21	2008-07-23
2111	21	EFQ	215,000	SW	OO	2008-07-23	2008-07-24
2113	21	EFK	215,000	SW	OC	2008-07-23	2008-07-25
2115	21	EFQ	245,000	SW	VC	2008-07-23	2008-07-24
2117	21	EFQ	245,000	SW	OC	2008-07-21	2008-07-23
2201	22	SPT	196,000	SW	OC	2008-07-23	2008-07-25
2203	22	SPT	196,000	SW	OO	2008-07-21	2008-07-24
2205	22	SPT	196,000	SW	OD	2008-07-21	2008-07-24
2207	22	SPT	196,000	SW	OO	2008-07-23	2008-07-24
2209	22	STT	172,000	SW	OC	2008-07-23	2008-07-24
2211	22	STT	172,000	SW	OC	2008-07-23	2008-07-24
2213	22	STT	172,000	SW	OO	2008-07-23	2008-07-24
2215	22	SPT	196,000	SW	OO	2008-07-21	2008-07-24
2217	22	SPT	196,000	SW	OD	2008-07-21	2008-07-24
2219	22	SPT	196,000	SW	OC	2008-07-23	2008-07-25
2221	22	SPT	196,000	SW	OO	2008-07-23	2008-07-25
2223	22	STT	172,000	SW	OC	2008-07-23	2008-07-24
2225	22	STT	172,000	SW	OO	2008-07-23	2008-07-24
2301	23	BZT	285,000	NS	OD	2008-07-22	2008-07-24
2303	23	BZT	285,000	NS	OO	2008-07-22	2008-07-24
2305	23	BZT	285,000	NS	OO	2008-07-22	2008-07-25
2307	23	BZT	285,000	NS	OO	2008-07-23	2008-07-24
2309	23	BZT	250,000	NS	OO	2008-07-22	2008-07-25
2311	23	BZQ	250,000	NS	OC	2008-07-23	2008-07-25
2313	23	BZQ	250,000	NS	OO	2008-07-22	2008-07-24

Room#	Floor	Rm_T	Room_Rate	Bed	Sts	Start_Date	End_Date
2106	21	EFQ	245,000	SW	VC	2008-07-21	2008-07-23
2108	21	EFQ	245,000	SW	OO	2008-07-21	2008-07-24
2110	21	EFQ	215,000	SW	VC	2008-07-19	2008-07-21
2112	21	EFK	215,000	SW	VC	2008-07-22	2008-07-23
2114	21	IPS	215,000	SW	VC	2008-06-16	2008-06-18
2116	21	EFQ	245,000	SW	OO	2008-07-20	2008-07-22
2118	21	EFQ	245,000	SW	OO	2008-07-21	2008-07-25
2202	22	SPT	196,000	SW	OC	2008-07-23	2008-07-25
2204	22	SPT	196,000	SW	OO	2008-07-21	2008-07-24
2206	22	SPT	196,000	SW	OD	2008-07-21	2008-07-24
2208	22	SPT	196,000	SW	OO	2008-07-21	2008-07-24
2210	22	STT	172,000	SW	OO	2008-07-23	2008-07-24
2212	22	STT	172,000	SW	OC	2008-07-23	2008-07-24
2214	22	STT	172,000	SW	OO	2008-07-23	2008-07-24
2216	22	SPT	196,000	SW	OO	2008-07-21	2008-07-24
2218	22	SPT	196,000	SW	OO	2008-07-21	2008-07-24
2220	22	SPT	196,000	SW	OO	2008-07-21	2008-07-24
2222	22	SPT	196,000	SW	OO	2008-07-21	2008-07-24
2224	22	STT	172,000	SW	OC	2008-07-23	2008-07-24
2226	22	STT	172,000	SW	OC	2008-07-22	2008-07-26
2302	23	BZT	285,000	NS	OO	2008-07-22	2008-07-24
2304	23	BZT	285,000	NS	OO	2008-07-23	2008-07-25
2306	23	BZT	285,000	NS	OD	2008-07-23	2008-07-27
2308	23	BZT	285,000	NS	OO	2008-07-23	2008-07-29
2310	23	BZT	250,000	NS	OC	2008-07-23	2008-07-24
2312	23	BZQ	250,000	NS	OD	2008-07-22	2008-07-25

\>\> Occupied Rooms : 289   Vacant Rooms : 48   Out of Order Rooms : 0

[표 9-12] Room Revenue

Room Revenue

Cur_Date : 2008-07-23

Printed date : Jul 24 2008 01:32

Room#	Guest_Name	Grp_id	Arr_Date	Nht	Dep_Date	Rm_T	TX	#Gst	Room_Rate	Extra_Chg	Svc_Charge	VAT	Total	Ra_Ty
2201	SUGIMOTO TETSUYA		2008-07-23	2	2008-07-25	SPT	S	2	70.000	0	7.000	700	77.700	TRA
2202	SUGIMOTO HIROKI		2008-07-23	2	2008-07-25	SPT	S	2	70.000	0	7.000	700	77.700	TRA
2203	BOCK CARLA		2008-07-21	3	2008-07-24	SPT	S	2	108.000	0	10.800	1.080	119.880	TRD
2204	TORIGIANI LINDA		2008-07-21	3	2008-07-24	SPT	S	2	108.000	0	10.800	1.080	119.880	TRD
2205	FENG XIUMEI		2008-07-21	3	2008-07-24	SPT	S	1	70.000	0	7.000	700	77.700	TRE
2206	ZOU YAN		2008-07-21	3	2008-07-24	SPT	S	1	70.000	0	7.000	700	77.700	TRE
2207	SONG RUI		2008-07-21	3	2008-07-24	SPT	S	1	70.000	0	7.000	700	77.700	TRE
2208	QU GUIFU		2008-07-21	3	2008-07-24	SPT	S	1	70.000	0	7.000	700	77.700	TRE
2209	HUNG HEUNG NAM	A014806	2008-07-23	1	2008-07-24	STT	S	1	45.000	0	4.500	450	49.950	TRE
2210	HUNG MAN CHING	A014806	2008-07-23	1	2008-07-24	SPT	S	2	45.000	0	4.500	450	49.950	TRE
2211	LAU SZE MAN KATHERIN	A014806	2008-07-23	1	2008-07-24	STT	S	3	45.000	0	4.500	450	49.950	TRE
2212	LING CHEUK NAM	A014806	2008-07-23	1	2008-07-24	STT	S	2	45.000	0	4.500	450	49.950	TRE
2213	LING CHIU CHING	A014806	2008-07-23	1	2008-07-24	STT	S	2	45.000	0	4.500	450	49.950	TRE
2214	FUNG YUK KING	A014806	2008-07-21	1	2008-07-25	STT	S	2	45.000	0	4.500	450	49.950	TRE
2215	MATSUNAGA TAKESHI		2008-07-21	3	2008-07-24	SPT	S	2	70.000	0	7.000	700	77.700	TRA
2216	MATSUNAGA AYUMI		2008-07-21	3	2008-07-24	SPT	S	2	60.000	0	7.000	700	77.700	TRC
2217	SAITO NAMI		2008-07-21	3	2008-07-24	SPT	S	2	60.000	0	6.000	600	66.600	TRA
2218	TERAMOTO TOMONA		2008-07-21	2	2008-07-25	SPT	S	2	60.000	0	6.000	600	66.600	TRC
2219	KODAIRA YUKO		2008-07-21	3	2008-07-24	SPT	S	1	60.000	0	6.500	650	72.150	TRC
2220	지원디		2008-07-21	3	2008-07-24	SPT	Y	1	60.000	22.000	8.200	9.020	99.220	TRD
2221	CHIBA SHINICHI		2008-07-23	2	2008-07-25	SPT	S	1	80.000	0	8.000	800	88.800	TRC
2222	SEKI TORU		2008-07-23	1	2008-07-24	SPT	S	2	65.000	0	6.500	650	72.150	TRA
2223	CHUNG CHAN YAU	A014806	2008-07-23	2	2008-07-24	STT	S	1	45.000	0	4.500	450	49.950	TRE
2224	CHUNG KING TAI	A014806	2008-07-23	1	2008-07-24	STT	S	2	45.000	0	4.500	450	49.950	TRE
2225	TANG TAI MING	A014806	2008-07-23	1	2008-07-24	SPT	S	2	0	0	0	0		COM
2226	LIN SHU WAN	AC14646	2008-07-22	4	2008-07-26	STT	S	2	45.000	0	4.500	450	49.950	TRA
2301	WANG CHUAN HSI		2008-07-22	4	2008-07-24	BZT	S	2	80.000	0	8.000	800	88.800	TRE
2302	JEUNG VONG GUK		2008-07-22	2	2008-07-24	BZT	S	1	80.000	0	8.000	800	88.800	TRE
2303	SAITO TAKAYUKI		2008-07-22	3	2008-07-29	STT	S	1	60.000	0	6.000	600	66.600	TRA
2304	KAWABATA KATSUHIKO		2008-07-22	3	2008-07-25	BZT	S	2	60.000	0	6.000	600	66.600	TRA
2305	TAKAHASHI HIROMI		2008-07-22	3	2008-07-25	BZT	S	2	60.000	0	6.000	600	66.600	TRA
2306	윤아라		2008-07-23	4	2008-07-24	BZT	S	1	120.000	22.000	14.200	1.420	157.620	CRH
2307	KOBAYASHI MASAYOSH		2008-07-23	4	2008-07-29	BZT	S	2	150.000		15.000	1.500	166.500	CRU
2308	MOON JI HEE		2008-07-23	6	2008-07-29	BZT	S	1	7.644	11.000	8.264	826	9.734	CRH
2309	MUN OKSON		2008-07-22	3	2008-07-25	BZO	S	2	60.000	0	6.000	600	66.600	TRA
2310	류진국		2008-07-23	1	2008-07-24	BZT	S	2	104.000	11.000	11.500	1.150	127.650	CRH
2311	LEE HYEQN TAE		2008-07-23	2	2008-07-25	BZT	S	1	85.000	0	8.500	850	94.350	TRD
2312	YOKOTA HIROSHI		2008-07-22	3	2008-07-25	BZO	S	1	114.000	11.000	12.500	1.250	138.750	CRH
2313	GAO QINGDONG		2008-07-22	2	2008-07-24	BZO	S	1	35.000	0	14.600	1.460	162.060	CRA

Tota >>   491   22.828.132   *.354.000   2.418.234   68*.738   27.282.'04

In-house >>   RECS : 289   RVS : 289   HOUSE_USE : 0   COMP : 7   C   F_T_Rms : 185   Group_Rms : '04   Page : 7

[표 9-13] Detail Bill

Detail Bill
By Outlet : Normal

Cur_Date : 2008-07-23 Outlet : 10 BANQUET
Printed date : Jul 24 2008 01:33

Bill#	Time	Total	Type	Food	Beverage	Other_1	Other_2	Other_3	Other_4	Svc_chg	Tax	Ca#	Kg	Fg	Ref No#	Folio#
000001	19:57	800,000		800,000	0	0	0	0	0	0	0	MY	1	0	9440114210238950	BC BC CARD
X76833	19:57	2,125,780	000001	569,000	0	1,049,000	0	0	0	241,800	265,980	MY		0	9000051	CL CITY LEDGER
Total :	1	2,925,780		1,369,000	0	1,049,000	0	0	0	241,800	265,980		1	0		Page : 1

Cur_Date : 2008-07-23 Outlet : 11 ROOM SERVICE
Printed date : Jul 24 2008 01:33

Bill#	Time	Total	Type	Food	Beverage	Other_1	Other_2	Other_3	Other_4	Svc_chg	Tax	Ca#	Kg	Fg	Ref No#	Folio#
000002	19:34	35,090		29,000	0	0	0	0	0	2,900	3,190	MY	1	0	1206:WHITE DANIEL	1206 WHITE DANIEL
000003	21:28	15,730		13,000	0	0	0	0	0	1,300	1,430	MY	1	0	2107:SVERRE BERGH	2107 SVERRE BERGH
Total :	2	50,820		42,000	0	0	0	0	0	4,200	4,620		2	0		Page : 2

Cur_Date : 2008-07-23 Outlet : 12 COFFEE SHOP
Printed date : Jul 24 2008 01:33

Bill#	Time	Total	Type	Food	Beverage	Other_1	Other_2	Other_3	Other_4	Svc_chg	Tax	Ca#	Kg	Fg	Ref No#	Folio#
000042	18:00	16,000		13,222	0	0	0	0	0	1,322	1,456	my	1	0	4755200000608930	BC BC CARD
000043	18:01	34,520		28,528	0	0	0	0	0	2,853	3,139	my	1	0	4009070200236574	SS 삼성카드
000044	18:18	43,000		35,536	0	0	0	0	0	3,553	3,911	my	2	0	4579730105153048	CC 국민
000045	18:22	24,000		19,833	0	0	0	0	0	1,983	2,184	my	3	0		CA CASH
000046	18:24	24,000		19,834	0	0	0	0	0	1,984	2,182	my	3	0	4207077035377515	VS 외환
000047	18:25	16,000		13,222	0	0	0	0	0	1,322	1,456	my	3	0	4201899300032749	BC BC CARD
000048	18:31	33,000		27,273	0	0	0	0	0	2,727	3,000	my	2	0	4658874038512641	SH 신한카드
000049	18:34	12,000		9,917	0	0	0	0	0	992	1,091	my	2	0	5310801007470086	SS 삼성카드
000050	19:39	8,470		7,000	0	0	0	0	0	770	770	my	2	0		CA CASH
000051	20:04	24,000		19,834	0	0	0	0	0	1,983	2,183	my	2	0		CA CASH
000052	20:21	40,000		33,055	0	0	0	0	0	3,306	3,639	my	2	0	1820:HUNG SONG FAN	1820 HUNG SONG FAN
000053	20:21	24,940		14,000	6,611	0	0	0	0	2,061	2,288	my	2	0	4553067963345086	BC BC CARD
000054	20:57	17,000		14,049	0	0	0	0	0	1,405	1,546	my	2	0	4906254020009909	BC BC CARD
000055	21:22	106,550		55,000	33,055	0	0	0	0	8,805	9,690	my	4	0	5588200000188791	BC BC CARD
000056	21:47	60,000		49,584	0	0	0	0	0	4,958	5,458	my	4	0	PAICHAI 배재대학교	PAICHAI 배재대학교
Total :	56	1,518,990		1,181,706	73,610	0	0	0	0	125,527	138,147		75	0		Page : 4

[표 9-14] Revenue Summary by Outlet

REVENUE SUMMARY BY OUTLET

Cur_Date : 2008-07-23

Printed date : Jul 24 2008 01:33

O#	Outlet	Bill_no	Kg	Fg	Food	Beverage	Other	Sub_Tot	Svc	Tax	Total
11	ROOM SERVICE	2	2	0	42.000		0	42.000	4.200	4.620	50.820
20	MINI BAR	32	6	41	-3.000	261.000	0	258.000		25.800	283.800
21	FAX	1	1	0	0		6.000	6.000			6.600
37	TELE MOVIE	4	4	0	0		36.000	36.000		3.600	39.600
62	TELEPHONE	70	70	0	0		256.948	256.948		25.679	282.627
90	ROOM CHARGE(AUTO)	282	171	309	0		22.828.132	22.828.132	2.282.834	603.698	25.714.664
91	ROOM CHARGE(MANUAL)	2	2	0	0		238.644	238.644	23.865	26.251	288.760
92	ROOM CHARGE(OTHER)	73	1	0	0		562.000	562.000	56.200	-9.080	609.120
	Sub_Tot :	466	257	350	39.000	261.000	23.927.724	24.227.724	2.367.099	681.168	27.275.991
10	BANQUET	2	1	0	1.369.000	0	1.049.000	2.418.000	241.800	265.980	2.925.780
12	COFFEE SHOP	56	75	0	1.181.706	73.610	0	1.255.316	125.527	138.147	1.518.990
13	SMACK DANUBE	19	18	94	2.667.937	0	80.000	2.747.937	274.794	302.279	3.325.010
23	XEROX	2	2	0	0	0	4.000	4.000	0	400	4.400
23	INTERNET & PC SERVIC	0	0	0	0	0	0	0	0	0	0
24	EF F&B										
60	EF LOUNGE										
	Sub_Tot :	79	96	94	5.218.643	73.610	1.133.000	6.425.253	642.121	706.806	7.774.180
30	SAUNA	8	8	0	0	0	249.618	249.618	0	24.962	274.580
31	INTERNET -ROOM	24	24	0	0	0	208.500	208.500	0	20.850	229.350
32	BLUE ROOM	1	1	0	0	0	38.720	38.720	0	0	38.720
33	SAKAE	30	30	0	3.814.900	587.400	0	4.402.300	440.230	484.280	5.326.810
35	GREAT SHANGHAI	12	12	0	1.887.730	295.500	0	2.183.230	218.323	220.357	2.621.910
	Sub_Tot :	75	75	0	5.702.630	882.900	496.838	7.082.368	658.553	750.449	8.491.370
34	ARIRANG	15	38	1	1.092.500	133.622	0	1.226.122	122.613	134.895	1.483.630
36	PARKING LOT	1	1	1	0	0	202.728	202.728	0	20.272	223.000
38	LAUNDRY	10	0	10	0	0	112.000	112.000	0	11.200	123.200
	Sub_Tot :	26	39	11	1.092.500	133.622	314.728	1.540.850	122.613	166.367	1.829.830
	Grd_Tot :	646	467	455	12.052.773	1.351.132	25.872.290	39.276.195	3.790.386	2.304.790	45.371.371

[표 9-15] 매출분석보고서

Cur Date : 2008-07-23

매출분석보고서

2008년 07월 23일 (수요일)

Unit : 1000 WON / 객수 / 셀수
Printed date : Jul 24 2008 01:43

구분	당일 계/수	당일 총매출	당일 단가	당월 계/수	당월 총매출	당월 단가	당월 총매출	달성율	전년동월총매출	달성율	년누계 계/수	년누계 총매출	년누계 단가	전년누계총매출	달성율	전년매출	신장율
ROOM REVENUE	291	23,628	81	6,568	557,351	84	561,459	99.3	525,792	106.0	57,274	5,151,362	89	5,327,209	96.7	4,643,078	110.9
MINI BAR	47	258	5	1,123	6,531	5	7,225	90.4	7,057	92.5	10,522	63,873	6	62,422	102.3	60,650	105.3
EF LOUNGE	0	0	0	3	50	16	0	0.0	0	0.0	22	451	20	0	0.0	0	0.0
Sub Total	338	23,886	70	7,694	563,932	73	568,685	99.2	532,849	105.8	67,818	5,215,687	76	5,389,632	96.8	4,703,728	110.9
BANQUET	1	2,418	2,418	664	33,068	49	31,903	103.7	23,810	139.9	7,204	401,746	55	390,903	102.8	342,034	117.5
ROOM SERVICE	2	42	21	83	1,791	21	2,782	64.4	2,432	73.7	1,038	25,310	24	23,582	107.3	22,864	110.7
COFFEE SHOP	75	1,255	16	1,867	22,932	12	28,193	81.3	27,716	82.7	20,750	246,289	11	250,593	98.3	246,529	99.9
SNACK DANUBE	112	2,747	24	3,382	53,920	15	52,677	102.4	55,830	96.6	31,978	496,055	15	537,577	92.3	525,842	94.3
EF F&B	0	0	0	0	0	0	0	0.0	2	0.0	0	0	0	0	0.0	0	0.0
Sub Total	190	6,463	34	5,996	111,712	18	115,556	96.7	109,791	101.7	60,970	1,169,402	19	1,202,656	97.2	1,137,273	102.8
TELE MOVIE	4	36	9	101	630	6	0	0.0	999	63.1	1,171	7,308	6	0	0.0	8,721	83.8
PARKING LOT	1	202	202	23	4,293	186	0	0.0	4,896	87.1	204	63,578	311	0	0.0	65,313	97.3
LAUNDRY	10	112	11	143	1,964	13	2,245	87.5	1,932	101.7	1,152	16,574	14	16,810	98.6	16,076	103.1
INTERNET & PC	2	1	1	43	242	5	0	0.0	342	70.7	319	1,374	4	0	0.0	2,469	55.7
FAX	1	6	6	16	50	3	0	0.0	42	117.0	125	493	3	0	0.0	574	86.0
XEROX	0	0	0	12	46	3	0	0.0	159	29.3	101	453	4	0	0.0	691	65.6
TELEPHONE	70	256	3	1,211	3,282	2	0	0.0	4,069	80.7	13,102	34,412	2	0	0.0	39,360	87.4
INTERNET ROOM	24	208	8	607	4,334	7	0	0.0	6,257	69.3	5,639	41,725	0	0	0.0	55,064	75.8
Sub Total	112	826	7	2,156	14,844	6	2,245	661.0	18,699	79.4	21,813	165,921	7	16,810	987.0	188,272	88.1
Grand Total	640	31,176	48	15,846	690,489	43	686,487	100.6	661,340	104.4	150,601	6,551,010	43	6,609,099	99.1	6,029,273	108.7

[표 9-16] 영업일보

영 업 일 보

2008년 07월 23일 (수요일)

Our Date : 2008-07-23

Printed date : Jul 24 2008 01:43 — Unit : 1000 WON

DEPARTMENT	TODAY FOOD	TODAY BEVE	TODAY OTHER	TODAY TOTAL	M.T.D FOOD	M.T.D BEVE	M.T.D OTHER	M.T.D TOTAL	M.T.D BUDGET	M.T.D (%)	Y.T.D FOOD	Y.T.D BEVE	Y.T.D OTHER	Y.T.D TOTAL	Y.T.D BUDGET	Y.T.D (%)
ROOM REVENUE	0	0	23,628	23,628	0	0	557,351	557,351	561,459	99.3	0	0	5,151,362	5,151,362	5,327,209	96.7
MINI BAR	0	0	258	258	0	0	6,531	6,531	7,225	90.4	0	0	63,873	63,873	62,422	102.3
EF LOUNGE	0	0	0	0	0	0	50	50	0	0.0	0	20	451	451	0	0.0
Sub Total	0	0	23,886	23,886	0	0	563,932	563,932	568,685	0.0	0	20	5,215,667	5,215,687	5,389,632	0.0
Sold Rooms				291				6,568	6,570					57,274	57,570	
Occupancy(%)				86.4				84.8		100.0				84.6		99.5
BANQUET	1,369	0	1,049	2,418	29,697	1,425	1,946	33,068	31,903	103.7	340,185	25,955	35,605	401,746	390,903	102.8
ROOM SERVICE	42	0	0	42	1,717	74	0	1,791	2,782	64.4	24,725	584	0	25,310	23,582	107.3
COFFEE SHOP	1,181	73	0	1,255	21,719	1,162	50	22,932	28,193	81.3	235,411	10,647	230	246,289	250,593	98.3
SNACK DANUBE	2,667	0	80	2,747	52,062	418	1,439	53,920	52,677	102.4	479,245	7,845	8,965	496,055	537,577	92.3
EF F&B	0	0	0	0	0	0	0	0	0	0.0	0	0	0	0	0	0.0
Sub Total	5,260	73	1,129	6,463	105,196	3,080	3,435	111,712	115,556	0.0	1,079,568	45,033	44,800	1,169,402	1,202,656	0.0
F&B Covers				922				20,932						190,442		0
Avg. Rate				26				27						28		
TELE MOVIE	0	0	36	36	0	0	630	630	0	0.0	0	0	7,308	7,308	0	0.0
PARKING LOT	0	0	202	202	0	0	4,293	4,293	0	0.0	0	0	63,578	63,578	0	0.0
LAUNDRY	0	0	112	112	0	0	1,964	1,964	2,245	87.5	0	0	16,574	16,574	16,810	98.6
INTERNET & PC	0	0	4	4	0	0	242	242	0	0.0	0	0	1,374	1,374	0	0.0
FAX	0	0	6	6	0	0	50	50	0	0.0	0	0	493	493	0	0.0
XEROX	0	0	0	0	0	0	46	46	0	0.0	0	0	453	453	0	0.0
TELEPHONE	0	0	256	256	0	0	3,282	3,282	0	0.0	0	0	34,412	34,412	0	0.0
INTERNET ROOM	0	0	208	208	0	0	4,334	4,334	0	0.0	0	0	41,725	41,725	0	0.0
Sub Total	0	0	826	826	0	0	14,844	14,844	2,245	0.0	0	0	165,921	165,921	16,810	0.0
Grand Total	5,260	73	25,841	31,176	105,196	3,080	582,211	690,489	686,487	0.0	1,079,568	45,053	5,426,388	6,551,010	6,609,099	0.0

[표 9–17] High Balance Report

HIGH BALANCE REPORT
All

Cur_Date : 2008-07-23
Balance : 500.000

Printed Date : Jul 24 2008 01:33

Page : 2

Room#	Guest_name	Grp_id	Arr_Date	Nht	Dep_Date	Rm_Ty	Rm_Rate	Ra_Type	Dep_Amt	Balance	Remark	Folio#
A014538	우신여행사		2008-07-22	4	2008-07-26			TRE	0	999.000	1RM=COMP1T-PAY D.RM	9014538
A014618	HANA TOUR JAPAN		2008-07-22	3	2008-07-25			TRE	0	2.175.600	T-PAY D.RM ONLY.장미(독)	9014618
A014646	우신여행사		2008-07-22	4	2008-07-26			TRE	0	1.598.400	2RMS=COMP1T-PAY D.RM	9014646
A014663	KIM'S TRAVEL		2008-07-21	3	2008-07-24			TRE	0	1.348.650	1RM=COMP.T-PAY D.RM	9014663
A014767	KTOURIST		2008-07-21	3	2008-07-24			TRC	0	2.131.200	T-PAY D.RM ONLY.1EXT	9014767
A014806	KIM'S TRAVEL		2008-07-23	1	2008-07-24			TRE	0	649.350	배영성010-5694-6799T-PA	9014806
A014835	KUMRYONG		2008-07-22	2	2008-07-24			TRE	0	599.400	김인서010-8598-1690.T-P	9014835
A014842	성신국제여행사		2008-07-20	4	2008-07-24			TRE	0	1.027.515	7/21.22.23=INC 50.00	9014842
PA(CHAI	배재대학교		2008-07-18	0	2008-07-30			CRA	0	870.000		9901167

Records : 9

HIGH BALANCE REPORT
All

Cur_Date : 2008-07-23
Balance : 500.000

Printed Date : Jul 24 2008 01:33

Room#	Guest_name	Grp_id	Arr_Date	Nht	Dep_Date	Rm_Ty	Rm_Rate	Ra_Type	Dep_Amt	Balance	Remark	Folio#
1014	SHIGEMITSU MITSUKO		2008-07-21	3	2008-07-24	SPT	60.000	TRC	0	599.400	T-PAY D.RM ONLY	0358527
1101	천누리		2008-07-20	7	2008-07-27	BZT	80.000	SPR	0	546.920	C-PAY RM ONLY	0355648
1102	김인성		2008-07-20	7	2008-07-27	BZT	80.000	SPR	0	546.920	C-PAY RM ONLY	0355649
1104	LYUBOV RABCHAK		2008-07-18	10	2008-07-28	BZT	112.966	CRH	0	980.676	C-PAY RM ONLY	0349824
1105	HUYLER JACK		2008-07-18	10	2008-07-28	BZT	112.966	CRH	0	913.359	C-PAY RM ONLY	0354040
1106	ANNE MCKASKLE		2008-07-18	10	2008-07-28	BZT	101.966	CRH	0	899.994	C-PAY RM ONLY	0354048
1107	PAUL MCKASKLE		2008-07-18	10	2008-07-28	BZT	101.966	CRH	0	900.654	C-PAY RM ONLY	0354047
1108	LEE SANG KEE		2008-07-18	12	2008-07-30	BZQ	101.966	CRH	0	908.794	C-PAY RM ONLY	0354041
1109	NAKAMURA TAIJO		2008-07-24		2008-07-24	BZQ	150.000	CRU	0	562.860		0356820
1110	HUYLER STEPHEN		2008-07-18	10	2008-07-28	BZQ	101.966	CRH	0	861.384	C-PAY RM ONLY	0349826
1112	AOYAGI NOBORU		2008-07-21	7	2008-07-24	BZT	150.000	CRU	0	678.580		0356821
1113	CHLOE MINEIMINE		2008-07-20	7	2008-07-27	BZT	101.966	CRH	0	846.836	1EXT.C-PAY RM ONLY.조	0354060
1114	BRAD ALLEN LACY		2008-07-20	6	2008-07-26	BZT	101.966	CRH	0	647.426	C-PAY RM ONLY	0354056
1115	HELEN LACY		2008-07-20	6	2008-07-26	BZT	101.966	CRH	0	606.186	C-PAY RM ONLY	0354058
1116	JOYCE NOBLE FREIBERG		2008-07-20	7	2008-07-27	BZT	101.966	CRH	0	602.196	C-PAY RM ONLY	0354050
1117	BENJAMIN SALIN		2008-07-20	7	2008-07-27	BZT	101.966	CRH	0	599.996	C-PAY RM ONLY	0354057
1118	JESSICA DOAK		2008-07-20	6	2008-07-26	BZT	101.966	CRH	0	599.996	C-PAY RM ONLY	0354055
1201	JULIEN DIDRON		2008-07-20	4	2008-07-24	BZT	150.000	CRU	0	718.030		0351307
1205	CAROLYN MCKENNA		2008-07-20	5	2008-07-27	BZT	101.966	CRH	0	662.966	C-PAY RM ONLY	0354049
1206	WHITE DANIEL		2008-07-19	5	2008-07-24	BZT	99.000	TRD	0	621.225	T-PAY D.RM ONLY	0359028
1208	RUTH GLASS		2008-07-20	7	2008-07-27	BZT	101.966	CRH	0	677.339	C-PAY RM ONLY	0354043
1209	KISHAN SINGHANIA		2008-07-21	5	2008-07-26	BZQ	119.000	CRH	0	555.990		0359047
1211	CHANG STEVE		2008-08-31	61	2008-08-31	BZQ	90.000	CRH	0	2.771.008		0355282
1213	KIM TONY		2008-05-18	71	2008-07-28	BZT	119.000	CRH	0	684.404		0347050

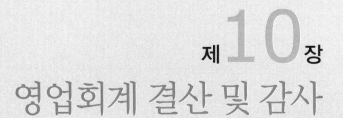

제 10 장
영업회계 결산 및 감사

제10장

영업회계 결산 및 감사

레스토랑, Bar 및 기타 부대시설 영업장의 회계원은 영업장에서 발생되는 수입금 관리업무를 책임지고, 경리부에서 파견되어 각 영업장에서 고객에게 제공하는 물적 · 인적 서비스의 대가를 직접 회수하고 이를 회수형태별 기초보고서 작성 및 입금 등 기타 수납에 관련된 업무를 담당한다.

1. 레스토랑 회계원의 결산절차

호텔 레스토랑, Bar 및 기타 부대시설 회계원은 근무 중 정산된 Bill의 집계에 의해 영업장의 매출집계표를 작성한다.

① 영업장 개관시간에 근무하는 영업장 Cashier는 사무실에서 해당 영업장의 Bill 출고 시 Bill 관리장부에 기록한다.

② 레스토랑, Bar 및 기타 부대시설에서 사용되고 있는 계산서는 반드시 Bill Number 순으로 사용하여야 한다.

③ Server Terminal이 있는 영업장은 Bill 매수 및 번호를 확인하여 전표관리대장에

기록 후 Server의 서명을 받고 인계한다.

④ Server Terminal이 없는 영업장은 담당 Cashier가 빌(Bill)을 관리한다.

⑤ 영업장 종료 후 담당 회계원(레스토랑, Bar 및 기타 부대시설)은 사용하지 않은 빌을 회수한다.

⑥ 출고한 빌(Bill) 매수에서 정산 완료된 빌(Bill)을 차감한 매수가 회수된 빌(Bill) 매수와 동일한가를 확인한 후 전표관리대장에 기록하여 잔여분은 사무실에 보관한다.

⑦ 회계원의 착오나 고객의 주문 취소 등으로 인하여 이미 발행된 계산서를 사용할 수 없게 되었을 경우는 계산서를 취소시키고, 취소자료(Void Voucher)에 그 내용을 기재하고 담당 지배인의 서명을 받은 후 스탬프를 찍고 야간감사자(Night Auditor)에게 제출하여야 한다.

⑧ 회계원은 요금수납에 있어서 계산서를 신속·정확하게 처리하여야 한다.

2. 레스토랑 회계원의 영업일보 작성

① 영업일보(Cashier's Report, F/B Control Sheet)에는 영업장명, 일자, 담당회계원명, 영업시간을 반드시 기재하여야 한다.

② 수입금 구분에 있어서 계정과목은 식료수입, 음료수입, 기타수입으로 구분하고 봉사료(Service Charge), 부가가치세(VAT) 및 특별소비세[12]를 산출하여 이들의 합계액을 산출하여야 한다.

③ 정산된 빌(Bill)을 지급조건별로 분류하여 집계한다.

가) 현금판매

레스토랑 회계원의 현금처리순서를 살펴보면 다음과 같다.

---

12) 특별소비세의 부과·징수를 위해 제정한 법률(1976.12.22 법률 제2935호)로 특별소비세는 특정한 물품과 특정한 장소에의 입장행위 및 특정한 장소에서의 유흥음식행위에 대하여 부과한다. 특별소비세의 과세물품, 세율, 과세시기, 과세표준과 신고에 대하여는 자세한 규정이 있다. 과세물품을 판매하는 자, 과세물품을 제조하여 반출하는 자, 관세의 과세물품을 보세구역으로부터 반출하는 자, 관세를 납부할 의무가 있는 자, 과세장소의 경영자, 과세유흥장소의 경영자는 특별소비세를 납부할 의무가 있다.

첫째, 새로운 교대 근무조(Shift)가 들어와 업무를 다시 시작하게 될 때 영업장 Cashier는 현금등록기 안에 있는 금액을 계산하게 된다. 이 때 Cashier가 가지고 있는 총액을 개시금액(Opening Register Fund)이라고 말한다.

둘째, 교대근무가 끝났을 때, 영업장 Cashier는 현금영수증의 총액을 계산하게 되고 Cashier's 보고서를 작성한다. Cashier's Report에는 현금거래액과 Credit Card 등의 비현금거래액을 구별하여 각각의 총액을 계산한다. 현금등록기 안에 남아 있는 금액의 총액을 마감 시 금액이라고 한다. 이 때 Closing Register Fund는 Opening Register Fund에 전체 현금거래액을 합한 것과 일치해야 한다.

셋째, Cashier's Report는 현금영수증과 함께 야간감사자(Night Auditor)에게 전달된다.

나) 외상판매

```
┌─ 신용카드 매출(Credit Card)
│  투숙객 계정매출(Guest Ledger)
│  일반외상매출(City Ledger)
└─ 임원 및 종업원 외상매출(Employee Ledger)
```

④ 레스토랑 회계기 정산서(Cashier Financial Report, Server Financial Report, Open Check Report 등)를 영업일보에 부착시켜 이를 근거로 하여야 한다.

⑤ 레스토랑 매출집계표를 작성한다.

⑥ 레스토랑 매출집계표에 정산된 Bill과 Cashier's Report를 야간감사자에게 인계할 수 있도록 지정된 장소에 보관한다.

⑦ 지급방법별 정리는 다음과 같다.

첫째, 현금 : 현금봉투에 통화별 내역을 기록하여 General Cashier 금고에 입금한다.

둘째, 신용카드 : Bill Copy에 Card Slip을 첨부하여 지정된 장소에 보관한다.

셋째, 외상매출 : 빌(Bill) 카피에 Charge Information을 첨부하여 지정된 장소에 보관한다.

넷째, 투숙객 계정매출(Guest Ledger) : Bill Copy를 Front Office Night Auditor에게

전달하면 Night Auditor는 Guest Ledger를 각 고객의 Guest Folio Box에 보관한다.
다섯째, Employee Ledger : 빌(Bill) 카피에 Charge Information을 첨부하여 지정된
장소에 보관한다.

⑧ House Fund를 점검하여 Fund Check List에 통화별 내역을 기록한다.

⑨ Fund와 Check List를 보관함에 함께 보관한다.

[표 10-1] Cashier Financial Report

Daily Sales Summary & Bill Control Report

```
DAILY SALES SUMMARY

OUTLET : ROOM SERVICE
DATE   : 2003년 01월 12일
CASHIER : ALL

COUNT                    16
COV(KOR)                 12
COV(FOR)                  6
FOOD                219,500
BEVERAGE             79,328
OTHER                     0
GOODS                     0
DC                        0
NET                 298,828
SVC                  29,885
VAT                  32,867

TOTAL               361,580
=========================
RESERV. FUND              0
CASH                      0
CASH BALANCE              0

TYPE           COUNT    AMOUNT

GL Guest Ledger   16    361,580

TOTAL                  361,580

BILL VOID         0        0
ITEM VOID         0        0
OPEN BILL         0        0

-- < DAY CLOSED > -- <:2003-01-12><1:00
5:54>
```

```
BILL CONTROL REPORT

Date : 2003-01-12 Outlet (11:ROOM SERVICE

Bill#   TIME       PAY      AMOUNT
REFERENCE
=================================
000001  07:40:12   GL       19,360
000002  07:40:30   GL       39,930
000003  07:58:43   GL       36,200
000004  08:09:10   GL        6,000
000005  08:41:52   GL       12,000
000006  09:25:34   GL       17,440
000007  10:26:13   GL       19,360
000008  11:49:31   GL       36,890
000009  16:38:46   GL       18,000
000010  17:41:37   GL        6,000
000011  18:23:24   GL       20,570
000012  19:31:10   GL       29,040
000013  20:54:41   GL       31,460
000014  22:18:34   GL       15,730
000015  22:32:27   GL       42,250
000016  23:21:12   GL       11,440
=================================
정 상  CNT =>    16 건    361,580 원
취 소  CNT =>     0 건          0 원
미마감 CNT =>     0 건          0 원
=================================
합 계  CNT =>    16 건    361,580 원
=================================
```

```
Menu Item Sales Report
MANHATTAN GRILL
CURRENT
From 10AUG'08 3:30
10AUG'08 15:18  X0258   Page 1

10051 *SET MENU             0
  Sls Count      13     19.70%
  Net Sales     401500   37.78%
111031 HOBNOB-SHIRAZ
  NORMAL                 65000
  Sls Count       1      1.52%
  Gross Sls      65000    5.32%
  Item Disc      13000-   8.22%
  Net Sales      52000    4.89%
111032 SAINT LAURENT
  Glass                  18000
  Sls Count       7     10.61%
  Net Sales     126000   11.86%
210653 ULTIMATE-LN-A       39000
  Sls Count      13     19.70%
  Gross Sls     507000   41.52%
  Item Disc     120900-  76.42%
  Net Sales     386100   36.33%
210654 ULTE-NAKYURA       46000
  Sls Count       2      3.03%
  Gross Sls      92000    7.53%
  Item Disc      18400-  11.63%
  Net Sales      73600    6.93%
221700 BUSINESS-SET       29500
  Sls Count       1      1.52%
  Gross Sls      29500    2.42%
  Item Disc       5900-   3.73%
  Net Sales      23600    2.22%
900001 L/GUEST              0
  Sls Count      29     43.94%
  Net Sales        0      0.00%
Subtotal
  Sls Count      66    100.00%
  Gross Sls    1221000  100.00%
  Item Disc    158200-  100.00%
  Net Sales    1062800  100.00%
Total Sales Count       66
Total Gross Sales    1221000
Total Item Disc      158200-
Total Other Disc          0
Total Net Sales      1062800
=================================
```

Koreana Hotel   Outlet Cashier : _____

[표 10-2] Chit Check List

CHIT CHECK LIST

Outlets :   Date :

Analysis of Sales			Revenue	
	Q'ty	Amount	Acc. Name	Amount
Cash			Food	
C/C			Beverage	
Guest			Ent.	
City			Others	
Total			Total	
Remark				

Requested by	Checked by	Approved by

⑩ 호텔회계기(PC POS 회계기)에 나타나 있는 현금과 회계원의 현금출납보고서 파악이 호텔규정 ⊕⊖₩×××원을 상회하면 별도의 Over & Short(현금과부족계정) 보고서를 작성하여 보고를 한다.

[표 10-3] Over & Short(현금과부족계정)

Server Bank Report
(Gross Sales & Tax Collected)

Drawer Assignment: Sue
Opened: May 2 – 8:03a
Pulled: Feb 2 – 7:49p
  Checks: 9
Payments: 0

	Actual	System
Cash	245.10	255.10
Check	30.00	30.00
Gift Certificate	20.62	20.62
SubTotal	295.72	305.72
Visa	32.10	32.10
MasterCard	34.08	34.08
AMEX	60.00	60.00
Total C.Cards	126.18	126.18
Drawer Balance	421.90	431.90
Senior Discount		2.60
Total Discounts	2.60	2.60
Cash Deposit	245.10	255.10
Check Deposit	30.00	30.00
Total Deposit	275.10	285.10
Over/Short		–10.00

OVER & SHORT

		AM		AM
DATE	FROM		TO	
		PM		PM

DEPARTMENT	
CLERK	
AMOUNT	₩ ($·¥)
EXPLANATION	

본인은(정산이 끝나고, 중간정산 시에)
(OVER, SHORT)가 됨을 발견했습니다.
(확실한 사유는 불분명하지만) _____ 때의
_____ 실수로 인정됩니다.

[표 10-4] Cashier Report

RESTAURANT NAME
P. O. Box 61362-00200, Tel: 00001/7 Nairobi.

RESTAURANT CASHIER SHIFT SUMMARY

Shift No:	SF002280
SHIFT DATE:	14 Mar 2003
SHIFT TIME:	10:00:51 AM
CASHIER NAME:	CASH

Bill No.:	Waiter:	Table:	No. Pers:	Time:	Rm No:	Guest Name:	Amount:	PayMode:	KO:	OB:	FB:	Remarks/CardNo.
59613	Chege	2	6	7:07:01	N/A	NAIROBI HOS	4,200.00	CREDIT CARD	0	0	2	56776879
62641	DENNIS	42	1	8:31:27	N/A	GUEST	370.00	UNCLEARED	0	0	1	
62649	DENNIS	2	1	8:55:56	N/A	GUEST	660.00	UNCLEARED	0	0	1	
63560	Nganga	40	21	11:00:50	N/A	GUEST	120.00	UNCLEARED	1	0	1	
63562	Nganga	BAR	21	11:11:13	N/A	GUEST	840.00	UNCLEARED	1	0	1	
63605	Oscar	57	1	3:37:12	N/A	GUEST	600.00	UNCLEARED	1	0	1	
63606	Oscar	38	1	3:39:07	N/A	GUEST	550.00	CASH	1	0	1	
63609	Maurice	SUN	55	4:23:54	N/A	ANNPCAN	24,750.00	CHEQUE	0	0	1	4547677
63610	Oscar	45	1	4:24:47	45	GUEST	500.00	PACKAGE	1	0	1	
63613	Oscar	2	59	4:53:49	N/A	N/A	700.00	UNCLEARED	1	0	1	
63627	George	BAR	1	7:09:39	N/A	GUEST	600.00	UNCLEARED	1	0	1	
63634	DAVID	16	1	7:42:09	N/A	GUEST	1,200.00	CASH	0	0	1	
63640	Damaris	17	1	7:45:57	N/A	GUEST	1,200.00	OFFICE	0	0	1	
63643	DAVID	15	1	7:52:27	N/A	GUEST	1,200.00	UNCLEARED	0	0	1	
63685	Brian	67	1	9:47:45	Acc:10566	ABDIDEED	2,460.00	CREDIT	1	1	1	

Total Persons: 172   Bills Printed: 8   1   16

DEDUCTABLE SALES		ROOM SERVICE SALES		ACTUAL SALES		TOTALS	
UNCLEARED	5,090.00	RM CASH	.00	CASH	1,750.00	CASH	1,750.00

[표 10-5] Daily Cashier's Correction Sheet

Daily Cashier's Correction Sheet

Outlet & Shift : Manhattan Grill(LN, DN)   Date :

	1st **Reading**	2st **Reading**	**Adjust**	**Net Total**
Food				
Beverage				
MISC				
Valet Parking				
Amount Due				
SVC Charge				
VAT				
Total				
Cash				
Guest Ledger				
City Ledger				
Ent				
Credit Card				
Allowance				
Total				

Cover	I/H		W/I

Office's Check

Bill Control		
Consumed		SHT
Total		SHT
Holding No		SHT
Lost No		SHT

Valet Parking Ticket	
Q'TY	
Amount	

Cashier :   Check By :

제2절 ▸ Front Office 회계원 결산

투숙객의 계산을 관리 징수하는 곳이 객실판매 영업회계로서 고객이 Front Office에서 Check-In 등록을 하면 비로소 객실판매 영업회계의 고객계정이 발생되는 것이다.

투숙객 체재 중의 계산은 전부 Front Office Cashier에서 관리하고, Check-Out할 때에는 사용분을 징수하는 역할을 한다. 고객의 Check-Out 시간이 AM 08 : 00~10 : 00경에 집중되기 때문에 상당히 바쁘다고 볼 수 있지만, 최대한 신속·정확하게 처리하여야만 한다. Front Office Cashier는 1일 2교대로 근무하며, 본인의 근무를 마친 때는 회계원의 고유번호에 의해서 현금의 출납상황과 각종 전표 및 Folio를 컴퓨터와 대조하여 확인한다.

호텔의 회계기는 1일 단위로 정산하고 있으며, 늦은 밤에 Night Auditor에 의해 기계를 털면서 1일 영업이 확정되기 때문에 하루 중에 교대근무를 하는 회계원은 24시간 단위로 계속적으로 누계되는 호텔회계기의 누계기능 때문에 본인 근무(Shift)의 시작과 종료에 있어서 기계 상의 이월금액을 서면으로 밝히고 본인의 책임량을 확실히 할 필요가 있다.

Work Schedule

구분	Shift	시간
Front Office Cashier	Day Shift	07 : 00 ~ 15 : 00
	Evening Shift(Swing Shift)	15 : 00 ~ 23 : 00
Night Auditor	Night Shift(Graveyard Shift)	23 : 00 ~ 07 : 00

1. 시재조사

① Front Office 회계원의 시재조사는 각 호텔 실정에 따라 다소 차이가 있으나, 일반적으로 매일 2회씩 하도록 한다. 즉, 고객이 밀리지 않는 점심과 마감 때를 이용

하여 시재조사기간을 설정한다. (각 Shift별 업무가 종료되는 시점을 기준으로 시재조사 및 인계인수를 실시한다.)

② 시재조사 자료는 회계기에 나타나 있는 자료(Cash Drawer Balance 및 Computer Balance)를 기준으로 한다.

③ 시재기록은 현금출납보고서를 이용하여 환전금(House Bank)을 제외한 모든 현금을 기록한다.

④ 시재금에서 메모를 하여 주거나, 돈을 빌려주거나, 담배 등을 구입하는데 사용해서는 안 된다.

⑤ 항상 잔돈을 충분히 준비하여 업무에 안전을 기하도록 한다.

⑥ 호텔회계기(Hotel Computer 및 PC POS)에 나타나 있는 현금과 회계원의 현금출납보고서 파악이 호텔규정 ⊕⊖₩×××원을 상회하면 별도의 Over & Short(현금과부족계정) 보고서를 작성하여 보고를 한다.

[표 10-6] 현금과부족보고서

CASH OVER & SHORT
(현금과부족)   Koreana Hotel

		From	AM / PM	To	AM / PM

Date :

DEPARTMENT	
CLERK	
AMOUNT ₩	($·¥)
EXPLANATION	

본인은(정산이 끝나고, 중간정산 시에)
(OVER, SHORT)가 됨을 발견했습니다.
(확실한 사유는 불분명하지만) _____
_____ 때의 _____실수로 인정됩니다.

[표 10-7] Front Office Cashier's Shift Report

Main Street Hotel

123, Main Street, California, 12345, United States
Phone: 2095551212; Fax: 2095551212

Shift Report From 01/01/2003 To 06/01/2003

Desk Clerk	Guest Name	Room	Date & Time	Cash /Check	Credit Card	Direct Billing
Admin	ROBERT SEREN	403	06/01/03 10:06 AM	60.00		
	MARTIN UMBECK	301	06/01/03 10:36 AM		400.00	
	JACK KELLY	302	06/01/03 10:36 AM		155.20	
	MACK WOODINGS	304	06/01/03 10:36 AM	771.00		
	JOHN WALKER	307	06/01/03 10:37 AM		1206.00	
	DESCHAINE THOMAS ROY	310	06/01/03 10:37 AM		658.00	
	FOX MEGUMI	306	06/01/03 12:08 PM	77.60		
	HAMEL GLEN	308	06/01/03 12:19 PM	77.60		
	MARK ESCOBAR	607	06/01/03 01:28 PM	34.40		
	TONY SMITH	705	06/01/03 01:48 PM	115.40		
	HIDEYUKI ONISHI	503	06/01/03 03:06 PM		200.00	
	ROBERT LEWIS	504	06/01/03 03:06 PM	547.60		
	TRACIE MACK	505	06/01/03 03:06 PM		347.60	
	JAMES CRAWFORD	502	06/01/03 03:06 PM		347.60	
	JOY GRACIA	605	06/01/03 03:07 PM	34.40		
	ROY GRANT	105	06/01/03 04:05 PM	54.00		
	ROY GRANT	105	06/01/03 04:05 PM	2.00		
	HORACE TILMAN	206	06/01/03 04:35 PM	2.00		
	HORACE TILMAN	206	06/01/03 04:35 PM	37.80		
	MARK BOUCHER	208	06/01/03 05:18 PM	2.00		
	GILES FLEMMING	210	06/01/03 05:28 PM	37.80		
	GILES FLEMMING	210	06/01/03 05:28 PM	2.00		
	MARK LANKIN	408	06/01/03 06:10 PM		196.40	
	MARK BOUCHER	208	06/01/03 06:45 PM	37.80		
	MARIE BROWN	410	06/01/03 06:58 PM	66.80		
	CURY PENNOCK	704	06/01/03 07:18 PM		151.20	
	CURY PENNOCK	704	06/01/03 07:18 PM	2.00		
	DAVID NORTON	707	06/01/03 07:28 PM		191.00	
	KEVIN BOUCHER	702	06/01/03 08:18 PM	2.00		
	KEVIN BOUCHER	702	06/01/03 08:19 PM	113.40		
John	JOHN HARRY	101	01/01/03 02:54 PM		80.00	
	PETER DISOUZA	102	01/01/03 02:54 PM		200.00	
	AYESH BASSAM	104	01/01/03 02:55 PM	86.40		
	ANNIE CHRISTIE	110	01/01/03 02:55 PM		200.00	
	PATRICIA ANTHONY	202	01/01/03 02:55 PM	113.40		
	JOHN THOMAS	303	01/01/03 03:34 PM	153.20		
	DAVIS BOBBY	307	02/01/03 02:53 PM	64.80		
	CAROL THOMAS	201	02/01/03 03:25 PM	37.80		
	JOHN MATHEWS	308	02/01/03 03:33 PM	100.00		
	DAVIS BOBBY	307	02/01/03 03:38 PM	68.80		
	TIGER WOODINGS	103	02/01/03 03:43 PM	112.00		
	JOHN MATHEWS	308	02/01/03 03:44 PM	33.60		
	SUSAN GEWEEZ	306	03/01/03 03:41 PM		155.20	
	AYESH BASSAM	104	03/01/03 03:41 PM	90.40		
	JOHN HARRY	101	03/01/03 03:42 PM	86.00		
	JACK KELLY	302	04/01/03 04:32 PM	77.60		
	JACK BASS	203	04/01/03 04:33 PM	39.80		
	ROBERT HAMPTON	101	05/01/03 04:37 PM	56.00		

2. Credit Card 및 City Ledger 조사

① Cash Drawer Balance를 생산한다.

② 실물을 카드별로 집계하며 Cash Drawer Balance와 일치하는지를 확인한다.

③ 개인 및 회사별로 City Ledger를 확인 · 집계하여 Cash Drawer Balance와 일치하는 지를 확인한다.

④ Cash Drawer Balance Report와 실물(Credit Card & City Ledger)을 야간감사하는 야간감사자에 인계한다.

3. 시재입금

① 시재조사 시 작성했던 현금출납보고서를 기준으로 환전금(House Bank)을 제외한 모든 시재를 있는 그대로 입금시킨다(General Cashier에게).

② 입금은 현금봉투를 이용하고 즉시 입금금고에 넣은 후 입금시킨 영업장명, 담당자명, 시간을 기록한다.

제3절 ◦ General Cashier 결산

General Cashier는 1일 영업 중에서 발생하는 현금결제계정을 총괄 · 수합하고 그 현품을 은행에 입금하여 영업장 영업에 소요되는 현금기금(House Bank)의 가지급 및 회수와 관리 등을 맡는다. General Cashier가 수행하는 업무 역시 Controller와 Assistant Controller의 책임과 감독 하에 고유의 업무를 수행한다. General Cashier는 주로 현금을 취급하므로 그 업무의 중요성은 영업회계부서 중에서도 아주 크다고 할 수 있겠다.

General Cashier의 기본적인 업무는 전날 영업활동 중 발생한 영수증을 회수하는 일과 매일 호텔의 수입을 취합하여 은행에 입금시키고 호텔 내의 원활한 현금유통을 위해 만전을 기하며 레스토랑, Bar 및 기타 부대시설의 Cashier들에게 잔돈을 바꿔주며,

할당된 시재금을 포함하여 일일현금수지에 관한 회계처리업무를 수행한다.

General Cashier가 수행하는 결산업무를 요약하면 다음과 같다.

① 야간감사자로부터 General Cashier Report를 송부 받는다.

② General Cashier 금고에 투입된 입금봉투(Cashier's Deposit Envelope)를 수거하여 입금자 서명부와 대조 확인한다.

③ Cashier's Deposit Envelope를 개봉하여 화폐(외화)별 입금액을 확인하고 General Cashier Report를 작성한다.

④ 수거된 현금은 지정된 은행계좌에 입금시킨다.

⑤ 수거된 현금 중 외화는 외화입금 내역서를 작성하여 지정은행의 거주자계정에 입금한다.

⑥ 레스토랑, Bar 및 기타 부대시설 회계원으로부터 수거된 외화는 환전상(환전영업자)에서 현금으로 교환한다.

⑦ House Bank를 점검하여 Check List에 기록하고 책임자의 서명을 받는다.

⑧ 소액현금을 준비한다.

⑨ 환전실적증명에 의해 매월 한국은행에 실적보고서를 작성한다.

[표 10-8] Bank Deposit

BANK DEPOSIT

Koreana Hotel		Date :
	NET	GROSS
Cash	$3,600.00	$3,600.00
Petty-cash Voucher	150.00	150.00
Less: Due back	$3,750.00	$3,750.00
	600.00	0
Cash Deposited	$3,150.00	$3,750.00
Checks	4,300.00	4,300.00
Traveler's checks	1,650.00	1,650.00
Bank Deposit	$9,100.00	$9,700.00
Check drawn for due back		600.00
NET DEPOSIT		$9,100

General Cashier : _____

[표 10-9] General Cashier's Deposit Summary

Koreana Hotel

Day_____   Date_____

General Cashier's Deposit Summary

Station	Cashier	Witnessed By	Net Deposit	Breakdown From Envelopes				Total Deposits	Due Back	Received By	Do Not Include as Part of Deposit
				Cash	Checks	Travelers Checks	Petty Cash Vouchers				Foreign Currency At Cost
Front Office											
AM			1,000.00		900.00	250.00		1,150.00	150.00		
AM			1,500.00	500.00	600.00	400.00		1,500.00	-0-		
PM			750.00		300.00	500.00	50.00	850.00	100.00		
PM			750.00		500.00	500.00	100.00	1,100.00	350.00		
Night			100.00					100.00	-0-		
Sub Total			4,100.00	100.00				2,000.00			
City Ledger			2,000.00		2,000.00						
Total F.O			6,100.00								
Restaurant*											
Banquets											
Total Restaurant			2,000.00	2,000.00				2,000.00			
Bar*											
Total Bar			1,000.00	1,000.00				1,000.00			
Total Food & Beverage			3,000.00								
Grand Total			9,100.00	3,600.00	4,300.00	1,650.00	150.00	9,700.00	600.00		

"D" Card Recap

Cash   9,200.00

Paid Out   100.00

Net Deposit
as Above   9,100.00

Deposit Recap

Total Deposit   9,700.00

Less : Due Back   600.00

Net Deposit   9,100.00

Number of Envelops _____

Witness _____

General Cashier :

제4절 ·· Night Audit(야간감사)

1. Night Audit(야간감사)의 중요성

호텔기업은 24시간 365일 계속적인 영업을 실시하고 있으므로 1일의 영업 감사일보를 밤늦게 종결을 짓지 않으면 안 된다. 주로 23 : 00시부터 야간감사자(Night Auditor)는 그날의 영업마감, 결산의 업무에 들어가야 한다.

대개의 경우 객실부와 식음료부로 나누어 결산하여 그것을 최종적으로 집계하게 된다. 수취계정의 총 잔액과의 비교에서 개개인의 원장합계가 수취계정의 총 잔액과의 일치여부를 검증하는 것이 야간감사의 주요기능이다.

야간감사자(Night Auditor)는 당일 차변(Debits) 및 대변(Credits)이 정확하게 전기(Posting)되었는지, 잘못 전기되었는지, 잘못 전기된 것이 있으면 이를 발견·정정(Correction)해야 하며, 호텔 당일 수입금의 일람표를 작성하고 모든 계산서가 정확하고 완전하게 청구되었는가를 검증하는 것이 야간감사의 목적이라 할 수 있다.

2. Night Auditor의 업무

호텔의 1일 영업수익에서 발생한 현금과 영업수익에 대한 여러 가지 기록은 각기 Front Office Cashier, General Cashier, Night Auditor, Income Auditor에 의해서 종합 처리된다.

이 중에서 야간감사자는 Income Auditor의 지시를 받으며 영업장 부문별로 당일의 매상수입을 마감하여 정산하는 일을 맡는다.

따라서 야간감사자의 고유기능을 살펴보면

① 수취계정의 총 잔액과 개별원장의 비교 검증
② 발생계정의 정확성 확인
③ 청구액의 이상유무 점검
④ 당일 수입일람표 작성

⑤ 야간의 Income Auditor의 업무대행

⑥ 매출자료(영업일보, 매출현황) 작성

[표 10-10] Night Auditor Process

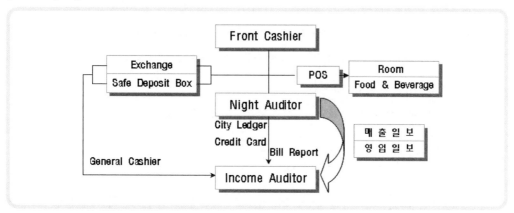

3. Front Night Auditor

Front Night Auditor는 근무 시작 전에 도착하여 Front Cashier 직무의 인계·인수를 마치고 난 후 모든 영업장(Room Dept., 식음료 Dept., Other Dept.)의 영업수입에 대해 점검하고 집계한다.

Front Night Auditor는 또한 식음료(F/B) 야간감사자와 긴밀한 유대관계를 유지하며, 22 : 00시 이후 영업을 하는 영업장의 회계원들을 컨트롤한다. Front Night Auditor의 기능은 다음과 같다.

① 당일 시작하는 등록카드, 빌의 번호 연결, 중간부분의 분실 여부 등을 확인한다.

② Bill의 기록이 정확한가를 점검한다.

③ Day Use와 Extension 등의 시각, 요금 등을 점검한다.

④ 식음료업장 채권발생액의 Front Office Guest Ledger Posting을 점검한다.

⑤ 각종 Voucher Slip 및 Sheet 등의 내용, 발생절차 점검, High Balance, Late Bill 등의

점검을 한다. 즉, Voucher Slip, Correction, Allowance, Adjust, Paid-Out, Comp, Credit Receipt, Misc, Room Rate Charge Slip 등이 있다.

⑥ 부대부문의 Traffic Sheet 점검, Machine Reading과 대조를 한다.

⑦ 영업장 Cashier들의 입금 입회를 한다.

⑧ 객실료의 Posting, Credit Card와 Sign Bill의 City Ledger 처리한다.

⑨ D. Card 작성 - 당일 총 미수금, 차변 대체액, 전일잔고 미수금, 당일 미수금 회수액 정산액, 당일 미수금 잔고 표시

⑩ Night Auditor's Report 작성 보고 - 모든 영업장별 매상 종합

4. 식음료(F/B) Night Auditor

① Cashier별 또는 웨이터별 Open Bill의 Bill No., 연결 확인, 빌의 중간분실 여부를 점검한다.

② Bill의 기록(메뉴 단가, 수량, Service Charge, Tax 등)과 계산 검사를 한다.

③ 취소기록의 절차 검사 및 취소기록부 기재와 대조한다.

④ Cashier의 Report 및 각종 Sheet 전기의 정확성 여부를 검사한다.

⑤ Cashier Report 합계액과 Checking Machine 합계액 또는 회계기 Reading과 대조한다.

⑥ 영업장 채권발생 빌(Bill)의 대체 점검한다.

⑦ Function Order와 Banquet Bill의 대조를 한다.

⑧ Daily F/B Revenue Report 작성을 한다.

5. Night Audit(야간감사)의 점검사항

(1) Check-Out Bill 점검

모든 전표가 전기(Posting)되었다면 위의 사항과 아래의 사항을 점검한다.

① 전기된 전표와 해당 투숙객 계산서가 맞는지를 체크한다.

② 현금수입과 할인계정의 기장이 각각 정확한가를 체크한다.

③ 객실 변경 및 요금변경이 정확히 기장되어 그것에 따라 계정 정정이 이루어지고 있는가를 확인한다.

④ 계산서가 틀린 객실번호 쪽에 서류철이 되었을지도 모르므로 확인한다.

⑤ 최후의 당일 투숙객 계산서에 객실요금과 시내전화요금의 당일 합계액을 기장하고 당일 합계를 산출하여 그 계산을 다음날 이월계정으로 한다.

Credit Card 점검	Voucher 점검	City Ledger 점검
① 지급금액 수정 및 정정여부 ② 유효기간 및 1일 사용 한도액 ③ 서명 기재 여부 ④ 타 카드사 & Voucher 사용여부 ⑤ 승인번호, 취득여부 등	① Service (Room Type, 식사 등)제공 내용 ② 금액 적용 여부 ③ 일자 여부	① 지급 조건의 변동 여부 ② 외상 지급서에 대한 정확한 기재 여부 ③ 여신 허용 대상자에 대한 정상 제공 여부

(2) Restaurant Bill 및 매출점검

① POS Ledger(Guest Ledger)와 전산입력 데이터 확인(계정과목 업장별 확인)

② 매출발생 내역과 회수내역 확인(Food＋Beverage＋Other＋Service Charge＋VAT＝ Cash＋Credit Card＋Guest Ledger＋City Ledger)

③ Bill의 Billing 확인

④ Credit Card 점검

⑤ City Ledger 점검

⑥ Other Bill Check(Other 내역 확인)

(3) 기타 매출부문 관리

① 기타 매출보고서와 전산입력 데이터 확인(Telephone, Telex, Laundry, Telemovie, Miscellaneous)

② Paid-Out Refund와 전산입력 데이터 확인

③ VAT보고서와 전산입력 데이터 확인

(4) City Ledger 점검

① Check-Out된 City Ledger와 정산보고서 "LAN03"과 대조확인 및 집계

② 레스토랑의 City Ledger분 집계

③ Check Out City Ledger 혹은 Restaurant City Ledger의 합계와 정산보고서 "LAN12"와 대조확인

④ 집계 완료된 City Ledger는 명세표 작성 후 다음날 호텔 회계부서로 송부

(5) Cash Report 작성

① 각 업장별 현금회수금액(Check-Out 현금지급분, Restaurant 및 기타 현금지급분)

② 현금지출금액(Paid-Out)

③ 현금수납금액 산출

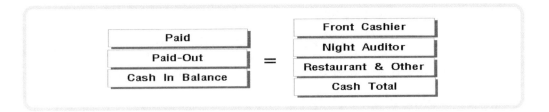

(6) Balance 정산

야간감사자의 핵심적인 업무와 모든 영업장 마감 후 매출발생 및 회수의 사항을 컴퓨터에 입력된 데이터와 대조 확인하여 밸런스를 점검한다.

① Front 매출발생 및 회수

② Restaurant 매출발생 및 회수

③ Balance 확인

①, ②, ③의 자료를 도식화하면 다음과 같다.

Front 매출발생 및 회수

Debit(Dr.)	Credit(Cr.)
① Opening Balance (전일잔고)	Cash(현금) ③ Credit Card City Ledger Adjust(매출조정)
Room ② Food & Beverage Other MISC	④ Net Outstanding Balance(금일잔고)

* ① + ② = ③ + ④
* (① + ②) - ③ = ④
* 차변과 대변의 합계는 일치한다.

+

Restaurant 매출발생 및 회수

Debit(Dr.)	Credit(Cr.)
① Food Beverage Other	② Cash Credit Card City Ledger Adjust Guest Ledger

* ① = ②
* 차변과 대변 합계는 일치한다.

=

BALANCE

Debit(Dr.)	Credit(Cr.)
① 전일 채권 미회수 잔고 Opening Balance (전일잔고)	③ 금일 채권 수익 회수 결제액
② 금일 수익 총 발생액 (객실, 식음료, 기타 부대시설)	④ 당일 채권 미회수 잔고 Net Outstanding Balance (금일잔고)

* 차변과 대변의 합계는 일치한다.
* ① + ② = ③ + ④
* (① + ②) - ③ = ④

(7) Final(마감) 작업

매출계상 및 회수 등의 점검과 수정이 완료되면 Main Computer에서 전 영업장의 Terminal을 Down시키고 Final작업을 수행한다. Final작업 수행 시 야간감사자(Night Auditor)는 POS & PABX Line을 Off시키고 작업을 수행한다. 이때 Main Computer에서 각종 정산 Report를 산출한다.

① No Show Report

② Rate Discrepancies Report

③ Detail Guest Ledger

④ Transaction Detail by Employee

⑤ Transaction Detail by Hotel

⑥ Transaction Sales Summary Report

⑦ Travel Agent Commission Report

⑧ Guest Ledger Reconciliation

⑨ Deposit Ledger Reconciliation

⑩ Transaction by Posting Time

[표 10-11] Discrepancies Form & Report

Discrepancies

Koreana Hotel   Date : _____

Room#	Housekeeping	Rack	Rack Re-Check	Deposition

		Check-Outs		
Room#	Housekeeping	Rack	Rack Check-Outs	Comments

(8) 영업일보 및 매출현황 산출

① 영업일보 : 계정과목별로 매출의 발생 및 회수가 집계된다.

② 매출현황 일보 : 계정과목별로 매출의 발생이 이루어지며 일, 월, 연간 목표 및
실적차이 달성률, 시장률 최신 수익 등(목표관리의 중요한 자료)

(9) 각종 Report 및 점검

① Day Use, 이월 Room Charge, Over Charge

② Cashier별 Bill 수급관계 및 분실점검

③ 익일 Check-Out 준비작업

④ Billing상의 이상유무 점검(메뉴, 수량, 단가, Service Charge, Tax)

⑤ 영업상 전산 Report와 회계기 검증 등의 업무를 수행한다.

제5절 · Income Audit(수입감사)

수입감사 업무는 주로 경리부에서 실시하며 그 주된 업무는 전일의 매상 및 현금수입의 집계와 감사이다.

따라서 수입감사인은 전일 발생한 각 영업장 부문별의 당일 매상보고서 및 감사보고서를 근거로 하여 호텔의 수입금이 회계처리규정에 의해서 현금관리 및 매상집계가 타당하게 처리되었는지를 확인하고 오류, 탈루가 없는지를 감사하는 것이다.

호텔은 1일 회계제도를 채택하고 있으므로 야간감사자(Night Auditor)가 당일의 수입금을 점검·집계하고 집계된 수입금이 정확하게 처리되었는지는 주로 Income Auditor가 확인한다.

수입감사에서는 각 부문별에서 사용되는 보고서, 계산서, 전표용지를 일련번호 순으로 관리하고 회수한 후에도 번호를 점검하여 분실, 무효 혹은 악용유무를 확실하게 관리한다.

야간감사자(Night Auditor)의 감사업무와 수입감사인(Income Auditor)의 업무상 주된 차이는 야간감사는 각 영업장 부문별로 작성된 영업일보와 현금계산서의 발행기준으로 수입금을 점검하고 마감한다. 특히 투숙객 중심으로 투숙객원장에 정확하게 기재되었는지를 점검하고 착오가 있을 때에는 Correction(정정), Transfer(이체)하며, Check-In

및 Check-Out에 관련된 회계처리와 객실판매상황 등을 확인하나 현금 감사의 권한은 갖지 않는 것이 통상이다.

이에 대하여 Income Auditor는 영업매상 및 현금수입에 대한 모든 감사권한을 가지며 야간감사자가 점검한 업무에 대해서도 감사할 의무도 있는 것이다.

1. Income Auditor의 업무

호텔에 있어서 수입감사인은 영업회계책임자(Income Auditor)이며 수입감사인의 주요업무는 다음과 같다.

① 객실매상의 감사업무이다. 즉 요금의 차이(Rate Discrepancy) 무료(Comp), 특별요금(Special Room Rate), Housekeeping Report 및 Part Day Use(분할요금), Morning Charge 등을 중심으로 감사를 한다.

② 식음료 매상의 감사업무이다. 즉 Void, Correction, Open Check, Skipper, 영업장 영업일보, 계산서(Bill) 분실 등을 중심으로 감사를 한다.

③ 현금수입과 투숙객 계정의 대조시산표를 감사한다.

④ 일계표(당일 매상수입보고서)를 작성한다.

⑤ 기타 영업부문의 감사 및 각종 전표(Voucher)를 점검한다.

⑥ 매상통계 및 분석을 한다.

⑦ Daily Report를 근거로 각종 채권 · 채무관계를 Earning Journal에 원장계정별로 대차분개 기입한다.

⑧ 호텔 내의 모든 수납원의 현금일보와 현금출납책임자(General Cashier)의 입금장표와의 확인을 한다.

⑨ 호텔의 수입금이 부문별로 정당하게 회계처리되었는지를 확인 및 검사한다.

⑩ 수입금 관련 자료의 전산입력을 한다.

⑪ 수입금 장부 및 관련자료 계산서 등 관리를 한다.

⑫ 부가가치세 산출 및 Report 작성을 한다.

⑬ 고객 귀중품 보관 관리 및 점검을 한다.

⑭ 수납원의 Fund 관리 및 점검을 한다.

⑮ 외국환 환전업무 및 환전자금 점검을 한다.

이밖에도 각종 영업회계와 관련된 Report(No-Tax, VIP Rate Discrepancy, House Keeping, Comp, Long Staying, Special Billing 등)를 File해 두어야 하며, 각 영업장 및 부대시설의 Membership 상황 및 연회행사, Dinner Show 등 각종 수입과 관련된 업무에 대하여 감독하고 감사할 의무를 갖고 있다.

2. 객실부문의 수입감사

객실부문의 감사는 당일의 객실판매현황, 예약과 숙박등록현황, 객실 및 객실변경 (Room & Rate Change Report), Comp Rooms Report, House Keeping Report, Rate Discrepancy Report, Day Use Room, Discount 등을 중심으로 다음과 같이 감사한다.

[표 10-12] Room & Rate Change

ROOM AND RATE CHANGE

| NAME | _____ | DATE | _____ |

MOVED FROM ROOM _____   TO _____

RATE   CHANGED
FROM   TO
_____   _____

ROOM CLERK _____

PAGE MAN _____   EXPLANATION _____

- HOUSE KEEPING(BLUE)
- LAUNDRY(PINK)
- ROOM SERVICE(YELLOW)

TIME STAMP WHEN ISSUED TO BELL CAPTAIN

① Room Rate Discrepancy Report의 객실별 요금이 정당한가를 점검한다.

② 판매된 객실과 빈 객실(Vacant)을 점검하고 이를 확인하기 위하여 Housekeeping Report 및 객실점검표와 확인 대조한다.

③ 객실요금이 규정대로 계상되었는지 점검한다. 특히 Comp. 및 할인율의 적용은 적법한 승인절차를 취하였는지를 확인한다.

④ Extra Bed 사용을 점검하고 Day Use 및 Morning Charge가 정확하게 계산되었는지를 확인한다.

⑤ Room Change, Room Rate Change된 객실을 중심으로 점검하고 객실조정요금 정정이 적합한지를 확인한다.

⑥ Paid Out이 정당한 절차에 의해 처리되었는지를 점검한다.

⑦ Front 현금 입금액이 수납원별로 정확하게 입금되었는지를 General Cashier의 입금장표와 대조한다.

⑧ 전일의 출숙 기록을 살펴 Stay Over와 Skipper의 유무를 확인하고 판매된 객실 중 수입이 계상되지 않은 객실이 있는지 점검한다.

⑨ 이상의 점검이 끝나면 당일의 객실매출액이 정확한가를 확인한다.

3. 식음료부문의 수입감사

식음료 매상의 감사는 식당 및 Bar의 웨이터나 웨이트리스가 발행하는 고객주문서(Order Slip)와 수납원이 발행하는 영수증(Bill)이 일치하는지 여부와 레스토랑회계기의 마감 Report 수치를 중심으로 다음과 같이 감사한다.

① 요금계산서는 일련번호 순으로 사용하였는지와 사용한 Bill과 반납된 Bill이 정확한지를 점검하고 합계액을 확인한다.

② 요금계산서의 기재 요건인 웨이터 번호(Server No.) 고객수(Covers) 계산서 번호(Check No.) 영업장 번호(Location), 테이블 번호, 판매시간, 일자, 정산시간 등이 정확하게 기재되고 메뉴 및 단가가 식음료 수입계상에 이상이 없는지를 점검한다.

③ 요금계산서는 세밀한 점검을 요하는데, 특히 요금의 할인, 계산서 취소, 계산서 요금의 수정 등은 정당한 사유에 의해 정당한 절차를 취하였는지를 확인한다.

④ 계산서상 고객에게 부당요금(Over Charge)을 청구하였는지, 수입에 누락된 사항이 없는지를 점검하며, 또한 발행된 계산서가 다른 고객에게 재사용된 사실이 없는지를 점검한다.

⑤ 외상계산서는 고객의 서명이 확실한지 확인하고 현금으로 정산된 요금이 외상거래로 대체되지는 않았는지 점검한다.

⑥ 요금계산서 발행 시 2편 1조의 계산서가 동시에 인쇄되었는지를 점검한다.

⑦ 요금계산서의 점검이 끝나면 반드시 감사테이프와 레스토랑영업일보를 대조한다.

⑧ 연회매상의 점검은 연회계획서(Event Order or Function Order)와 연회요금계산서에 기재된 품명, 수량, 단가, 인원, 지급조건 등이 일치하는지를 대조하고 그 밖의 꽃, 음악, 얼음장식 등의 누락여부에 대해서 점검한다.

⑨ 식음료 Cost를 비교분석하여 현저한 차이가 있는지를 정기적으로 점검한다.

4. Income Audit의 기타업무

각 영업부문의 정확한 매상고를 결정하면 다음으로 수입감사의 중요한 업무로는 매상 중 현금, Guest Ledger 및 City Ledger 등을 분석하고 그것에 기초하여 현금수입과 투숙객계정, 대조시산표를 검사하며 고객별 외상계정도 감사한다.

현금수입은 매상보고서로부터 각 수납원의 입금액과 General Cashier의 현금수입보고서를 비교 대조하며 Charge 계정은 전날의 이월액 및 다음날의 이월된 금액 등의 정확성을 재확인해야 한다.

일반객 외상매출의 경우 고객별 외상매출 대장에 외상매출금을 기장한 후 수입감사실은 외상매출계정이 되는 각 전표를 점검하여 그 합계와 당일 기장한 외상매출금계정의 합계가 일치하는지를 확인한다.

아울러 수입감사실에서는 영업실적을 비교 분석하여 호텔의 경영방침이나 판매전략을 구상하고 매상에 대한 목표가 부족할 때에는 원인과 이유를 찾아 정상적인 호텔영업이 될 수 있도록 하여야 한다.

특히 당일 판매에 대해서는 Report를 중심으로 객실과 식음료 매출을 판단 분석하여야 하는데, 객실부문은 Average Rate, Total Sale Revenue, Occupancy, No-Show, Comp, Arrivals, Departures 및 고객의 투숙 유형별, 단체객 현황 등을 중심으로 분석한다.

식음료 분석에 있어서 당일의 매출액 외에 아침, 점심, 저녁식사별 1인당 평균매출액의 산출은 1인당 소비액 및 메뉴의 가격결정의 중요한 자료가 된다. 그리고 좌석회전율을 산출함으로써 레스토랑 공간(Space)의 효율성을 알 수도 있다. 그러나 이러한 통계수치는 매일 산출해도 정확한 판단이 어렵기 때문에 일주일, 한 달, 분기별, 일 년을 주기로 호텔의 실정에 맞게 제각기 평균치를 산출하고 있는 경우가 많다.

이상과 같이 산출된 통계수치는 매상고와 같이 언제나 전년도, 전월 및 당일까지의 수치와 비교함으로써 영업실적의 추이, 시장의 변화, 소비성향의 변동 따위를 알 수 있다.

따라서 수입감사실은 현금수지 및 매출의 일상감사 외에 매출통계 수치를 분석하여 경영 자료를 제공하는 중요한 일도 겸하고 있다.

그러나 오늘날 컴퓨터의 도입으로 인하여 매출의 분석과 통계는 신속하고 정확하게 산출됨으로써 경영전략에 커다란 기여를 하고 있는 실정이다.

호텔의 월별 및 연별 통계 자료를 출력하여 수치를 분석하고 경영 자료를 제공하는 데 사용된다.

참고문헌

- 고석면, 호텔경영론, 기문사, 2005
- 고석면 · 고정식 · 남태석, 호텔회계, 대왕사, 2000
- 김명희, 최신원가회계, 박영사, 2000
- 김순기, 원가회계, 박영사, 2000
- 나정기, 호텔식음료원가관리실무, 백산출판사, 1997
- 신문철, 원가회계, 대왕사, 1997
- 전병길 · 김영훈 · 이승미, 식음료원가관리 실무, 한올출판사, 2006
- 정경훈 · 신창국 · 유희경, 호텔회계원리, 형설출판사, 1993
- 정종훈 · 한진수, 호텔프런트 · 객실관리론, 현학사, 2003
- 조소윤, 호텔회계학, 학문사, 2002
- 최해수 외 5인, 호텔실무영업회계, 한올출판사, 2005
- 롯데호텔 식음료 직무매뉴얼
- 롯데호텔 음료 직무매뉴얼
- 롯데호텔, 롯데월드, 웨스틴조선호텔, 르네상스 서울호텔 Voucher
- 신라호텔 직무매뉴얼
- 코리아나호텔 Night Audit 결산자료
- Grace Paige & Jane Paige, Hotel & Motel Front Desk Personnel, Van Nostrand Reinhold, 1989
- Kasavana, M. L. & Cahill, J. J., Managing Computers in the Hospitality Industry, Educational Institute of The American Hotel & Motel Association, Third Edition, 1997
- Lattin, G. W., The Lodging and Food Service Industry, Educational Institute of The American Hotel & Motel Association, 1995

- Ninemeier, J. D., Planning and Control for Food and Beverage Operations, Educational Institute of The American Hotel & Motel Association, 1986

- Rutherford, D. G., Hotel Management and Operations, Van Nostrand Reinhold, 1990

- Schmidgall, R. S., Hospitality Industry Managerial Accounting, Educational Institute of The American Hotel & Motel Association, 1990

- Steadmon, C. E. & Lasavana, M. L., Managing Front Office Operations, Educational Institute of The American Hotel & Motel Association, 1990

- Uniform System of Accounts and Expense Dictionary for Small Hotels, Motels, and Motor Hotels, Fourth Edition, Educational Institute of The American Hotel & Motel Association, 1987

- Vallen, J. J., Check In & Check Out, Wm. C. Brown Company Publishers, 1980

저자약력

허용덕

현) 상지영서대학교 제과제빵바리스타음료과 교수
　　세종대학교 대학원 호텔관광경영학과 졸업(경영학박사)
　　(주)코리아나호텔 근무
　　한국관광레저학회 이사
　　관광공사 호텔업 등급결정 평가요원
　　NSC기반 종목별 자격개발위원

　　[저서 및 논문]
　　음료와 칵테일 외 다수
　　호텔산업의 고용환경변화에 따른 직원의 직무불안정성 인식이 조직유효성에 미치는 연구 외 다수

배준호

현) 한라대학교 관광경영학과 교수(학과장)
　　경희대학교 일반대학원 호텔관광경영학과 관광학박사
　　호텔등급평가 심사위원, 직업능력개발훈련사업 심사위원
　　국가직무능력표준(NCS)개발
　　관광통역안내사, 조주기능사, 와인소믈리에, 커피바리스타 출제위원
　　노보텔 앰버서더호텔 호텔서비스팀장
　　CHA(미국호텔경영 총지배인), 호텔관리사(호텔1급지배인), 마스터소믈리에 취득

우상철

현) 한국관광대학교 호텔경영과 조교수
　　세종대학교 대학원 호텔관광경영학과 졸업(호텔관광학박사)
　　경주대학교 외식산업경영학과 초빙교수
　　우송대학교 호텔외식경영학과 초빙교수
　　한국관광학회 정회원
　　한국호텔외식경영학회 정회원
　　한국외식경영학회 정회원

　　[논문]
　　Do reward programs build loyalty to restaurant? The moderating effect of long-term orientation on the timing and types of rewards, Managing Service Quality Vol23, No3 외 다수

이재형

현) 상지대학교 관광학부 호텔컨벤션 전공 교수
　　세종대학교 호텔관광경영학과 박사
　　세종대학교, 경희대학교 외래교수 역임
　　홀리데이인 서울 호텔(현 베스트웨스턴 프리미어 서울가든) 프런트, 당직지배인 역임

　　[저서 및 논문]
　　호텔경영론, 21세기 호텔관광연구회(공저), 2002
　　호텔연봉제 실행에 대한 공정성 지각과 관계의 질

저자와의
합의하에
인지첩부
생략

호텔회계

2018년 3월 5일 초판 1쇄 인쇄
2018년 3월 10일 초판 1쇄 발행

지은이 허용덕 · 배준호 · 우상철 · 이재형
펴낸이 진욱상
펴낸곳 (주)백산출판사
교 정 편집부
본문디자인 오행복
표지디자인 오정은

등 록 2017년 5월 29일 제406-2017-000058호
주 소 경기도 파주시 회동길 370(백산빌딩 3층)
전 화 02-914-1621(代)
팩 스 031-955-9911
이메일 edit@ibaeksan.kr
홈페이지 www.ibaeksan.kr

ISBN 979-11-88892-05-1
값 25,000원